Kletts
Sprachschule für Erwachsene

II

Sprachlehre

ERNST KLETT VERLAG STUTTGART

KLETTS SPRACHSCHULE FÜR ERWACHSENE

auf der Grundlage von Rahn-Pfleiderer

Für den Deutschunterricht an Institutionen des Zweiten Bildungsweges, Volkshochschulen,
Berufsschulen, Berufsfachschulen, Berufsaufbauschulen, Fachschulen
und ähnlichen Einrichtungen

Teil II · Sprachlehre

In Verbindung mit

Dr. Fritz Hinze †
Studienrat, Börnsen

Helmut Pauer	Josef Schmidt	Horst Specht
Studiendirektor, Nürnberg	Städt. Oberschulrat a. D., Hofheim/Ts.	Realschulrektor, Hofheim/Ts.

bearbeitet von der
Verlagsredaktion Deutsch

1. Auflage $1^6\ 5\ 4\ 3\ \mid\ 1975\ 74\ 73\ 72$

Alle Drucke dieser Auflage können im Unterricht nebeneinander benutzt werden. Die letzte Zahl bezeichnet das Jahr dieses Druckes.
© Ernst Klett Verlag, Stuttgart 1968. Die Vervielfältigung und die Übertragung einzelner Textabschnitte, Zeichnungen oder Bilder, auch für Zwecke der Unterrichtsgestaltung, gestattet das Urheberrecht nur, wenn sie mit dem Verlag vorher vereinbart worden sind. Im Einzelfall muß über die Zahlung einer Gebühr für die Nutzung fremden geistigen Eigentums entschieden werden. Das gilt für die Vervielfältigung durch alle Verfahren einschließlich Speicherung und für jede Übertragung auf Papier, Transparente, Filme, Bänder, Platten und andere Medien.
Einband: H. Lämmle, Stuttgart
Druck: Ernst Klett, 7 Stuttgart, Rotebühlstr. 77
ISBN 3-12-320500-2

INHALT

Einleitung   5

A. Grammatisch-stilistische Übungen zu Teil I   6

I	(Zeitungsanzeige)	Das Substantiv und seine Begleiter	6
II	(Bewerbung)	Verbale Aussage I	11
III	(Lebenslauf)	Verbale Aussage II	16
IV/V	(Sachliches Schreiben, Bericht)	Nominale Ausdrucksweise	22
VI	(Protokoll, Inhaltsangabe)	Modifizierung und Eingliederung	26
VII	(Vorgangsbeschreibung, Gegenstandsbeschreibung)	Bezeichnung der Art des Geschehens und des Umstands	31
VIII	(Personenbeschreibung)	Möglichkeiten der Beifügung I	35
IX/X	(Facharbeit, Erörterung)	Eingliederung und Anfügung in und an einen Satz	40
XI	(Persönlicher Brief)	Rederollen und Formen der Modalität	45
XII	(Schilderung, Erzählung)	Möglichkeiten der Beifügung II	52

B. Sprachrichtigkeit — Sprachschönheit   55

I	Zur Unterscheidung: Richtig, gut — falsch, schlecht	55
II	Gut und schlecht in der Wortwahl	56
III	Gut und schlecht im Satzbau und bei der Wiedergabe gedanklicher Zusammenhänge	58

C. Wort- und Sprachkunde   62

I	Das Bild in der Gemeinsprache	62
II	Bedeutungswandel	63
III	Sprachliche Neuschöpfungen	64
IV	Ausdruckssteigerung und Ausdrucksschwächung	65
V	Berufs- und Standessprachen	66

VI	Die geschichtliche Herkunft des Wortschatzes	66
VII	Dichterische Sprache	69
VIII	Fachausdrücke zur Gedichtbetrachtung	74

D. Lesen und Sprechen   78

I	Betonung und Pause	78
II	Tonhöhe und Tonführung	79
III	Rhythmus	80
IV	Freies Sprechen	81
V	Diskussion und Debatte	84

E. Abriß der Grammatik (verfaßt von Fritz Hinze)   86

Wortarten   87

A. Das Verb 87 — B. Das Substantiv 108 — C. Die Begleitwörter des Substantivs und die Substantivstellvertreter 114 — D. Adjektiv und Adverb 121 — E. Präposition und Konjunktion 129

Satzteile und Satzbauformen   135

A. Das Satzgerüst 135 — B. Die Satzerweiterungen 141 — C. Die Satzarten 156

F. Abriß der Rechtschreibung   167

I	Schreibung der Vokale	167
II	Schreibung der Konsonanten	170
III	Silbentrennung	174
IV	Groß- und Kleinschreibung	175
V	Getrennt- und Zusammenschreibung	177

Quellenverzeichnis   179
Sach- und Wörterverzeichnis für Teil I und Teil II   181
Korrekturzeichen   192

Dieser zweite Teil

der „Sprachschule für Erwachsene" soll nun, was der erste von den für die Praxis wichtigen Gebrauchs- und Anwendungsformen vorgeführt hat, noch besonders „unterbauen". Das heißt: es sollen für die Gebrauchsformen unserer Muttersprache hier die nötigen Überlegungen vorgeführt werden, die sie begründen und einsichtig machen.

So schließen sich jetzt an die Abschnitte von Teil I zunächst grammatisch-stilistische Beispiele und Übungen an, die das besondere „Funktionieren", die Leistung einzelner „grammatischer" Formen zum Gegenstand haben.

Danach folgen Abschnitte, die zeigen sollen, daß und wie es gilt, über Sprachrichtigkeit, also richtig gebildete und verwendete Formen und Fügungen, hinaus zwischen sprachlich gut und sprachlich schlecht, weil ungenau, unscharf und verantwortungslos, zu unterscheiden. Dafür kann (und sollte) man sein Gefühl wecken und ausbilden. Sprachlich Schlechtes wird einem dann immer seltener, schließlich gar nicht mehr unterlaufen. Erst dann aber kann man von sich sagen, man sei dem Wesen seiner Muttersprache nähergekommen.

Dazu gehört auch — und dem dienen die anschließenden Abschnitte —, daß man wenigstens in den Hauptzügen das innere Gefüge, Werden, Wachsen und den Bestand der Muttersprache kennt. Natürlich muß dabei die Sprache der Dichtung mit einbezogen werden. Abgeschlossen wird dieser „grammatische" Kursus durch eine Lese- und Sprechlehre, die bis zur freien Rede und zur Diskussion führt.

Damit nun möglichst alles Zweckförderliche bequem zur Hand ist, schließen sich ein Abriß der systematischen Grammatik, eine Zusammenstellung orthographischer Regeln sowie das nötige Register an.

So soll dieser zweite Teil den ersten praktisch vertiefen und ergänzen. Seine äußere, drucktechnische Gestalt entspricht dabei der des ersten Teiles, so daß Sie sich rasch zurechtfinden werden, besonders wenn Sie das Register rechtzeitig zu Rate ziehen.

Wir wünschen Ihnen guten Erfolg!

Folgende Verweise wurden innerhalb dieses Bandes benutzt:

Teil I = Kletts Sprachschule für Erwachsene, Teil I, Schreiblehre, Klettbuch 3204

① = Beispiel in Teil I von Kletts Sprachschule für Erwachsene

❶ = Aufgabe in Teil I von Kletts Sprachschule für Erwachsene

Die zuletzt angeführten Zeichen ① und ❶ erscheinen nur in Abschnitt A „Grammatisch-stilistische Übungen" und beziehen sich jeweils auf den dazugehörigen Abschnitt in Teil I.

G. = Hinweis auf Abschnitt E. Abriß der Grammatik

Ü. = Hinweis auf Abschnitt A. Grammatisch-stilistische Übungen

Farbige Unterlegungen im Abriß der Grammatik dienen der differenzierenden Kennzeichnung von Beispielen innerhalb einer Tabelle.

A. GRAMMATISCH-STILISTISCHE ÜBUNGEN ZU TEIL I

I. DAS SUBSTANTIV UND SEINE BEGLEITER

zu: Zeitungsanzeige

Zum Substantiv

(G. §§ 21—25)

Bei der Zeitungsanzeige haben Sie feststellen können, wie wichtig es ist, die Dinge richtig zu benennen und mit möglichst wenigen Worten das Gemeinte unmißverständlich auszudrücken. Für diese Art der knappen, treffenden Aussage steht vor allem das Substantiv (Ding- oder Hauptwort) zur Verfügung.

❶ *Schreiben Sie aus dem Stellengesuch ① alle Substantive heraus!*
Benutzen Sie diese Stichwortliste als Grundlage für eine kürzere Fassung der Anzeige!

❷ a) Man kann auch mehrere zusammengehörige Begriffe unter einem Gesamtbegriff zusammenfassen, wie das in der Aufgabe ❺ durch die Substantive „Fachkenntnisse" und „Branchenkenntnisse" geschieht. *Könnte man die Einzelheiten hier auch weglassen, wenn man sich kürzer fassen müßte? — Wie wirkt das „u. a."?*
b) In der Aufgabe ❻ dienen solche allgemeineren Substantive der Gliederung.
Wie beurteilen Sie die Verwendung der allgemeinen Substantive hier?

Das Genus und der Artikel

(G. §§ 24, 26)

❶ Kaufm. Angest., mit allen Büroarb. vertr., s. pass. Wirkungskreis.

Warum führt dieses Stellengesuch zu Mißverständnissen? Wie hätte es formuliert werden müssen? Suchen Sie andere Substantivpaare, besonders unter den Berufsbezeichnungen, deren Genus (Geschlecht) nur an der Endung erkennbar ist!
Beispiele: Friseur — Friseuse; Direktor — Direktorin — Direktrice; Schaffner — Schaffnerin

❷ Man sagt: der Mann, die Frau. Hier kennzeichnet der Artikel (das Geschlechtswort) das natürliche Geschlecht — männlich und weiblich.
Man sagt aber auch: der Staub, die Kanone, das Kind. Hat der Staub aber etwas Männliches an sich, hat die Kanone weibliche Eigenschaften, ist das Kind keines von

beiden (lat. neutrum)? In solchen Fällen bezeichnet der Artikel das sogenannte grammatische Geschlecht (Genus). *Suchen Sie dazu Beispiele!*

Bestimmter und unbestimmter Artikel

❸ *Erklären Sie anhand der folgenden Textstelle, wann der bestimmte und wann der unbestimmte Artikel gebraucht wird!*
„... Aus dem Haus kamen zwei Frauen, eine alte und eine mittlere, mit einem Waschkorb. Die alte sah stramm und hart aus, die junge ging vornübergebeugt mit müdem Gesicht ... Die jüngere begann die Wäsche in den Korb zu legen ..."
(Anna Seghers, Das siebte Kreuz)

❹ Das Sprachgefühl kann uns sagen, ob wir den bestimmten oder den unbestimmten Artikel setzen müssen. *Sind die folgenden Sätze richtig? Wie muß es heißen?*
Gerade vor einem Haus eines Arztes brach ich mir das Bein. — An dem Sonntag in einem vergangenen Sommer mußten wir einen Untergang des Schiffes miterleben.

❺ *Setzen Sie vor die folgenden Wörter den bestimmten Artikel! Sie können jeweils zwischen zwei Artikeln wählen. Stellen Sie fest, ob ein Bedeutungsunterschied vorliegt oder ob einer der beiden Artikel mundartlich gebraucht wird!*
Butter, Versteck, Steuer, Gehalt, Verdienst, Tunnel, Meter, Liter, Käfig
Weitere Beispiele für Substantive mit verschiedenem Genus s. G. § 24.

❻ Es gibt Ausdrücke, in denen das Substantiv ohne Artikel steht:
Er geht an Land. — Karl war auf See. — Er verkauft Tabak.
Suchen Sie weitere Beispiele!
Wie erklären Sie sich die Herkunft der Redewendung: immer auf Achse sein?

❼ *Wo ist der Artikel?*
aufs Land, im Urlaub, ins Bad, beim Flugplatz, durchs Haus, fürs Theater, ans Ende, am Stadion

❽ Vor Familiennamen und Vornamen steht im Deutschen in der Regel kein Artikel. *Beurteilen Sie die folgenden Beispiele:*
Haben Sie den Wolfgang gesehen? — Das hat der Meier bestimmt vergessen. — Wir sind morgen bei den Richters eingeladen.

Der Numerus

(G. § 23)

❶ *Bilden Sie die Pluralform (Mehrzahlform) von folgenden Substantiven!*
Junge, Mädchen, Mädel, Atlas, Arm, Stock, Rektor, Doktor, General, Tabak, Kaufmann, Magen, Wagen, Erlaß, Anlaß, Rohr, Röhre, Kasten, Lager, Hemd, Roß, Floß, Kanal, Dampfer, Stück, Motor, Fräulein, Bogen, Nachbar, Rechtsanwalt, Mast, Balkon, Gericht, Kragen, Rad, Mund, Darm, Schlingel, Ereignis, Sumpf, Boden, Acker, Gewalt, Geld, Balken, Balg, Villa, Bengel, Omnibus, Museum

A *Grammatisch-stilistische Übungen zu Teil I*

❷ Nur Singular (Einzahl) oder nur Plural:

Milch, Keuchhusten, Durst, Masern, Leute, Regen, Eltern, Liebe, Ostern, Ferien, Blut, Salz, Pocken, Gebrüder, Tod, Hamburg, Kosten, Schlaf, Pfingsten, Eiter ...

Versuchen Sie zu erklären, warum diese Wörter jeweils nur einen Numerus (Zahl) haben!

❸ *Wie sagt man, wenn die Pluralform nicht vorhanden oder nicht gebräuchlich ist?*
1. In den letzten Tagen hat es viele (Unglück) gegeben. 2. Der Juni brachte viele schwere (Regen). 3. Der Dieb hatte mehrere (Schmuck) gestohlen. 4. Kannst du mir für diese Arbeit ein paar gute (Rat) geben? 5. Der Rhein führt im Frühling gewaltige (Wasser). 6. Das Gericht muß über einige (Betrug — Raub — Streit) verhandeln.

❹ Französische Weine, billige Liköre, türkische Tabake, wohlschmeckende Limonaden, alkoholfreie Säfte, harzfreie Öle, ausländische Hölzer, wertvolle Metalle, Edelstähle, vielerlei Brote ...

Welche Bedeutung hat der Plural in diesen Beispielen?

❺ Zwei Pluralformen: *1. Vergleichen Sie:*

Auf der Messe wurden neuartig gemusterte Tuche angeboten. — Große Tücher verdeckten anfangs die Auslagen.

Geben Sie den Bedeutungsunterschied zwischen den beiden Pluralformen an!
2. Bilden Sie von folgenden Substantiven die verschiedenen Pluralformen und verdeutlichen Sie den Bedeutungsunterschied dadurch, daß Sie Sätze bilden!

Strauß, Wort, Mutter, Ton, Band, Bank, Gesicht

❻ Mehrzahl ohne Pluralform:

Pfennig: Der Eintritt in die Ausstellung kostet fünfzig —. Haben Sie vielleicht zwei einzelne —?

Glas: Geschliffene — sind teurer als ungeschliffene. Ich habe zwei — Bier getrunken.

Stück: Mutter hat einen Teller fallen lassen. Er ist in tausend — zersprungen. Zweihundert — Großvieh wurden auf dem Schlachthof angeliefert.

Verwenden Sie auch die folgenden Substantive:

Mark, Fuß, Schritt, Sack, Paar, Faß, Dutzend, Blatt, Mann!

Erklären Sie die unterschiedliche Ausdrucksweise! Versuchen Sie, für den Gebrauch eine Regel aufzustellen!

Kasusbildung

(G. § 25)

Die Beziehungen des Substantivs zu den anderen Wörtern des Satzes werden im Deutschen durch die vier Kasus (Fälle) gekennzeichnet. Da einige Kasus formengleich sind, unterscheidet man sie oft mit Hilfe des Artikels oder eines anderen Substantivbegleiters voneinander.

❶ *Vergleichen Sie folgende Schlagzeilen aus Zeitungsanzeigen:*

Erfahrener, gewandter Texter ... — ... erfahrenen, gewandten Texter
Neuwertigen DKW ... — Neuwertiger DKW ...

Wie erklärt sich, daß einmal der Nominativ (1. Fall) und einmal der Akkusativ (4. Fall) gebraucht wird? Wie könnte ein vervollständigter Text lauten?

❷ Manchmal läßt sich der Fallwert einzelner Kasusformen auch dann nicht unterscheiden, wenn ein Artikel dabeisteht. Dann muß man den Fallwert aus dem Satzzusammenhang erschließen.
Stellen Sie fest, welche Fallwerte die gesperrt gedruckten Kasus haben und von welchem Wort sie abhängig sind!
1. Vor uns sahen wir nun plötzlich das M e e r.
   D a s M e e r erglänzte weit hinaus.
2. Wir sahen den J u n g e n bei der Arbeit.
   Wir sahen den J u n g e n bei der Arbeit zu.
3. Die Augen d e r K a t z e funkelten.
   Wir gaben d e r K a t z e Milch.

Weitere Übungen zur Kasuslehre s. Ü. VII zu den Präpositionen.

Pronomina als Substantivbegleiter

(Pronomina als Substantivstellvertreter s. Ü. XI)

Kennzeichnende Angaben allgemeiner Art zu einem „Ding", z. B. wem es gehört (mein, dein usw.), ob es für den Redenden nahe oder fern ist (dieses, jenes usw.), werden durch Pronomina (Fürwörter) ausgedrückt.

Zum Possessivpronomen (besitzanzeigenden Fürwort):

(G. § 29)

❶ Bei der Unterschrift unter einer Todesanzeige sind zwei Fassungen verwechselt worden:

I In stiller Trauer
   seine Freunde und Mitarbeiter

II In stiller Trauer
   seine Freunde und seine Mitarbeiter

Besteht ein Sinnunterschied zwischen I und II?

❷ *Sind die folgenden Sätze in Ordnung?*
1. Ihre Teppiche klopft die Nachbarin immer auf dem Balkon. 2. Der Sohn des Nachbarn hat meinen Eltern ihr Gartentor gestrichen; außerdem hat er meinem Bruder sein Fahrrad repariert. 3. Trotz des Unwetters versammelte sich auf der Straße viel Volks, um den Festzug zu sehen; ihre aufgespannten Regenschirme breiteten über ihre Köpfe ein schützendes Dach. 4. Der Dosendeckel schließt nicht ordentlich; ihr Inhalt wird daher verschüttet, wenn sie umfällt. 5. Die Sekretärin hat im Büro ihre Tasche und Handschuhe vergessen.

Berichtigen Sie, wenn nötig!

A *Grammatisch-stilistische Übungen zu Teil I*

Zum Demonstrativpronomen (hinweisenden Fürwort):

(G. § 30)

❶ **Schwerfälliges Deutsch — gutes Deutsch:**
1. Der Täter ist sofort dem Richter vorgeführt worden, der denselben auch anschließend verhörte. 2. Es war derselbe Mann, der gestern bei uns gebettelt hat. 3. Mutter und Tochter trugen ein Kleid aus derselben Stoffart. 4. Die Warensendung kam beschädigt bei uns an; wir haben dieselbe nicht angenommen, sondern sofort zurückgehen lassen. 5. Das ist derselbe Omnibus, mit dem auch wir gefahren sind. 6. Dieselben Blumensorten stehen auch in unserem Garten. 7. Der Bewerber ist ein strebsamer junger Mann; wir können denselben warm empfehlen.
Welche dieser Sätze müssen berichtigt werden?

❷ In den folgenden Sätzen sind die Demonstrativpronomina nicht immer richtig verwendet. *Berichtigen Sie!*
a) 1. Pferd und Rind sind für den Menschen unentbehrlich; jenes dient seiner Ernährung, dieses erleichtert demselben die Arbeit durch dessen Stärke. 2. Jetzt kommt die Zeitungsfrau; diese erscheint zwar schon gegen Mittag, wird aber bei uns erst gegen Abend ausgetragen. Dieselbe benutzt immer das Fahrrad, ob es regnet oder die Sonne scheint. 3. Ich besuchte den Stadtpark; an dessen See führt ein Weg entlang, und ich traf viele Spaziergänger auf diesem. 4. Als der Junge den Hund des Nachbarn füttern wollte, bellte derselbe. 5. Der Bauer ging zu seinem Nachbarn; das Pferd desselben war erkrankt. 6. Er kaufte sich ein Grundstück und verpachtete einen Teil desselben.
b) 1. Das ist nicht mein Buch, sondern dasjenige meines Freundes. 2. Der Sturm tobte die ganze Nacht; der heulte um die Hausecke und zerrte an den Zweigen der Bäume. 3. Das Kind lehnte sich weit aus dem Zugfenster; dieses durfte es nicht. 4. Fräulein W. half ihrer Kollegin; der ihre Blumen gediehen nämlich nicht. Da wußte Fräulein W. Rat und gab ihrer Kollegin einen solchen. Sie zeigte ihr, wie man sich gute Blumenerde herstellt und wie die Pflanzen in dieselbe eingebettet werden müssen. 5. Du kannst diesen Kalender behalten; ich habe derer noch mehr.

Andere Wortarten in der Funktion eines Substantivs

(G. § 22)

❶ 1. Wir wollen das Für und Wider des Planes gegeneinander abwägen. 2. Der Blick in die Weite und das Grün der Wiesen sind für die Augen etwas Wohltuendes. 3. Das Wohl und Wehe eines Landes hängt von der Einsicht der Regierung und dem Streben der Bevölkerung ab. 4. Denke nicht nur an dein eigenes Ich, sondern vor allem an die Deinen und an deinen Nächsten!
In diesen Sätzen sind Nichtsubstantive wie Substantive gebraucht (substantiviert). *Woran erkennt man das?*

❷ *Entscheiden Sie, ob es sich um Substantivierungen handelt:*
1. Er spricht (d)eutsch mit dem Ausländer. 2. Er spricht (d)eutsch als Muttersprache. 3. Wir wollen jetzt (t)urnen. 4. Wir haben jetzt (t)urnen. 5. Mancher ahnt nicht, daß (l)esen eine

Kunst ist. 6. Not lehrt (b)eten. 7. Er erzählte immer wieder das (a)lte, (n)eues wußte er nicht. 8. Ich werde dir etwas (sch)önes mitbringen. 9. Die Anstrengung war etwas (v)iel für ihn. 10. Manchem (ä)lteren fällt (l)aufen schwer. 11. Im (i)nnern Afrikas entstehen noch immer selbständige Staaten.

Grammatische Fachausdrücke:

Substantiv	Dingwort oder Hauptwort
Genus (Pl. Genera)	Geschlecht
Numerus	Zahl
Singular	Einzahl
Plural	Mehrzahl
Kasus (Pl. Kasus)	Fall
Nominativ	1. Fall
Akkusativ	4. Fall
Pronomen (Pl. Pronomina)	Fürwort
Possessivpronomen	besitzanzeigendes Fürwort
Demonstrativpronomen	hinweisendes Fürwort
Artikel	Geschlechtswort

II. VERBALE AUSSAGE I

zu: Bewerbung

Zum Verb

Im Gegensatz zur Zeitungsanzeige, bei der man sich oft auf Stichwörter beschränken kann, kommt man bei einer Bewerbung mit dem Aufzählen von Personen, Dingen und Gegebenheiten nicht aus.

❶ *Prüfen Sie daraufhin die folgende Stichwortfassung aus dem Bewerbungsschreiben* ①:
Ihre Anzeige in den „Westdeutschen Nachrichten"
Sie Bauingenieur mit Spezialkenntnissen im Straßenbau
ich entwicklungsfähige Dauerstellung
Obwohl hier nicht allein Substantive verwendet werden, sondern auch noch andere Wortarten, bleibt der Text unverständlich und mehrdeutig. Man kann nicht einmal erkennen, welche Tatsachen zu dem „Sie", dem Angeredeten, gehören und welche zu dem „ich", dem Redenden. *Vergleichen Sie nun die vollständige Fassung des Absatzes:*

A *Grammatisch-stilistische Übungen zu Teil I*

Nach Ihrer Anzeige in den „Westdeutschen Nachrichten" vom 8. 6. 19.. suchen Sie einen Bauingenieur mit Spezialkenntnissen im Straßenbau.
Da ich eine entwicklungsfähige Dauerstellung anstrebe, bewerbe ich mich um diese Stelle.

Unentbehrlich ist hier das Verb (das Vorgangs-, Tätigkeits- oder Zeitwort), das erst die Beziehungen der einzelnen Substantive zueinander herstellt.

Weisen Sie nach, daß es auch bei einer kürzeren Fassung nicht fehlen darf! Wodurch wird am Verb die Beziehung zum ich *und zum* Sie *gekennzeichnet?*

❷ *Nehmen Sie an, Sie hören aus dem Nebenzimmer folgende Bruchstücke der Bewerbung* ❺ *:*

Auf meinen Antrag ... von meiner Lehrfirma eine Lehrzeitverlängerung ... Ich ... Ende August die Lehre als Werkzeugmacher mit der Facharbeiterprüfung ... Um an meiner Ausbildung sofort ..., ... ich gern eine Höhere Technische Lehranstalt ... Daher ... ich Sie ..., mich zur Aufnahmeprüfung ....
Auf Grund meiner schulischen Erziehung ... ich den Anforderungen ..., die an Ihrer Lehranstalt ... Über meine Schulzeit hinaus ... ich Abendkurse für Sprachen und Mathematik ... Da ich Maschinenbau ..., ... ich mir auch in Physik durch Selbststudium Kenntnisse ... Die Fachschulreifeprüfung ... ich letzten Herbst ...

1. Sie haben hier nur die Verben überhört! Geben Sie sich genau Rechenschaft, was alles dadurch unklar bleibt!
2. Fügen Sie die folgenden Verben in den Text ein:

gewähren, abschließen, weiterarbeiten können, besuchen, bitten mögen, vormerken, gewachsen zu sein glauben, stellen, besuchen, studieren mögen, erwerben, bestehen

Beachten Sie dabei das sprachliche Ausdrucksmittel der Umklammerung! Vergleichen Sie dazu Ü. III und G. §§ 11—41!

Die Kongruenz (Übereinstimmung)
zwischen Subjekt (Satzgegenstand) und Prädikat (Satzaussage)

(G. § 49)

❶ Einer zusagenden Antwort entgegensehend
                      zeichne
                   Hiltrud Kallmeyer

Was ist an diesem aus Aufgabe ❶ *entnommenen Beispiel nicht richtig? Wie könnte es heißen?*

❷ a) Der Turnverein von A und der Sportverein von B waren auch zu den Wettkämpfen erschienen. Alt und jung (= alles) war auf dem Festplatz erschienen.

Warum steht das Verb im zweiten Satz im Singular?

b) Es steht noch nicht fest, ob der Radfahrer oder der Autofahrer die Schuld an dem Unfall trägt.
Weder der Radfahrer noch der Autofahrer trägt die Schuld.

Warum steht das Verb in beiden Fällen im Singular?

12

Verbale Aussage I **II**

c) Ein Dutzend Eier (= 12 Stück) kostet DM 2.40.
Ein gutes Dutzend Bediente(r) (= unbestimmte Menge) drängte(n) sich um den Herrscher.
Warum kann im zweiten Satz das Verb sowohl im Singular als auch im Plural stehen?

❸ *Wählen Sie bei den folgenden Sätzen die richtige Personenform des Verbs!*
1. Sowohl der Rhein als auch die Weser als auch die Elbe ... (in die Nordsee fließen). 2. Weder sein Vater noch seine Mutter ... (damit einverstanden sein). 3. Der Sport, die Briefmarken und das Kino ... (jemandes Steckenpferde sein). 4. Nicht nur das Wohnhaus, sondern auch die Scheune ... (abbrennen). 5. Entweder Karl oder Inge ... (zu Hause bleiben müssen). 6. Seine Freunde, aber auch Heinz selbst ... (den Weg kennen). 7. Die Orchestermitglieder und der Solist ... (mit dem Flugzeug ankommen).

Die Zeitformen des Verbs (die Tempora)

(G. § 2)

❶ *Vergleichen Sie die beiden Beispielsätze:*
1. Das Buch, das ich Hans geliehen habe, vermisse ich immer noch. 2. Die Erfahrungen, die wir an unserem Wasserrad gemacht hatten, konnten wir beim Bau unserer Windmühle auswerten.
Vergleichen Sie die Tempora der Hauptsätze mit denen der Nebensätze! Wie heißen die Tempora und wie stehen sie zueinander?

❷ *Bestimmen Sie in den folgenden Beispielsätzen zunächst die Zeitstufe! Setzen Sie dann im nachfolgenden Satz das richtige Tempus ein (die richtige Zeitform des Verbs)!*
1. Er war krank, weil er zuviel gearbeitet (hat oder hatte?) 2. Er muß vom Morgen bis zum Abend arbeiten; das (hat oder hatte?) er sich anders gedacht. 3. Er wartete lange; schließlich (wird oder wurde?) es ihm zu dumm, und er (geht oder ging?) schimpfend davon. 4. Wir haben uns auf drei Uhr verabredet, aber er (kam nicht oder ist nicht gekommen?). 5. Als er endlich daherkam, (habe oder hatte?) ich die Sache schon erledigt. 6. Kaum hatte er mich gesehen, da (drückt oder drückte?) er sich schleunigst um die Ecke. 7. Er (wurde oder ist geworden?) krank, weil er zuviel gearbeitet hatte. 8. Er (hat oder hatte?) so viel gearbeitet, daß er krank wurde. 9. Wir (haben oder hatten?) uns auf drei Uhr verabredet, aber er kam nicht.

❸ *Berichtigen Sie die Fehler in den folgenden Beispielsätzen:*
1. Er kam auf den Bahnhof gestürzt, vergaß aber seine Reisetasche. 2. Schnell durchsuchten die Polizisten den Waldstreifen, wo sich nach ihrer Meinung der Täter versteckt hält. 3. Mein Freund lag am Boden und ächzte jämmerlich; er ist gestolpert und hat den Arm gebrochen. 4. Später stellte es sich heraus, daß sie den Weg verloren haben. 5. Kaum habe ich ihn gesehen, da war er auch schon wieder verschwunden. 6. An der Ecke stand ein Junge und heulte, weil er seine Geldbörse verloren hat. 7. Seit Monaten bin ich in Oberbayern. Ich war über München hierher gereist und hatte mir gleich ein Zimmer gemietet.

A   *Grammatisch-stilistische Übungen zu Teil I*

Zur richtigen Bildung der Verbformen

(G. § 8—13)

❶ *Sind folgende Verbformen richtig gebildet? — Berichtigen Sie, wo Sie es für nötig halten!*

1. Er lauft Gefahr. 2. Er bratet Kartoffeln. 3. Sie backt einen Kuchen. 4. Geb mir das Messer! 5. Messe den Graben aus! 6. Esse die Suppe! 7. Lese die Zeitung! 8. Werf mir das Seil zu! 9. Brech das Bäumchen nicht ab! 10. Trete leise ins Zimmer! 11. Vergesse nicht seinen Geburtstag! 12. Verberge deine Unkenntnis nicht! 13. Der Schlag geltet nicht. 14. Er frug mich. 15. Sie käuft ein. 16. Sie tuen alle dasselbe. 17. Er fäßt mich an. 18. Er hat gewunken. 19. Er ladet mich ein. 20. Nehm dir doch noch etwas! 21. Es hat gehießen. 22. Er hat mich erschrokken. 23. Ich bin erschreckt. 24. Du erschreckst ja! 25. Wo hat der Mantel gehängt? 26. Er hing das Bild über seinen Schreibtisch.

Zum Gebrauch von „haben", „sein", „werden" in den zusammengesetzten Verbformen

❷ **Die Hilfsverben „haben" und „sein":**
Setzen Sie in die folgenden Sätze das richtige Hilfsverb für das Perfekt (die vollendete Gegenwart) ein!

1. Der Meister ... mit seinem Wagen in die Garage gefahren. Er ... selbst gefahren. Später ... er den Wagen in die Stadt gefahren. — 2. Der Fürst ... von Potsdam nach Berlin geritten. Er ... einen herrlichen Rappen geritten. — 3. Wir ... kürzlich den Schwarzwald durchwandert. Durchs Höllental ... wir einfach durchgewandert.

Alle Verben dieser Übung drücken eine Bewegung aus. — *Welche Regel bezüglich des Gebrauchs von* sein *oder* haben *können Sie ableiten, wenn das Verb mit einem Akkusativobjekt (Ergänzung im 4. Fall) steht?*

❸ *Ergänzen Sie die Formen von* haben *oder* sein *und versuchen Sie jedesmal, Ihre Entscheidung zu begründen!*

1. Der Angeklagte ... die Tat schließlich gestanden. 2. Ich ... zehn Minuten an der Haltestelle gestanden. 3. Der Handwerker ... auf der Treppe gestolpert; er ... gefallen. Sein Zustand ... mir gar nicht gefallen. 4. Der Wein ... im letzten Monat gut gereift. 5. Er ... mit mir in Verhandlung getreten. — Ich ... dich leider getreten. 6. Ich ... lange geschwankt, was ich tun sollte. — Der hochbeladene Wagen ... durch den ausgefahrenen Feldweg geschwankt. 7. Der Schüler ... auf dem dünnen Eise des Teiches eingebrochen. — Der Landstreicher ... bei dem Nachbarn eingebrochen. 8. Mein Freund ... neben mir gesessen.

❹ **Der Gebrauch von „werden":**

„Was werdet ihr morgen tun?" — „Wahrscheinlich werden wir eine Wanderung machen. Wir werden zunächst bis nach Oberkreuzbach fahren, von dort aus werden wir etwa drei Stunden durch den Wald gehen, und schließlich, wenn wir uns genug angestrengt haben werden, werden wir in einem Gasthaus zu Mittag essen."

1. Gefällt Ihnen diese Ausdrucksweise? — Würden Sie so sagen? 2. Versuchen Sie, das Gespräch zu verbessern, wo Sie es für notwendig halten!

Verbale Aussage I **II**

❺ *Wann ist eine Form mit* werden *erforderlich, wann nicht? Warum?*
1. Ich werde nicht mit euch gehen. 2. Übermorgen werden wir unsere Abschiedsfeier veranstalten. 3. Wir werden in den Ferien nicht verreisen. 4. Ich werde nur eine Viertelstunde warten. 5. Die Vorstellung wird um 3 Uhr beginnen. 6. Der Arzt wird erst übermorgen wiederkommen. 7. Wann werden wir uns wiedersehen? 8. Wirst du das Buch bis dahin lesen können? 9. Mein Vater wird erst am Abend zurückkommen. 10. Ich werde stets die Interessen Ihres Hauses wahrnehmen. 11. Weitere Bedenken werden bezüglich meines Aufenthaltes in Bielefeld auftreten.

Die modalen Hilfsverben
(G. §§ 5, 14)

Wie Sie in Teil I feststellen konnten (vgl. etwa Beispiel ①), gebrauchen die Verfasser von Bewerbungen häufig modale Hilfsverben, die der Sprache eine persönliche Färbung geben. Diese Hilfsverben schließen vielfache Bedeutungsmöglichkeiten in sich; deshalb muß man darauf achten, das richtige Wort an der richtigen Stelle anzuwenden.

❶ *Prüfen Sie die folgenden Hilfsverben auf ihre zweifache Bedeutung hin!*
1. s o l l e n: Ihr sollt hart sein gegen euch selbst!
                Bismarck soll eine hohe Stimme gehabt haben.
2. m ü s s e n: Ich muß meinem Bruder beistehen.
                Er muß einfach den Verstand verloren haben.
3. d ü r f e n: Wir dürfen hier ab 19 Uhr parken.
                Möglich ist es, aber es dürfte doch eine Täuschung sein.
4. m ö g e n: Wir mögen diesen Salat nicht.
                Möge diese Ungewißheit bald zu Ende gehen!
5. w o l l e n: Wir arbeiten durch, weil wir durcharbeiten wollen.
                Wenn es dir recht ist, dann wollen wir morgen zu dir kommen.

In welchem Satz bedeutet das Hilfsverb:
eine Abschwächung, in welchem eine Erlaubnis,
eine Geschmacksäußerung, in welchem einen Wunsch,
eine Notwendigkeit, in welchem eine Annahme,
eine Willensäußerung, in welchem eine Bereitschaft,
eine Vermutung, in welchem eine Aufforderung?

❷ *Berichtigen Sie, wo erforderlich, die folgenden Formen des Hilfsverbs!*
1. Ich habe in der Fahrschule die Vorfahrtsregeln nicht können, und ich hätte sie doch so leicht lernen gekonnt. 2. Sie haben doch gestern nicht in den Betrieb müssen? Wir andern haben alle kommen gemußt. 3. Wohin habe ich kommen gesollt? 4. Ihr habt ins Konzert dürfen, und Karl allein hat nicht dabeisein dürfen. 5. Er hätte an die Nordsee reisen gedurft, aber er hat nicht wollen. 6. Er ist Arzt worden. 7. Karl ist gerufen worden.

❸ Die modalen Hilfsverben werden häufig auch dann gebraucht, wenn sie sinngemäß gar nicht notwendig sind. Sie können höfliche Rücksicht oder auch unverbindlichen Abstand ausdrücken.

Vergleichen Sie dazu die verschiedenen Möglichkeiten eines Briefanfangs:
Ich bitte Sie (möchte Sie bitten — ersuche Sie — darf Sie ersuchen — erwarte von Ihnen — verlange von Ihnen — darf doch wohl erwarten, daß — nehme an, daß Sie — möchte nachdrücklich ersuchen) ...
Suchen Sie andere Beispiele! Nehmen Sie dabei Teil I, S. 28ff. zu Hilfe!

Grammatische Fachausdrücke:

Verb	Vorgangs-, Tätigkeits- oder Zeitwort
Tempus (Pl. Tempora)	Zeitform
Perfekt	Form der vollendeten Gegenwart
Subjekt	Satzgegenstand
Prädikat	Satzaussage
Objekt	Satzergänzung

III. VERBALE AUSSAGE II

zu: Lebenslauf

Das Verb als Klammerform

(G. §§ 11—14)

Der Lebenslauf beginnt meist mit der Angabe des Geburtstags und Geburtsortes. Es heißt etwa:
Ich wurde am 1. 3. 194. in Aschaffenburg als Sohn des Kaufmanns Otto Warnke geboren.
Hier bilden die Formen des gebeugten Verbs eine sog. Satzklammer — eine Erscheinung, die für den deutschen Satzbau typisch ist.

❶ 1. Der Bauer hat die mit Gemüse gefüllten Kisten an die Straße gestellt.
2. Er hat mir das ihm vor drei Monaten geliehene Buch nach mehrfacher Mahnung jetzt endlich zurückgegeben.
3. Ihr wolltet doch letzten Sonntag zum Schlußrundenspiel ins Stadion gehen.
1. Wie heißt in diesen Beispielen das Prädikat, was gehört zur Aussage des Satzes, und was leisten die Glieder der Aussage durch ihre Stellung? 2. Gibt es innerhalb der Prädikatsgruppe noch eine andersartige Umklammerung?

Verbale Aussage II   **III**

❷ *Untersuchen Sie die folgenden Beispiele:*
Wir brachten das Paket von der Post heim. Es fiel uns auf, daß es keinen Absender hatte. Sogleich packten wir es voller Neugier aus. Zunächst streiften wir den Bindfaden ab, dann rissen wir das Packpapier eilig herunter. Wir hoben den Deckel hoch. Die Holzwolle und das zusammengeknüllte Papier nahmen wir vorsichtig heraus und schoben das Füllsel beiseite; so legten wir ein zweites Paket frei. Noch gaben wir die Hoffnung, etwas Schönes zu finden, nicht auf. Wir suchten unentwegt weiter und schnürten noch drei Pakete, die in dem zweiten verborgen waren, auf. Dann sahen wir enttäuscht ein, daß wir ein Schwindelpaket erhalten hatten.

1. Bestimmen Sie in den Sätzen die Prädikatsgruppe!
2. Welche Teile des Prädikats gehören zur Satzklammer? — Wie lautet der Infinitiv (die Nennform) dieser Verben? — Um was für Verben handelt es sich also ihrer Bildung nach?
3. Probieren Sie (auch an selbstgebildeten Beispielen), ob die Regel zutrifft:
Wenn das Prädikat nicht nur aus der Personenform besteht, sondern zusammengesetzt ist, so umklammern seine Teile alles, was auf die Personenform folgt.

Der Ausdruckswert der Umklammerung

❸ a) *Vergleichen Sie:*
Der Personalleiter schlug dem Lehrling die Teilnahme an einem Stenografielehrgang ab.
Der Personalleiter schlug dem Lehrling die Teilnahme an einem Stenografielehrgang vor.
1. An welcher Stelle wird der Sinn dieser Sätze klar?
2. Ändern Sie die Sätze so ab, daß ihr Sinn so früh wie möglich zu erkennen ist!

b) *Stellen Sie fest, an welcher Stelle der folgenden Sätze man bereits sicher sein kann, wie es weitergehen muß oder wird, und an welcher Stelle der gemeinte Sinn endgültig ausgesprochen ist!*
1. Der Wächter schloß das Tor des Gartens mit einem großen Schlüssel ab. 2. Der Wächter schloß frühmorgens das Tor des Gartens mit einem großen Schlüssel auf. 3. Der Kaufmann brach das Gespräch mit einem Vertreter, der ihm eine Ware aufdrängen wollte, ab. 4. Der Dieb brach in der Nacht die Tür des Autos, das auf dem Parkplatz stand, mit einem Eisenstück auf. 5. Der Dieb brach in der Nacht auf dem Lande bei einem Gastwirt ein. 6. Der Lehrling brach, als er die Tür zum Schuppen öffnen wollte, den Schlüssel, der überhaupt nicht paßte, ab. 7. Mein Freund brachte mir von seiner Reise in die Alpen ein Trachtenkleid mit. 8. Der Einbrecher brachte dem Eigentümer des Grundstücks, bei dem er eingedrungen war, um wertvollen Schmuck zu entwenden, und der ihn an seinem Vorhaben hindern wollte, eine schwere Verletzung bei.

1. In welchen Sätzen scheint Ihnen die Klammer der Prädikatsgruppe überdehnt? 2. Versuchen Sie Ihre Meinung zu begründen, indem Sie das, was Sie für das Folgende zunächst erwarten dürfen, mit dem vergleichen, was schließlich ausgesagt wird! 3. Probieren Sie, wie sich die Lücke zwischen erwartetem und endgültig ausgesagtem Sinn schließen ließe, indem Sie umstellen, in mehrere Sätze aufteilen oder Nebensätze aus der Prädikatsgruppe ausgliedern!

A Grammatisch-stilistische Übungen zu Teil I

④ *Vergleichen Sie:*

Ich strich das Geschriebene durch.   Die Wildschweine durchstrichen das Kartoffelfeld.
                                     (... strichen durch das K.)

Der Fährmann setzt die Reisegesellschaft über.   Der Dolmetscher übersetzt die Rede.

1. Läßt sich ein Bedeutungsunterschied der Verben feststellen, je nachdem, ob sie umklammern oder nicht? 2. Wodurch unterscheiden sich die Verben der beiden Spalten im Infinitiv? Auf welchem Teil der zusammengesetzten Verben liegt die Betonung? 3. Kennen Sie andere zusammengesetzte Verben, die auf Grund verschiedener Betonung auch verschiedene Bedeutung haben?

⑤ *Welche der folgenden Verben können mit ihren Präsens- oder Präteritumformen (Gegenwarts- oder Vergangenheitsformen) Umklammerungen bilden? Prüfen Sie, indem Sie die Verben in Sätzen verwenden!*

radfahren, wettlaufen, danksagen, wetteifern, wetturnen, mutmaßen, lobpreisen, handhaben, haltmachen, gewährleisten (Gewähr leisten), rechtfertigen, rechtschreiben, schriftstellern, wettfahren, wallfahren, frohlocken, weissagen, weismachen, mißtrauen, maßregeln, brandmarken, wehklagen, heimleuchten, wetterleuchten, kopfstehen, argwöhnen, frühstücken, abbrechen, radebrechen, ohrfeigen

⑥ *Verwenden Sie die in der Klammer stehenden Verben im Präsens oder Präteritum! Wie muß es dann heißen?*

1. Die Menge (anerkennen) die Entscheidung des Schiedsrichters nicht. 2. Mehrere Angestellte (übersiedeln) in die Nachbarstadt. 3. Dem Beklagten (auferlegen) das Gericht, das Gebäude zu räumen.

⑦ *Probieren Sie, ob Sie mit den folgenden Verben und Substantiven jeweils mehrere Sätze bilden können, und geben Sie in diesem Falle deren Sinnunterschied an!*

durchfahren: Zug — Bahnhof
durchwandern: Jugendgruppe — Wald
überschreiten: Trupp — Grenze
übertreten: Gleichgültige — Gesetz
durchdringen: Wasser — Deich
überschreiben: Vater — Sohn — Grundstück

⑧ *Wie müssen die Sätze lauten, die sich aus den folgenden Verben und Substantiven bilden lassen? Überprüfen Sie mit Präsens, Präteritum und Perfekt, wo sinnvoll, auch mit dem Passiv (der Leideform)!*

untergraben: Gärtner — Dung
                   Vorgesetzter — mein Ansehen
überführen: (Mann) — Angeklagter — Diebstahl
                   Verstorbener — Heimat
                   Eisen — Hitze — flüssiger Zustand
übergehen: Versammlungsleiter — Zwischenruf
                   Versammlungsleiter — nächster Punkt
wiederholen: Rundfunk — Sendung
                   Balljunge — Tennisbälle

durchschneiden:	Minister — Startband
	Eisenbahn — Wald
überlaufen:	Wasser — Rand — Bottich
	fahnenflüchtiger Soldat — Feind
	kalt — Rücken
	Kranke — Wunderdoktor
umkleiden:	Schauspieler — sich
	Klempner — Rohr — mit Werg

❾ *Verwechseln Sie nicht Verb + Adverb (Vorgangswort + Umstandswort) mit einer Zusammensetzung! Machen Sie sich den Unterschied in Sätzen klar!*

gut (= schön) schreiben — gutschreiben; sicher (= bestimmt) gehen — sichergehen; gleich (= sofort) machen, kommen — gleichmachen, gleichkommen; frei (= schwebend) halten — freihalten; zusammen (= gemeinsam) tragen — zusammentragen; wohl (= wahrscheinlich) tun — wohltun; frei (= ohne Konzept) sprechen — freisprechen

Zur sprachlichen Bezeichnung der Zeitstufe und der Vorgangsart

Zur Zeitstufe

Beim Lebenslauf ist es oft notwendig, genaue zeitliche Angaben zu machen. Die Zeitformen des Verbs bezeichnen den Zeitpunkt jedoch nicht immer klar und eindeutig. Deshalb muß man andere sprachliche Mittel zu Hilfe nehmen, wenn es der Sinn erfordert.

❶ *Stellen Sie fest, durch welche sprachlichen Mittel in den folgenden Sätzen die Zeitstufe verdeutlicht wird! Wie drücken die Fremdsprachen, die Sie kennen, die Zeitstufe aus?*
1. Zu gleicher Zeit nahm ich an einem Lehrgang für Buchführung teil. 2. Den Stenographiekursus kann ich in diesem Jahr nicht mehr besuchen, da ich mich zu spät angemeldet habe. 3. Vor zwei Jahren hatte ich einen Autounfall; danach setzte ich mehrere Monate mit dem Training aus. 4. Soeben habe ich die Prüfung abgelegt. 5. Schon seit fünf Jahren bin ich Mitglied des Sportklubs. 6. Seit dieser Zeit habe ich schon an vielen Punktspielen teilgenommen. 7. Im Laufe des nächsten Jahres bringt die Zeitschrift einen Aufsatz von mir. 8. Augenblicklich beschäftige ich mich besonders mit Elektrotechnik.

Ausdruck der Aktionsart (Vorgangsart)

(G. § 20)

❷ *Vergleichen Sie die folgenden Gruppen von Verben!*
a) erblühen — blühen — verblühen
   erklingen — klingen — verklingen

b) schnitzen — schnitzeln
   husten — hüsteln
c) steigen — steigern
   klappen — klappern

1. Wo wird der zeitliche Ablauf, wo eine Wiederholung, wo eine Verstärkung, wo Beginn und Ende, wo Abschwächung des Vorgangs ausgedrückt? 2. Durch welche sprachlichen Mittel wird diese Wirkung erzielt? 3. Kennen Sie noch andere Verben, die hierher gehören?

❸ *Versuchen Sie, durch die Verbindung mit entsprechenden Vorsilben zu erreichen, daß die folgenden Verben eine Verstärkung ausdrücken:*
arbeiten — spotten — lachen — staunen — gehen — hören — stärken — geben
Sammeln Sie weitere Beispiele, in denen Zusammensetzungen mit auf-, ab-, er-, ent- *eine Änderung der Aktionsart bewirken!*

❹ *Wie unterscheiden sich in Bedeutung (und Aktionsart):*
verlernen / erlernen; kranken / erkranken / kränkeln; erarbeiten / verarbeiten / abarbeiten (z. B. die Miete); senden / versenden / entsenden; brauchen / gebrauchen; versiegen / versickern; horchen / hören; erstarken / stärken / verstärken?

❺ *Muß man in den folgenden Fällen immer ein zusammengesetztes Verb verwenden?*
eine Ware anliefern (statt: liefern), einen Betrag ansparen, einen Betrag einkürzen, einen Betrag verbuchen, beim Hausbau die Ölheizung einplanen, einen Facharbeiter abwerben, ein Tier abschlachten, einen Verschütteten auffinden, eine Zeitung ausdrucken, eine Gelegenheit ausnutzen, sich aufwärmen, eine Strecke abmessen

❻ *Welchen Unterschied in der Bedeutung bewirkt der Umlaut z. B. in den folgenden Wortpaaren?*
fallen / fällen; aufklaren / aufklären; bestauben / bestäuben; blauen / bläuen; dorren / dörren; drucken / drücken; nutzen / nützen; lahmen / lähmen; walzen / wälzen; wassern / wässern; saugen / säugen; tafeln / täfeln; lohnen / löhnen; futtern / füttern

❼ *Wie sagt man kurz für*
krumm machen, glatt machen, wach machen, wach werden (2), älter werden, grau werden, voll machen, fest werden, stumm werden, rein machen, sauber machen, müde werden?

Zum Gebrauch des Partizips

(G. §§ 15, 37, 60)

❶ *Setzen Sie die richtigen Partizipien (Mittelwörter) ein! Vergleichen Sie dazu G. § 55!*
1. schwellen: Eberhards Arm war dick ... — Mit ... Brust verließ er als Sieger den Platz. 2. verwirren: Beim Anblick der vielen Menschen war sie ganz ... — Das ist eine ganz ... Lage. 3. erschrecken: Sie haben mich sehr ...; auch mein Nachbar war sehr ... 4. hängen: Wer hat das Bild an diesen Platz ...; an seinem alten Platz hat es besser ... 5. bleichen: Frau Müllers Wäsche ist blütenweiß; sie hat sie auch lange genug ... 6. verbleichen: Sieh dir dieses alte Foto an; es ist schon ganz ... 7. einweichen: Der Koch hat die Erbsen schon ... 8. ausweichen: Warum bist du mir bisher stets ...

❷ ein gewandter Turner, ein gerissener Bursche, der entrüstete Reisende, ausgewinterter Roggen, ein ungerechtfertigter Vorwurf, tränenerstickte Stimme, die besorgte Mutter
1. Bei welchen dieser Beispiele ist im Partizip Perfekt der ursprüngliche Charakter des Verbs erhalten? 2. Bei welchen dieser Partizipien ist das zugrunde liegende Verb ungebräuchlich?

❸ *Untersuchen Sie die Verwendung der Partizipien in den folgenden Beispielen!*
ein gelerntes Gedicht — ein gelernter Tischler — die stattgefundene Versammlung — der gekommene Freund — die früher bestandene Prüfung — die früher bestandene Sitte — Er kam ungefrühstückt zu mir. — die über die Toppen geflaggten Schiffe — Der zugezogene Arzt hat schon eine gute Praxis. — Der Ingenieur ist erkrankt; der zugezogene Arzt stellte eine Lungenentzündung fest; wegen der zugezogenen Krankheit mußte der Patient ins Krankenhaus gebracht werden. — Das geschlafene Kind hatte sich erholt. — Das eingeschlafene Kind lächelte. — Die zum Büro geeilte Sekretärin kam doch zu spät. — die verstrichene Frist — der schnell gelaufene Bote — der uns verfolgte Polizist — das uns betroffene Unglück — der sich verwunderte Geschäftsleiter — ein verirrter Hund — die sich zugetragene Geschichte — ein verliebtes Mädchen
Was ist einwandfrei falsch? Was läßt der Sprachgebrauch trotzdem zu?

❹ *Wie beurteilen Sie die folgende Ausdrucksweise?*
Viele betrachten den Staat als die melkende Kuh. — die sitzende Lebensweise — der reißende Absatz — die stillschweigende Voraussetzung — die schwindelnde Höhe — in rasender Eile — zu nachtschlafender Zeit — ein geübter Turner — ein verschlafener Junge — ein verschlafener Tag — ein studierter Herr — ein gedienter Soldat

❺ *Ist die Verwendung der Partizipien in folgenden Sätzen zulässig — erträglich — nachahmenswert — häßlich?*
1. Der eingetretene Schaden muß sofort beseitigt werden. 2. Nach den getroffenen Feststellungen ist ein Rohr undicht geworden. 3. Die gemachten Erfahrungen lehren, daß hier ein Eisenrohr nicht verwendet werden darf. 4. Trotz vorhergehender (vorhergegangener) Warnung betrat der Junge das Eis und brach ein.

❻ *Erklären Sie, warum die folgenden Sätze falsch sind:*
1. Von Freude beflügelt, eilte die Feder über das Papier. 2. Von der Reise zurückgekehrt, nehmen meine Sprechstunden wieder ihren Anfang. 3. Vor Furcht zitternd, entsank der Stock seiner Hand. 4. Soeben das Zimmer betretend, schlug die Uhr. 5. Kaum die Sperre durcheilt, fuhr der Zug schon davon. 6. Von Baum zu Baum hüpfend, hörte er die Vögel singen.

Grammatische Fachausdrücke:

Adverb	Umstandswort
Infinitiv	Nennform
Partizip	Mittelwort
Präsens	Gegenwartsform
Präteritum	Vergangenheitsform
Aktionsart	Vorgangsart
Passiv	Leideform

IV./V. NOMINALE AUSDRUCKSWEISE

zu: Sachliches Schreiben / Bericht

Zum Nominalstil

(G. § 60)

Beim Abfassen eines sachlichen Schreibens bevorzugt man oft — in dem Bestreben, sich sachgemäß auszudrücken — die Substantive gegenüber den Verben. Das heißt, man gibt die Vorgänge nicht durch die einfachen Vorgangswörter (Verben) wieder, sondern durch Substantive und muß sich dann zusätzlich sinnentleerter Verben bedienen, um ein Prädikat zu bilden.

❶ Schild im Uhrmacherladen:
Reparaturen, deren Abholung nicht innerhalb von 3 Monaten erfolgt, kommen nach Ablauf dieser Frist gegen Zahlung der Reparaturkosten zum Verkauf.
1. Vergleichen Sie die Zahl der Substantive mit der der Verben! 2. Welche Substantive sind von Tätigkeiten oder Vorgängen abgeleitet? Wo sollte daher ein Verb stehen? 3. Formen Sie den Satz so um, daß Sie sowenig wie möglich Substantive gebrauchen!

❷ *Vergleichen Sie:*

I	II
In seinem Befinden ist eine Besserung eingetreten.	Sein Befinden hat sich gebessert.
Die Ankunft des Schiffes erfolgt gegen Abend.	Das Schiff kommt gegen Abend an.
Die streikenden Arbeiter erreichten die Durchsetzung ihrer Lohnforderungen.	Die streikenden Arbeiter setzten ihre Lohnforderungen durch.

1. Besagen die Sätze unter I und II jeweils dasselbe? 2. Wie unterscheiden sie sich in ihrer Ausdrucksweise? 3. Welche ist besser? Warum?

❸ *Beurteilen und verbessern Sie:*
1. Der Eintritt der Mondfinsternis erfolgt um 21 Uhr. 2. Eine Aufbesserung der Gehaltslage ist bisher nicht erfolgt. 3. Bei Verzögerung der Bezahlung gerät die Gewährung von Rabatt in Wegfall. 4. Der Vorsitzer brachte das Protokoll der letzten Sitzung zur Verlesung. 5. Beim Heimatfest gelangten wertvolle Preise zur Verlosung. 6. Gestern abend fand in der Farbenfabrik eine Kesselexplosion statt. Die Baubehörde hatte die Prüfung der Anlage noch nicht vorgenommen; jetzt wird sie der Angelegenheit eine erhöhte (!) Beachtung schenken und eine eingehende Untersuchung führen; erst dann kann die Firma die Instandsetzung der beschädigten Halle vornehmen. 7. Ich möchte doch die Frage anschneiden, ob sich (nicht) eine Verringerung der Kosten für Werbungszwecke (!) vornehmen läßt; jedenfalls spreche ich die Bitte aus, eine solche (!) in Erwägung zu ziehen.

Nominale Ausdrucksweise IV/V

❹ *Ersetzen Sie die folgenden substantivischen Wendungen durch ein Verb und stellen Sie an einigen Beispielen beide Ausdrucksformen nebeneinander!*
zum Ausdruck, zur Anwendung, zum Versand, zur Vorlage, in Wegfall, zur Sprache, zur Darstellung, zur Verteilung, zum Verkauf, zur Einführung kommen; — in Abrede, unter Beweis, in Frage, in Rechnung stellen; — zur Durchführung, zur Verausgabung, zur Vorstellung, zur Ausschüttung, zur Aufführung, zur Durchführung, zur Verlosung, zum Abschluß, zum Vortrag bringen (gelangen); — eine Behauptung aufstellen, in Augenschein, Empfang nehmen, eine Mitteilung machen, Sorge tragen, eine Aufbesserung erfahren, in Erwägung ziehen, in Verlust geraten, eine Zurechtweisung erfahren, in Vorschlag (Abzug, Anrechnung) bringen, die Hoffnung hegen

❺ *Formen Sie die folgenden Aussagen verbal und prüfen Sie, ob ihr Sinn derselbe bleibt!*
1. Ich bin gekommen, um Ihnen meinen Glückwunsch auszusprechen. 2. Der Mannschaft wurde ein herzlicher Empfang bereitet. 3. Die neuen Formulare gelangen ab 1. Januar zur Einführung. 4. Wir sind nicht für die Beibehaltung des jetzigen Zustandes. 5. Der Minister drückte seine tiefe Besorgnis über die finanzielle Lage des Landes aus. 6. Bei Barzahlung werden Ihnen 5% Rabatt in Anrechnung gebracht. 7. Das Halten von Hunden ist nur mit Erlaubnis des Hauseigentümers gestattet. 8. Eine Rückerstattung zuviel gezahlter Beiträge findet nicht statt. 9. Die Nichtbeachtung der Verkehrsvorschriften hat in diesem Monat zu einer Erhöhung der Unglücksfälle geführt. 10. Nach der Rückkehr des Kanzlers erfolgt die Wiederaufnahme der Besprechungen zu Beginn der nächsten Woche. 11. Das Anfassen der ausgestellten Waren ist verboten.

❻ a) *1. Welche der folgenden Ausdrücke sind nicht zu beanstanden? 2. Versuchen Sie, ob sich ihr Sinn verbal ausdrücken läßt!*
zum Erliegen kommen (bringen) — Verkehr; zur Explosion bringen — Sprengsatz; zur Aussprache stellen — Problem; in Angriff nehmen — Arbeit; in Abrede stellen — Behauptung; in Fluß kommen — Gespräch; zur Strecke bringen — Wild, Verbrecher; in Verruf bringen — Menschen; in Erfahrung bringen — Sachverhalt

b) *Läßt sich das im folgenden Gemeinte ebenfalls rein verbal ausdrücken?*
Ausflüchte machen, zur Bedingung machen, in Auftrag geben, Abstand nehmen, Anteil haben, zur Vernunft bringen, zur Verfügung stellen, in Bewegung kommen, zum Schweigen bringen, aus der Fassung bringen, in Gang setzen, beim Wort nehmen, zur Entscheidung vorlegen, Bedenken erheben, Gefahr laufen, in die Flucht schlagen

Kanzleideutsch

❶ *Was ist an den folgenden Sätzen zu beanstanden?*
1. Das Faß beinhaltet 1000 Liter Wein. 2. Auf der Annahme, daß die unterlassene Buchung der Eingänge nicht entdeckt werde, begründet sich das Verhalten des Angestellten. 3. Wir haben uns bemerkt, daß Sie das Darlehen am 1. April zurückzahlen wollen. 4. Dem Kinde waren die Hände verfroren; das hat mich sehr beeindruckt. Nun soll ein Arzt die Erfrierung beaugenscheinigen. 5. Der Gast wurde standesgemäß verköstigt.

❷ *Verbessern Sie, wo es nötig scheint, folgende Wendungen aus dem Behörden- und Kaufmannsdeutsch! Gebrauchen Sie das Aktiv (die Tatform)!*
Es wird Ihnen hierdurch mitgeteilt, ... — Es wird zur allgemeinen Kenntnis gebracht, ... — Es wird bekanntgemacht, ... — Es wird darauf hingewiesen, ... — Es wird gebeten (ersucht), ...
Bestimmen Sie das Subjekt (Satzgegenstand) der einzelnen Beispiele! Was stellen Sie fest? Wie verändern sich die Sätze, wenn Sie das Aktiv verwenden?

Infinitiv

(G. § 59)

Beim Telegramm, der kürzesten Form des sachlichen Schreibens, verzichtet man meistens darauf, eine Verbform zu bilden, die Person, Zahl und Zeit angibt, und benutzt statt dessen in manchen Fällen den Infinitiv, eine „infinite", d. h. durch Person und Zeit nicht begrenzte Verbform.

❶ *Versuchen Sie, die folgenden Infinitive aufzulösen! Für welche Verbform stehen sie?*
1. Alle Aufträge annehmen. 2. Waren morgen liefern. 3. Pakete abschicken. 4. Sofort zurückkommen. 5. Urlaub abbrechen.

Der Infinitiv übt noch eine andere wichtige Funktion aus: Er ist zugleich die Namensform des Verbs und wird mit oder ohne Artikel wie andere Substantive behandelt.

❷ *Vergleichen Sie dazu die folgenden Beispiele:*

Hausordnung

Es ist verboten, im Haus zu lärmen, auf dem Hof zu spielen, auf dem Balkon Teppiche zu klopfen.	Das Lärmen im Haus, das Spielen im Hof, das Teppichklopfen auf dem Balkon ist verboten.

1. *Auf welche Weise ist hier aus dem ungebeugten Verb ein Substantiv entstanden?*
2. *Welche Rolle im Satz hat der substantivierte Infinitiv in den einzelnen Beispielen?*
3. *Wie bezeichnet man die grammatischen Formen der linken Spalte?*

Der Infinitiv mit „zu"

(G. § 67)

❸ Es ist eine Kunst, ein Haus zu bauen. — Er versteht zu bauen. — Er versteht, ein Haus zu bauen. — Der Hausherr verstand uns zu unterhalten. — Felix braucht nicht zu arbeiten. — Er brauchte nur zu bitten. — Die Aufgabe zu lösen ist schwierig.
1. *Welchen Kasus vertritt in diesen Sätzen der Infinitiv? 2. Welches Satzglied bildet der Infinitiv jeweils? 3. Nennen Sie die Regel, nach welcher der Infinitiv mit* zu *durch Kommas vom übrigen Satz getrennt wird! Vergleichen Sie dazu die Zeichensetzungslehre in Teil I!*

Nominale Ausdrucksweise IV/V

Der Infinitiv mit „um zu"

(G. § 67)

❹ Die folgenden Sätze sind offensichtlich unrichtig. *Woran liegt das?*
1. Er warf seinen Fischen Futter in das Aquarium, um nicht zu verhungern. 2. Ein Student gab mir Privatstunden, um eine bessere Note zu bekommen. 3. Wir wollen ordentlich Dung an unsere Obstbäume werfen, um bessere Äpfel zu tragen. 4. Er gab sich die größte Mühe mit uns, um endlich ein ordentliches Deutsch zu schreiben. 5. Die Frühlingssonne lockte die Leute ins Freie, um sich nach dem kalten Winter ein wenig wärmen zu können. 6. Im Winter werden die Öfen geheizt, um warme Stuben zu haben. 7. Diese Regeln werden deshalb so nachdrücklich eingeübt, um ein fehlerfreies Deutsch schreiben zu lernen. 8. Ein Auto fuhr gegen den Betonmast, um zertrümmert liegen zu bleiben. 9. Der Kranke ließ den Arzt rufen, um ihm Arznei zu verschreiben. 10. Er fuhr nach Amerika, um dort zu sterben. *(Wann wäre dieser Satz richtig?)*
Überprüfen Sie jeden Satz, indem Sie die Probe mit einem konjunktionalen Nebensatz (Nebensatz mit Fügewort) machen!
Beispiel zu 1: Er warf seinen Fischen Futter in das Aquarium, damit sie nicht verhungerten.

Das Prädikatsnomen (die Nennergänzung)

(G. § 48)

Bei den Verben

sein, werden, heißen, bleiben

ist bemerkenswert, daß sie selbst weder einen Vorgang noch eine Tätigkeit ausdrücken, sondern einen Zustand. Die eigentliche Aussage erscheint erst in einem Substantiv oder Adjektiv, mit dem zusammen sie das Prädikat bilden.

❶ Stellen Sie in den folgenden Sätzen aus Anträgen und Berichten das Subjekt fest und suchen Sie das Prädikatsnomen!
1. Ich möchte Schweißer in einer Autowerkstatt werden. 2. Zur Zeit bin ich Vertreter für Waschmaschinen. 3. Ich werde voraussichtlich drei Jahre Chefassistent bleiben. 4. Ramac 305 — der „sprechende" Messekatalog — war eine Attraktion der deutschen Industriemesse. 5. Schwerpunkt der Messe ist der Maschinenbau. 6. Reichhaltig ist ferner das Angebot der Büroindustrie. 7. Das Ganze ist gigantisch.

❷ Stellen Sie in den folgenden Sätzen, die einem Brief entnommen sind, das Subjekt fest und suchen Sie das Prädikatsnomen!
Ich bin jetzt Lehrling in der Schlosserei des Walzwerkes. Meine Kollegen sind sehr nett und helfen mir manchmal. Zu Anfang der Lehrzeit war ich ziemlich verwirrt von den vielen Maschinen. Der Raum, in dem ich arbeite, erscheint zunächst recht unübersichtlich, aber bald wird er einem ganz vertraut. Mein Meister heißt Wagner. Er ist ein sehr geschickter, umsichtiger Arbeiter und bleibt immer freundlich, auch wenn man etwas falsch gemacht hat. Ich glaube, ich bleibe Lehrling in dieser Schlosserei, bis ich Geselle werde.

A   *Grammatisch-stilistische Übungen zu Teil I*

❸ Aus einer kleinen Heimatzeitung: „... und so war es denn auch nicht zu verwundern, daß der Besuch ein guter war." — „Der Umsatz der ausgestellten Handarbeiten war ein bedeutender." — „Zusammenfassend dürfen wir also sagen, daß der Griff der Stadtverwaltung ein glücklicher war." — „Die Haltung der anwesenden Frauen war eine sehr ablehnende."
Was ist an diesen Sätzen zu beanstanden? Verbessern Sie!

❹ 1. Dieser Winkel ist ein stumpfer. 2. Diese Frage ist eine wirtschaftliche. 3. Sein Amt ist ein rein politisches. 4. Halten Sie dieses Gedicht für ein lyrisches? 5. Die abgestürzte Maschine war keine amerikanische.
Gegen die Form dieser Sätze ist nichts einzuwenden. Versuchen Sie trotzdem, ihnen eine gefälligere Form zu geben, indem Sie statt des Prädikatsnomens das entsprechende Adjektiv als Attribut (Beifügung zum Substantiv) setzen!
Beispiel: Das ist ein stumpfer Winkel.

Grammatische Fachausdrücke:

Nomen (Pl. Nomina)	deklinierbares Wort (Substantiv, Adjektiv, Pronomen)
Adjektiv	Eigenschafts- oder Artwort
Konjunktion	Fügewort und Bindewort
Partikel (Pl. Partikeln)	Teilchen
Prädikatsnomen	Nennergänzung
Aktiv	Tatform
Attribut	Beifügung zum Substantiv

VI. MODIFIZIERUNG UND EINGLIEDERUNG

zu: Protokoll und Inhaltsangabe

Indirekte Rede und Konjunktiv I
(Nichtwörtliche Rede und Möglichkeitsform)

(G. § 19)

In einem Protokoll sind oft Aussagen anderer Menschen wiederzugeben. Dafür gibt es zwei Möglichkeiten (aus dem Beispiel ❶ a):

I	II
❶ Der Vortragende, Herr Bauassessor H. W. Kaiser, zeigt(e) anhand von Lichtbildern die Zerstörungen, die der Krieg an der Sorpetalsperre verursacht hat. Er führt(e)	....

Modifizierung und Eingliederung VI

aus: „Es ist eine schwierige Aufgabe gewesen, beim vollen Betrieb der Talsperre die Aufbauarbeiten vornehmen zu lassen ..."
„Man hat", so berichtet(e) Herr Kaiser weiter, „das kleinere Übel gewählt, indem man nach einigen Behelfsmaßnahmen die durch die Bombenangriffe verursachten Wasserverluste in Kauf genommen hat, obwohl man sich darüber im klaren war, daß diese im Laufe der Zeit immer größer werden mußten."

....
....
....
Man habe, so berichtet(e) Herr Kaiser weiter, das kleinere Übel gewählt, indem man nach einigen Behelfsmaßnahmen die durch die Bombenangriffe verursachten Wasserverluste in Kauf genommen habe, obwohl man sich darüber klar gewesen sei, daß diese im Laufe der Zeit immer größer werden müßten.

1. Welche Bezeichnungen kennen Sie für diese beiden Möglichkeiten? 2. Welche Unterschiede bestehen zwischen beiden Ausdrucksweisen? Beachten Sie Verbform, Satzbau, Zeichensetzung! 3. Wie ist das Verhältnis der beiden Ausdrucksweisen — Indikativ (Wirklichkeitsform) und Konjunktiv — zu dem ursprünglich Gesagten? Könnte es einen Grund geben, weshalb einmal die eine Form vorzuziehen wäre, ein andermal die andere?

❷ *Nehmen Sie an, Sie seien zufällig Zeuge des folgenden Gesprächs zwischen zwei Freunden geworden!*
A.: „Gehst du mit zum Baden?" B.: „Du weißt doch, daß ich keine Zeit habe; ich muß zum Training." — A.: „Das habe ich vergessen. Komm doch einfach nach!" B.: „Könntest du mir dein Rad borgen?"
Teilen Sie im Ton des sachlichen Berichtes mit, was Sie gehört haben! Stellen Sie sich vor, Sie müßten es einem Untersuchungsrichter berichten! Wie würden Sie sagen?
„A. fragte seinen Freund, ..."
Achten Sie auf die Pronomina! Kommt in der indirekten Rede immer klar zum Ausdruck, wer gemeint ist? Verdeutlichen Sie, wo es nötig ist!

❸ *Setzen Sie in die folgenden Beispielsätze die richtigen Verbformen ein! Wann steht Indikativ, wann Konjunktiv?*
1. Ich glaube, ich ... jetzt gesund. 2. Ich glaubte, ich ... gesund. 3. Er antwortete, er ... gesund. 4. Ich behaupte, daß er heute gesund ... 5. Er behauptet, daß er heute gesund ... 6. Er behauptet, daß er gestern noch gesund ... 7. Er beschwor, daß er gestern noch gesund ... 8. Er beteuerte, daß er morgen gesund sein ...

❹ *Berichtigen Sie die folgenden Sätze!*
a) 1. Dein Bruder sagte, du hättest schon gegessen. 2. Ich fragte ihn, ob du schon heimgekommen wärest. 3. Er sagte, du wärest schon zum Baden gegangen. 4. Mein Freund erzählte, er hätte dich im Kino gesehen. 5. Ich sagte ihm, du wärest eben sehr ehrgeizig. 6. Er erwiderte, das hättest du schon oft bewiesen.
b) 1. Er sagte, er würde gerade einen Brief schreiben. 2. Er behauptete, du würdest sogleich mitgehen. 3. Er versicherte mir, du würdest unschuldig sein. 4. Dein Vater sagte, du würdest nur ein paar Einkäufe machen.

❺ *Berichtigen Sie, wo Sie es für notwendig halten!*
1. Meine Eltern schrieben gestern, sie bitten mich, schon am Montag zu kommen. 2. Ich sagte meinen Mitarbeitern, daß ich morgen verreisen würde. 3. Alle freuten sich, daß ich eine so

schöne Reise machen darf. 4. Ich sagte, ich komme bald wieder zu ihnen zurück. 5. Hans sagte, ich soll ihm einmal schreiben. 6. Ich versicherte ihm, daß ich das bestimmt nicht vergessen würde. 7. Hans erwiderte, daß er sich sehr freuen würde.

❻ *Vergleichen Sie die folgenden zwei Darstellungen einer merkwürdigen Begebenheit:*

a) 1. Gestern habe ich folgende merkwürdige Geschichte gehört: 2. Auf einem abgelegenen Hof der Schwäbischen Alb fuhr ein Kraftwagen vor, der mit mehreren schwerbewaffneten Männern besetzt war. 3. Diese drangen mit Gewalt in das Haus ein, sperrten die Bewohner in ein Zimmer und durchwühlten das ganze Gehöft. 4. Nach einer Stunde wurden die Hausbewohner auf den Hof geführt, der Bauer wurde unter Drohungen gezwungen, das Auto zu besteigen, und dieses selbst verschwand auf der Landstraße in südlicher Richtung. 5. Als die Polizei der Sache auf den Grund ging, stellte es sich heraus, daß sich alles ganz anders verhielt.

b) 1. Heute erfuhr ich, die Sache habe sich vielmehr folgendermaßen verhalten: 2. Ein Großhändler sei mit zwei Vertretern der Landwirtschaftskammer auf dem Hof erschienen, um Vieh und Futtervorräte einzukaufen. 3. Die Herren hätten sich zuerst in der Wohnstube mit dem Bauern über die Sache unterhalten, dann seien sie in Begleitung des Bauern durch die Ställe und Vorratsräume gegangen und hätten sich dort alles zeigen lassen, was für den Kauf in Betracht kam. 4. Dann hätten sie sich von der Familie im Hof verabschiedet und seien, nachdem sie den Bauern zum Mitfahren eingeladen hätten, sogleich in die nächste Stadt gefahren, um den Handel rechtsgültig zu machen. 5. Der ganze Vorfall sei von ängstlichen Nachbarn aus der Ferne beobachtet worden und diese hätten sich die ganze unheimliche Geschichte zusammengereimt.

Hier gibt derselbe Erzähler wieder,
a) was ihm erzählt worden ist;
b) was die polizeilichen Feststellungen zum selben Fall ergeben haben.

1. Wann hätte er zweckmäßig die direkte (wörtliche), wann die indirekte (nichtwörtliche) Rede benutzen sollen? Warum? 2. Formen Sie entsprechend um! — Achten Sie dabei genau auf die richtigen Konjunktive (Möglichkeitsformen)!

❼ *Formulieren Sie die* daß-*Sätze in der indirekten Rede um!*

Lieber Hermann!

Ich möchte Deine Anfrage in aller Kürze beantworten. Georg Kuhlmann traf mich gestern abend am oberen Wall. Er ging sogleich auf mich zu und sagte, daß ich mich gestern ohne Entschuldigung vom Training gedrückt hätte. Ich glaubte zuerst, daß er bloß einen Spaß machen wollte, und antwortete ihm, daß er das wohl besser wisse. Georg sagte aber, daß das sein voller Ernst sei. Ich erwiderte ihm, daß ich das als eine Beleidigung auffassen würde. So ging der Streit eine Zeitlang hin und her. Wenn ich geahnt hätte, daß er mich bloß herausfordern wollte, so hätte ich ihm gleich meine Meinung gesagt.

Wenn ich nicht überzeugt wäre, daß ich im Recht bin, so würde ich Dir die Sache nicht so ausführlich schreiben. Ich hoffe aber, daß Du die dumme Geschichte bald in Ordnung bringst, und verlasse mich darauf, daß Du unparteiisch urteilst.

Dein Horst

Wie verändert sich die Tonart des Berichtes? — In welchen Fällen klingt in diesem Brief der daß-Satz besser?
Zu anderen Verwendungsmöglichkeiten des Konjunktivs vgl. Ü. XI.

Zum Relativsatz

(G. §§ 30, 31, 66, 67)

Ein wesentliches Kennzeichen der Inhaltsangabe ist das „Raffen": Was in einer Nacherzählung breit wiedergegeben wird, soll hier möglichst knapp zusammengedrängt werden. Man muß sich also auf das Wesentliche konzentrieren und kann weniger wichtige Einzelheiten höchstens in den Satz eingliedern. Das läßt sich u. a. durch einen Relativsatz erreichen. Er gibt nicht nur ein Merkmal wieder, sondern sagt zugleich auch etwas über Tempus und Modus (Aussageart) aus.

❶ Moltke erzählt von einem Araber,
     |
         der einem türkischen Pascha ein edles Pferd zu hohem
              Preis verkauft.

     Der Scheich,   beschließt, dem Pascha eine Lehre zu erteilen.
     |
         den das lange Feilschen tief verstimmt hat,

1. Welcher Zusammenhang besteht zwischen dem Relativpronomen (dem bezüglichen Fürwort) und seinem Bezugswort im Hauptsatz? 2. In welchem Kasus stehen die einleitenden Relativpronomina in diesen Beispielen? — Welches Verb bestimmt den Kasus des Relativpronomens?

❷ *Ergänzen Sie das Relativpronomen und stellen Sie fest, in welchem Kasus es steht!*
1. Ein Obstbaum, ... keine Früchte trägt, wird gefällt. 2. Vögel, ... uns im Herbst verlassen, bezeichnen wir als Zugvögel. 3. Ein Fehler, ... man erkennt, ist schon halb gebessert. 4. Ich habe die Handschuhe wiedergefunden, ... ich verloren hatte. 5. Auf dem Wege, auf ... viele gehen, wächst kein Gras. 6. Die Distel ist ein Unkraut, ... man auf allen Feldern findet. 7. Sei stets den Menschen dankbar, von ... du Wohltaten empfangen hast!

❸ *Setzen Sie das richtige Pronomen ein!*
1. Herr H. sprach über seine Reise in die Türkei und ... Ergebnisse. 2. Dankbar gedenken wir ..., die vor uns die Freiheit verteidigt haben. 3. Die Liste enthält die Namen ..., ... Stipendienantrag genehmigt ist. 4. Das ist die Sache ..., die es angeht. 5. Wie gefallen Ihnen die Stoffe und ... Muster? 6. Erinnere dich stets ..., die dir Gutes erwiesen haben! 7. Er gehört zu denen, ... Fähigkeiten allgemein anerkannt sind.
1. Handelt es sich in jedem Fall um ein Relativpronomen? 2. Versuchen Sie eine allgemeine Regel dafür zu finden, wann es *deren* und wann es *derer* heißen muß!

29

A   *Grammatisch-stilistische Übungen zu Teil I*

❹ *Vervollständigen Sie durch einen Relativsatz mit* das *oder* was!
1. Es ist das schnellste Pferd, ... ich bisher gesehen habe. 2. Das ist das Wirkungsvollste, ... wir tun können. 3. Berichte über das schönste Erlebnis, ... du in deinen Ferien hattest. 4. Bleibe zu Hause! Das ist das beste, ... du tun kannst. 5. Sie kaufte sich das teuerste Kleid, ... es gab. 6. Sie ist das Kostbarste, ... ich besitze.

❺ *Wie unterscheiden sich Sätze wie die folgenden:*
1. Pflanzen, die sonst nur in der heißen Zone wachsen, gedeihen hier im Gewächshaus. — Pflanzen, wie sie sonst nur in der heißen Zone wachsen, gedeihen hier im Gewächshaus. 2. Der Schüler erhielt ein Fahrrad, das er sich seit langem gewünscht hatte. — Der Schüler erhielt ein Fahrrad, wie er es sich seit langem gewünscht hatte.

❻ *Wenn Sie an den folgenden Sätzen etwas zu beanstanden haben, berichtigen Sie!*
1. Ich weiß, um was es sich in der Geschichte handelt. 2. Ich weiß nicht, mit was ich die Blumen düngen soll. 3. In der Scheune standen Pflug und Egge, welche Geräte hier gleichsam ihren Winterschlaf hielten. 4. Was mein Vetter ist, der nach Kanada ausgewandert ist, der hat nun endlich geschrieben, mit was er sich dort beschäftigt. 5. Die einen wollten zum Schwimmfest, die anderen zum Fußballwettspiel, welch letzteres im Stadtpark stattfand. 6. Mein Freund konnte noch jedes Wort wiederholen, was bei der erregten Auseinandersetzung gefallen war.

❼ *Stellen Sie fest, warum die folgenden Sätze zu beanstanden sind! — Berichtigen Sie!*
1. Gestern stürzte sich eine Frau in den Kanal, die aber von einem Polizisten gerettet wurde. 2. Der Sturm hat nach bisherigen Berichten acht Tote gefordert, von denen die meisten beim Segeln ertranken. 3. Im Nachbarhaus wohnt ein alleinstehender Herr mit seinem Hund, der gern Trompete bläst. 4. Einen unfreiwilligen Aufenthalt hatte mit seinem Auto ein Vertreter, dem die Luft aus seinem hinteren Reifen entwich, den er dann zum Flicken brachte. 5. Im Nachbarhaus ist eine Wohnung für eine Familie zu vermieten, die noch geweißt werden muß. 6. Karl besitzt ein Haus, welches er sich vor Jahren gekauft hat und jetzt umgebaut ist. 7. Ein Auto fuhr gegen einen Telegraphenmast, den es umriß und schließlich im Straßengraben liegen blieb. 8. Der Star ist einer der ersten Vögel, der im Frühling bei uns eintrifft.

❽ *Formen Sie die folgenden Relativsätze in passende konjunktionale Nebensätze um und geben Sie an, um welches Gedankenverhältnis es sich in jedem Falle handelt!*
1. Einen Fremden, der etwa kommen sollte, darfst du nicht in die Wohnung lassen. 2. Das schwere Fuhrwerk durfte die Brücke, die morsch war, nicht befahren. 3. Karl zürnte dem Freund nicht, der ihn in der Bedrängnis ohne Hilfe allein gelassen hatte. 4. Die Delegation, die den Omnibus verlassen hatte, begab sich sogleich in die Empfangshalle. 5. Die Kriminalbeamten, die keinerlei Beschreibung des Täters besaßen, konnten ihn dennoch stellen. 6. Der Abgeordnete, dessen Auto unterwegs einen Motorschaden hatte, verspätete sich zur Konferenz.

Grammatische Fachausdrücke:

Relativpronomen	bezügliches Fürwort
Konjunktion	Bindewort und Fügewort
Modus (Pl. Modi)	Aussageart
Indikativ	Wirklichkeitsform
Konjunktiv	Möglichkeitsform
direkte Rede	wörtliche Rede
indirekte Rede	nichtwörtliche Rede

VII. BEZEICHNUNG DER ART DES GESCHEHENS UND DES UMSTANDS

zu: Vorgangsbeschreibung, Gegenstandsbeschreibung

Zum Passiv

(G. §§ 3, 11, 13)

Wird die Arbeitsweise einer technischen Anlage beschrieben, so geht es in erster Linie und oft ausschließlich um den Vorgang, seine Richtung und sein Ergebnis. Nicht der Urheber oder die ausführende Person, sondern der Vorgang selbst steht im Mittelpunkt der Aussage. In diesem Fall wendet man häufig das Passiv (die Leideform) an. Dieses Ausdrucksmittel setzt also eine ganz bestimmte Betrachtungsweise voraus.

❶ *Stellen Sie aus der Vorgangsbeschreibung* ① a) *die passivischen Sätze zusammen!*
Was ist in den passivischen Sätzen anstelle des handelnden, veranlassenden Menschen (oder einer verursachenden Naturkraft) zum Subjekt geworden? Bestimmen Sie die Subjekte der Sätze! Betrachten Sie die Verbformen in allen Sätzen!

❷ *Wenden Sie die folgenden Sätze aus dem Passiv in das Aktiv und achten Sie darauf, daß die Zeitstufe dieselbe bleibt!*
1. Das Auto wurde von einer Dame gesteuert. 2. Dieser Brief ist von mir geschrieben worden. 3. Sie wird von uns gemieden. 4. Sie werden aufgehalten worden sein. 5. Ich wurde von Hans am Bahnhof abgeholt. 6. Seid ihr gefragt worden?
Welche Sätze würden im Aktiv besser klingen? Können Sie das begründen?

❸ *Sind alle diese Sätze dem Sinn nach im Passiv ebenso möglich wie im Aktiv? Welche nicht? Weshalb?*
1. Der Arzt hat den Verunglückten untersucht. 2. Meine Freunde haben mich reichlich beschenkt. 3. Wer rief mich? 4. Ich werde dich beizeiten wecken. 5. Niemand öffnete die Tür. 6. Dr. Maier hat meinen Bruder operiert. 7. Die Schwestern pflegen ihn gut.

❹ *Aktiv oder Passiv?*
Bei vielen Verben sind das Präsens Passiv und das Futur (Zukunftform) Aktiv gleich gebildet. Deshalb muß man stets den Sinn des ganzen Satzes vor Augen haben.
Entscheiden Sie, ob die folgenden Sätze Futur Aktiv oder Präsens Passiv enthalten! Vergleichen Sie G. § 13!
1. Er wird von seinem Meister entlassen. Dich wird er nie entlassen. 2. Die Strecke wird nur von Personenzügen befahren. Ein Schnellzug wird diese Strecke nicht befahren. 3. Der Wagen wird morgen entladen. Der Spediteur wird den Wagen entladen. 4. Der Student wird die Universität verlassen. Oft wird die Mutter von ihren Kindern verlassen. 5. Man wird uns bald vergessen. Man wird oft von den Menschen vergessen. 6. Er wird sich gut unterhalten.

Er wird von der Gemeinde unterhalten. 7. Die Kameraden werden alles ertragen. Auch Schmerzen werden von ihnen standhaft ertragen. 8. Er wird das Gras zertreten. Ein Wurm wird leicht zertreten. 9. Wir werden dich mit dem Nötigen versehen. Wir werden vom Verwalter mit Vorräten versehen.
Versuchen Sie anhand dieser und anderer Beispiele, eine Regel dafür zu finden, wann gleichlautende Verbformen jeweils zwei verschiedene Bedeutungen haben können!
Vergleichen Sie dazu:
Die Spende wird dem Roten Kreuz übergeben/gegeben. — Der Bürgermeister wird die Spende dem Roten Kreuz übergeben/geben.

❺ Worden *oder* geworden?
1. Mein Bruder will Maschinist werden. — Er ist Maschinist geworden. 2. Mein Bruder wird konfirmiert. — Er ist konfirmiert worden. 3. Was ist deine Schwester ...? 4. Ist sie angenommen ...? 5. Ich dachte, sie sei Verkäuferin ... 6. Ist sie aber groß ...! 7. Wieviel Geld ist Ihnen geboten ...? 8. Ist die Sprechstundenhilfe nicht gut bezahlt ...? 9. Ist sie mit ihrer Arbeit gut fertig ...? 10. Sie ist vorgestern volljährig ...
Versuchen Sie eine Regel aufzustellen, wann es geworden *und wann es* worden *heißt!*

Die Präpositionen

(G. §§ 41, 42)

Bei einer Beschreibung kommt es oft darauf an, das Verhältnis der Dinge und Personen zueinander klar und unmißverständlich anzugeben. Dabei ist der richtige Gebrauch der Präpositionen (Verhältniswörter) ausschlaggebend.

❶ *Suchen Sie aus der Gegenstandsbeschreibung* ① *b die Präpositionen und nennen Sie den Kasus, in dem das zugehörige Substantiv steht!*

Präpositionen mit Dativ (3. Fall) oder Akkusativ

❷ *Vergleichen Sie die folgenden Beispiele:*
1. Die Bilder hängen (hingen) an der Wand. — Wir hängen (hängten) das Bild an die Wand. 2. Die Lampe steht auf dem Tisch. — Wir stellten die Lampe auf den Tisch. 3. Das Heft liegt in der Schublade. — Wir legen das Heft in die Schublade.
Suchen Sie andere Präpositionen, die ebenfalls den Dativ oder Akkusativ fordern!

Genitiv (2. Fall) oder Dativ?

❸ *Setzen Sie den richtigen Kasus ein!*
Trotz (das unsichere Wetter) sollte die Aufführung auf der Freilichtbühne stattfinden. Wir zogen uns festlich an, nahmen aber wegen (die dunklen Wolken) unsere Regenschirme mit.

Bezeichnung der Art des Geschehens und des Umstands **VII**

Wir holten den Wagen aus der Garage gegenüber (das Haus) und fuhren los. Während (die Fahrt) begann es schon zu regnen. Wir hielten darum außerhalb (der Stadtwall) an (eine Telefonzelle), um zu erfahren, ob wir überhaupt zu (dieses Gastspiel) fahren sollten. Aber trotz (der augenblickliche Regen) wollte die Theaterleitung das Stück nicht verschieben. Inzwischen zogen über (der Hügel), der jenseits (der Fluß) liegt, große Regenwolken auf. Als wir die Freilichtbühne erreichten, regnete es heftig. Nun mußte die Aufführung doch wegen (das schlechte Wetter) ausfallen.

❹ Wegen eitriger (einer eitrigen) Mandelentzündung kann ich nicht zur Arbeit kommen.
Formulieren Sie diese Entschuldigung neu und benutzen Sie folgende Begründungen:
starke Zahnschmerzen, leichtes Fieber, hartnäckiger Husten, leichte Grippe, verdorbener Magen, schlimme Blutvergiftung am Arm, schmerzhafte Kiefervereiterung.

❺ *Setzen Sie die richtigen Kasusendungen ein und überlegen Sie genau, welchen Kasus Sie jedesmal verwenden!*
1. Innerhalb wenig- Jahr- war die Siedlung zu ein- stark bevölkert- Stadtteil angewachsen. 2. Der Lehrling entschuldigte sich bei d- Meister wegen sein- lang- Ausbleiben-. 3. Oberhalb d- letzt- Häuser des Dorfes lag auf ein- Felsvorsprung die alte, noch aus d- Mittelalter stammende Ritterburg. 4. Unser Garten liegt außerhalb d- Dorf-. 5. Nach lang- Graben fand er in d- Acker statt d- erhofft- Schatz- nichts als ein- groß- Stein. 6. Während d- Fest- trafen immer noch Gäste aus all- Herren Länd- in d- Hauptstadt ein. 7. Der Lastwagenverkehr ist innerhalb d- Stadtbezirk- untersagt. 8. Dieser Mann hat während sein- lang- Leben- bei viel- Firm- in d- Stadt gearbeitet. 9. Meine Sprechstunde muß wegen ein- Todesfall- in der Familie bis nächsten Montag ausfallen.

Zum Adverb

(G. § 40)

Wenn man einen Vorgang oder einen Gegenstand beschreibt, so wird man genau feststellen, unter welchen Umständen sich der Vorgang abspielt (Ort, Zeit, Art und Weise, Grund usw.) oder in welcher Umgebung, an welchem Ort sich der Gegenstand befindet. Das kann man u. a. mit einem Adverb ausdrücken.

❶ *Suchen Sie die Adverbien im folgenden Text und bestimmen Sie, welche Arten von Adverbien gebraucht sind!*
Seit einigen Wochen bin ich Mitglied eines Tennisklubs. Wir haben weit draußen, abseits von jedem Verkehr, ein sehr schönes Klubhaus. Oft fahren wir hinaus, mindestens einmal in der Woche. Das Haus liegt auf einem Hügel. Vom nächsten Ort führt nur ein schmaler Fußweg hinauf; rundum sind Wiesen und Felder. Dort findet man immer eine lustige Gesellschaft. Man kann sogar im Klubhaus übernachten. Oben befindet sich ein großer Schlafsaal, darunter liegen die Aufenthaltsräume. Natürlich wird vor allem Tennis gespielt, hinter dem Haus sind mehrere Plätze angelegt. Man kann so lange spielen, wie man will, und findet immer gute Partner und oft auch Zuschauer, die laut ihren Beifall oder ihr Mißfallen äußern. Ich fahre sehr gern hinaus, deshalb bin ich auch am Wochenende selten zu Hause.

A *Grammatisch-stilistische Übungen zu Teil I*

❷ Adverbien können nicht dekliniert werden, einige lassen sich jedoch „steigern", z. B. gern — lieber — am liebsten.
Steigern Sie: sehr (viel), bald, oft, wohl (gut)!

❸ Oft ergeben sich Unsicherheiten im Gebrauch der folgenden Adverbien:
hinein — herein, hinaus — heraus, hinauf — herauf, hinunter — herunter, hinüber — herüber.
Es kommt jeweils auf die Stellung des Sprechenden an, welches Wort er gebrauchen muß. „Her" bedeutet eine Bewegung auf den Sprecher zu, „hin" bedeutet eine Bewegung vom Sprecher weg.
Also: Der Verkäufer sagt zum Kunden: „Gehen Sie bitte die Treppe hinauf."
Der Chef sagt zu seiner Sekretärin: „Fräulein Müller, kommen Sie doch bitte einmal zu mir herüber!"
Ergänzen Sie:
1. Der Bergmann fährt in den Schacht -ab. 2. Er will nicht -aus mit der Sprache. 3. Ihr sollt hier- sehen! 4. Schaut dort-! 5. Komm zu mir -ein! 6. Er geht wie die Katze um den heißen Brei -um. 7. Die Katze kletterte auf den Baum -auf. 8. Als der Ast brach, fiel sie plötzlich -unter.

❹ *Ersetzen Sie die substantivischen Wendungen durch das entsprechende Adverb! Stellen Sie beide Ausdrucksformen in Sätzen einander gegenüber! Welche Form ist vorzuziehen?*
in nachdrücklicher (eindeutiger, unmißverständlicher, ruhiger, sachlicher, auffälliger, unverschämter, gründlicher, unübertrefflicher) Weise; auf eine ruhige (besonnene, deutliche, grobe, feine, rücksichtsvolle, liebenswürdige, ausführliche) Art; in knapper (eindringlicher, würdiger, angemessener) Form; auf friedlichem (mündlichem, schriftlichem, telegraphischem ...) Wege; mit sofortiger Wirkung, in ununterbrochener Folge

❺ *Bilden Sie Adverbien aus folgenden Substantiven! Stellen Sie fest, wo beide Formen denselben Sinn haben und daher austauschbar sind!*
Stück für Stück = stückweise, Schritt für Schritt, Teil für Teil, Paar für Paar (zwei und zwei), Tropfen für Tropfen, Brocken für Brocken, in großen Massen, in Reihen, in Litern, Fässern, Flaschen, Kisten, Säcken

Zur Umstandsbestimmung

(G. § 62)

Die Kennzeichnung eines Umstandes geschieht nicht nur durch Adverbien, die oft das Gemeinte nicht präzis genug ausdrücken, sondern auch durch präpositionale Fügungen (Substantiv mit Präposition). Sowohl Adverbien als auch präpositionale Fügungen, die einen Umstand bezeichnen, treten innerhalb des Satzes als sog. Umstandsbestimmungen auf.

❶ *Lesen Sie Beispiel ① a der Gegenstandsbeschreibung und suchen Sie zunächst die Ortsbestimmungen heraus! Woran erkennen Sie diese? Welche anderen Umstandsbestimmungen* *finden Sie noch im Text? Nennen Sie alle Arten von Umstandsbestimmungen, die Sie kennen! Vervollständigen Sie diese Aufstellung anhand der Grammatik § 62!*

❷ *Vergleichen Sie die folgenden Sätze:*
1. Unser Hund jagt nachts. — Unser Hund jagt im Walde. — Unser Hund jagt eifrig. — Unser Hund jagt aus reiner Langeweile. 2. Wir lassen die Heizung Tag und Nacht laufen. — Wir spielen wegen des Regenwetters Doppelkopf. — Wir holen Äpfel aus dem Keller. — Wir mußten damals furchtbar lachen.
Nennen Sie die vier Arten der Umstandsbestimmung, die in diesen Beispielen vorkommen, und geben Sie ihre Form an!

Die Stellung der Umstandsbestimmung

(G. § 63 u. S. 60)

❸ *Ist die Wortstellung in den folgenden Sätzen richtig? Verbessern Sie, wenn nötig!*
Ich ging fröhlich mit einigen Freunden bei schönem Wetter gestern in den nahen Wald. Wir kamen an einen See nach kurzem Marsch und beschlossen, dort zu baden. Heiner hatte das Abendbrot in seinem Rucksack für uns alle in seiner Gutmütigkeit mitgenommen. Bevor wir badeten, spielten wir noch Federball auf der Wiese für kurze Zeit. Dann veranstalteten wir ein Wettschwimmen, bei dem ich Sieger wurde mit zwei Armlängen.

Grammatische Fachausdrücke:

Präposition	Verhältniswort
Genitiv	2. Fall (Wesfall)
Dativ	3. Fall (Wemfall)
Futur	Zukunftform

VIII. MÖGLICHKEITEN DER BEIFÜGUNG I

zu: **Personenbeschreibung**

Zum Adjektiv

(G. §§ 35—39)

Sowohl bei der Personenbeschreibung als auch bei der Charakteristik kommt es darauf an, besondere Kennzeichen, Merkmale und Eigenschaften hervorzuheben. Das ist meistens mit einem Substantiv oder einem Verb allein nicht möglich. Man braucht ein Wort, das diesen „beigefügt" werden kann: das Adjektiv (Eigenschaftswort oder Artwort).

A *Grammatisch-stilistische Übungen zu Teil I*

❶ *Sehen Sie sich die Personenbeschreibung ① b an und unterstreichen Sie die Adjektive!*
Warum heißt es: dichtes, kastanienbraunes Haar, ovales Gesicht mit einer gesunden Gesichtsfarbe.
Aber: (Seine) Gestalt (ist) breitschultrig, (die) Augen (sind) dunkel, tiefliegend.
Sie erkennen, daß das Adjektiv einmal beim Substantiv, einmal beim Verb stehen kann. *In welcher Stellung wird es flektiert (gebeugt)? Notieren Sie sich die gebeugten Formen von Beispiel ① b und vergleichen Sie dazu G. § 39!*
Zu den ungebeugten Formen vgl. auch Ü. IV/V, Prädikatsnomen.

Deklination des Adjektivs
(G. § 39)

❷ *Setzen Sie in den folgenden Beispielen die richtigen Endungen ein! Vergleichen Sie dazu G. § 39!*
1. Von hoh- Pferd herab grüßte er die Menge. 2. Vom hoh- Berg aus sieht man weit ins Land hinein. 3. Ein Mann von hoh- Stande. — Ein Mann hoh- Standes. 4. Er saß beim voll- Glase (bei voll- Glase). 5. Er ist ein bescheiden-, anstellig- jung- Mann. 6. Ein- schön- Tages (an ein- schön- Tag) machten wir uns auf. 7. Ein einfach-, kräftig- Mittagessen wurde aufgetragen. 8. Er ist klar- Sinnes.

❸ *Vervollständigen Sie die folgenden Beispiele:*
1. Wir brauchen viele tüchtig- jung- Männer. 2. Er ist nicht auf gut- Weg (auf dem gut- Weg). 3. Der Anblick so vieler lachend- Gesichter (dieser viel- lachend- Gesichter) reizte ihn. 4. Die Schritte einzeln- verspätet- Gäste hallten in den Gängen. 5. Wir genossen die Kühle des sprudelnd- klar- Wassers. 6. Laß uns einen Schluck gut- kühl- Weines trinken! 7. Das ist der Wunsch viel- berufstätig- Menschen.

Komparation („Steigerung") des Adjektivs
(G. § 38)

Beim Adjektiv haben wir die Möglichkeit, zwei oder mehrere Merkmale (Eigenschaften) miteinander zu vergleichen oder den Grad einer Eigenschaft anzugeben, soweit eine Eigenschaft überhaupt in einem mehr oder minder starken Grade auftreten kann. *Welche Komparationsformen gibt es? Wie werden sie gebildet?*

❹ a) Der D-Zug fährt (eben)so schnell wie das Auto.
   b) Der D-Zug fährt nicht so schnell wie das Auto.
   c) Das Auto fährt schneller als der D-Zug.
   d) Unter allen Verkehrsmitteln ist das Flugzeug das schnellste.
   e) Der Zug fährt schneller und (immer) schneller; schließlich hat er seine Höchstgeschwindigkeit erreicht (bis er seine Höchstgeschwindigkeit erreicht hat).

1. Wie viele Dinge werden in jedem der Beispiele verglichen? 2. Was leistet beim Vergleich der Positiv (Satz a), was der Komparativ (Satz c und e)? 3. Unterscheiden sich Satz b

Möglichkeiten der Beifügung I — VIII

und c inhaltlich? — Inwiefern unterscheiden sie sich in der Art der Aussage? 4. Wann wendet man beim Vergleich den Superlativ an?

❺ *Prüfen Sie die folgenden Fälle von Komparation:*
Durch den heutigen Straßenzustand ist die Entwicklung des Verkehrs mehr behindert als gefördert. — Ich bin eher müde als krank. — Er war mehr als klug, er war gerissen.
Werden auch hier, wie in den Beispielen unter ❹, *Dinge miteinander verglichen?*
Aus den vorangegangenen Beispielen können Sie ableiten, daß die sog. Steigerungsformen in der Regel dem Vergleich dienen. Die Gradsteigerung eines Merkmals muß mit anderen sprachlichen Mitteln ausgedrückt werden.
Vergleichen Sie:
   a) Die Eiche ist der älteste Baum im Schloßpark.
   b) Die Eiche im Park ist ein sehr alter Baum.
   c) Die Eiche im Park ist ein uralter Baum.

❻ a) *Wie lauten Komparativ und Superlativ von* nahe, gut, viel?
b) *Prüfen Sie, warum in den folgenden Beispielen die Adjektive keine Komparationsform bilden können!*
eine elektrische Lampe, der grüne Salat, das deutsche Volk, der eiserne Träger, der runde Tisch, der taube Bettler, die schriftliche Mitteilung, der linke Arm, der senkrechte Strich, die ewige Unruhe

❼ *Sind die folgenden Sätze zu beanstanden? Warum? — Verbessern Sie!*
1. Wir hatten in unseren Ferien sagenhaft schönes Wetter; einen heiteren Himmel sah ich noch nie. 2. Die Veranstaltung war furchtbar nett, nur eine Vorführung war entsetzlich langweilig, trotzdem waren wir von dem Erfolg des Abends restlos begeistert. 3. Cäsar war vielleicht als Staatsmann bedeutender als als Feldherr. 4. Schon bei einer geringsten Erschütterung schlägt der Zeiger des Seismographen aus. 5. Die Reise in diesem Jahr war mit die schönste, die wir gemacht haben; das einzigste, was daran auszusetzen war, sie war zu kurz. 6. Das auffallendste Kleid trug meine Freundin; es war anders gearbeitet wie die Kleider aller Kolleginnen.

❽ *Probieren Sie aus, welche Vergleichsformen sich verwenden lassen! Wie müssen sie lauten?*
1. (vielgelesen) Zeitung ist nicht immer (gut). 2. Dieses Buch ist (leichtverständlich), als ich angenommen hatte. 3. Die Wetterwarte auf der Zugspitze ist das (hochgelegen) Gebäude Deutschlands. 4. Für elektrische Anlagen wird die (großmöglich) Sicherheit gefordert. 5. Er sagte mir eine (großzügig) Unterstützung zu. 6. Meine (wohlhabend) Bekannten wohnten in dem (gutempfohlen) Gasthaus „Am See".

❾ a) *Sammeln Sie Beispiele, in denen die Steigerung durch Zusammensetzung bewirkt wird, wie z. B.* überklug, hundeelend, blitzblank! *— Kann man von solchen Adjektiven einen Komparativ oder Superlativ bilden?*
b) *Welche Art der Steigerung halten Sie für besser?*
ein sehr kleines Loch — ein winziges Loch
eine sehr dünne Gestalt — eine hagere Gestalt
eine sehr weite Ebene — eine weite, weite Ebene

A Grammatisch-stilistische Übungen zu Teil I

Das Adjektiv in der Wortbildung
(G. §§ 22, 35, 36)

Substantiv und Adjektiv

❶ Eine „Halbzeit" ist soviel wie die „halbe Zeit", aber ein „Grobschmied" ist kein „...", sondern ...? Hier ist aus der Verbindung eines Adjektivs mit einem Substantiv ein neuer Begriff entstanden.
„Frischgemüse" ist nicht ganz dasselbe wie „frisches Gemüse", sondern ist die Bezeichnung für das Gegenstück zu „Dörrgemüse"; ebenso ist nicht jede blaue Beere eine „Blaubeere". Durch kleine sprachliche Feinheiten werden sachliche Unterschiede bezeichnet.
Was bedeuten:
Frechdachs, Dickkopf, Grünschnabel, Hochstapler, Großvater, Faulfieber?
Suchen Sie mehr solche Beispiele!

❷ *Erklären Sie den Unterschied zwischen:*
Schnellbahn — schnelle Bahn, Hochhaus — hohes Haus, Weichkäse — weicher Käse, Grünkohl — grüner Kohl, Großkaufmann — ein großer Kaufmann, Hartstein — harter Stein.
Welcher der beiden Begriffe ist jeweils der engere?

❸ *Verbinden Sie in den folgenden Ausdrücken eines der beiden Adjektive mit dem Substantiv zu einem Begriff! Erklären Sie, warum die Adjektive jeweils nicht durch Komma getrennt sind!*
Beispiel: die große eiserne Tür — die große Eisentür
ein schönes seidenes (wollenes, leinenes) Kleid; die neue städtische Schule; der gute fränkische Wein; das bekannte kräftige Futter; das teure edle Metall; das wertlose alte Papier; der moderne neue Bau

❹ *Vorsicht bei zusammengesetzten Substantiven, die mit einem Adjektiv verbunden werden sollen!*
ein dreistöckiger Hausbesitzer, der flüssige Seifenbehälter, die geriebene Kartoffelsuppe, ungeborene Lämmerfelle, unser saurer Kirschbaum, der chemische Fabrikbesitzer
Was ist hier falsch? Wie muß man sagen?

Substantive aus Adjektiven

❺ Fast alle Adjektive können substantiviert werden, d. h., das Merkmal kann, ohne an einen Träger gebunden zu sein, selbst als etwas Dingliches und Wesenhaftes gedacht sein, z. B.:
    Das Unechte kann man oft nicht vom Echten unterscheiden.
Vergleichen Sie:
recht: Er tut das Rechte.   Er hat das Recht auf seiner Seite.
                                      Ihm tut die Rechte weh.

Möglichkeiten der Beifügung I **VIII**

gut: Er tut das Gute (Gutes). Hab und Gut
Das Gut ist verkauft worden.
Seine Güte ist grenzenlos.

naß: Geh nicht ins Nasse! Die Nässe schadet dem Korn.
dunkel: Das Dunkle sind Gewitterwolken. das Dunkel der Nacht

❻ *Man sagt:* Die Höhe, die Breite ... — *Beurteilen Sie die folgenden Substantive:*
die Dürre, die Schöne, die Schnelle, die Kürze, die Dünne, die Krümme, die Glätte, die Plätte, die Irre, die Wirre, die Helle, die Leere, die Volle, die Freie, die Krause, die Fremde, die Schräge, die Röte, die Grüne

1. Könnte es alle diese Wörter geben? 2. Welche von ihnen sind gebräuchlich? 3. Welche Wörter muß man statt der ungebräuchlichen einsetzen?

Nachsilben bei Adjektiven

❼ *Vergleichen Sie:*

kindlich — kindisch	(fremd)sprachlich — (fremd)sprachig
geschäftlich — geschäftig	sinnlich — sinnig
heimlich — heimisch	halbjährlich — halbjährig
geistlich — geistig	männlich — (fach)männisch
herrlich — herrisch	förmlich — unförmig
weiblich — weibisch	räumlich — geräumig
launisch — launig	(un)glaublich — gläubig — abergläubisch
rassisch — rassig	höflich — höfisch

Machen Sie sich den Bedeutungsunterschied dieser Nachsilben klar! Welche Nachsilbe bedeutet soviel wie *gleich oder ähnlich* (englisch: *like*), *welche soviel wie an sich haben oder besitzen? Welche bezeichnet das Wesen einer Person oder Sache?*

❽ *Erklären Sie den Bedeutungsunterschied folgender Adjektive:*

furchtbar — furchtsam	krankhaft — kränklich
heilbar — heilsam	glaubhaft — gläubig
ehrbar — ehrsam — ehrenhaft	sparsam — spärlich
grausam — grauenhaft	sichtbar — sichtlich
schmerzhaft — schmerzlich	wunderbar — wunderlich
schadhaft — schädlich	mannbar — mannhaft — männlich
herzhaft — herzlich	

Denken Sie bei -bar *an* (Trag)Bahre *und englisch* to bear *(tragen, hervorbringen), bei* -haft *an* haben, anhaften, behaftet sein mit, *bei* -sam *an englisch* the same, *an* sammeln, zusammen *(Vereinigung, verbunden mit).*

Grammatische Fachausdrücke:

Deklination	Beugung
Komparation	Steigerung
Positiv	Grundstufe
Komparativ	Höherstufe
Superlativ	Höchststufe

IX./X. EINGLIEDERUNG UND ANFÜGUNG IN UND AN EINEN SATZ

zu: **Facharbeit/Erörterung**

Die richtige Formulierung von Gedanken spielt in jeder sprachlichen Äußerung eine entscheidende Rolle. Bei Facharbeit und Erörterung, zwei Formen der schriftlichen Äußerung, die einer gründlichen Vorbereitung bedürfen, muß man sich besonders eingehend um die sprachliche Fassung bemühen. Eine Beschäftigung mit den sprachlichen Ausdrucksmitteln führt dazu, daß man erkennt, welche Aussagekraft den einzelnen Wortarten, Formen und Fügungen innewohnt und was sie daher innerhalb einer Aussage zu leisten vermögen.

Baugesetz und Redeabsicht

Wenn wir unsere Sprache gebrauchen, so sind wir zuallererst gezwungen, die einzelnen Wörter in der Bedeutung zu verwenden, die sie innerhalb der Sprachgemeinschaft nun einmal haben. Sodann müssen die in einer Aussage verwendeten Wörter sinnvoll zusammenpassen.
Man kann nicht sagen:

Die Sonne schweigt. Der Wind geht unter.

Obwohl alle Satzgliedstellen besetzt sind, enthalten die Sätze Unsinn.
Der Zwang geht noch weiter. Wenn wir in „entfalteter Aussage", also im Satz, sprechen, brauchen wir außer Subjekt und Prädikat sehr oft auch noch ein Objekt (eine Ergänzung zum Verb). Die Satzglieder liegen zwar fest, aber es liegt am Sprecher, zu entscheiden, mit welchen Begriffen die Stellen besetzt werden sollen und welche Form er ihnen geben will. Man kann dabei nicht völlig willkürlich verfahren.

❶ Will man etwa einen Satz mit den Begriffen „Fahrgast, Fahrer, Fahrt, Unterhaltung, Verbot" gestalten, so ergeben sich z. B. folgende Möglichkeiten:
1. Der Fahrgast darf sich während der Fahrt mit dem Fahrer nicht unterhalten.
2. Der Fahrer darf sich während der Fahrt mit dem Fahrgast nicht unterhalten.
3. Die Unterhaltung zwischen Fahrgast und Fahrer während der Fahrt ist verboten.

1. Untersuchen Sie, ob Sie denselben Sinn noch in anderer Weise ausdrücken können!
2. Prüfen Sie, ob Sie in den einzelnen Sätzen an die Abfolge Subjekt — Prädikat — Objekt *gebunden sind! — Was ändert sich am Sinn, wenn man umstellt?*

Eingliederung und Anfügung in und an einen Satz **IX/X**

❷ *Welchen Sinnunterschied bewirkt bei den folgenden Beispielpaaren der Unterschied in der Form?*
a) Der Bruder malt. — Der Bruder ist Maler.
b) der warme Ofen — der wärmende Ofen
c) Die Decke ist geweißt. — Die Decke ist weiß.
d) Die neue Autobahnstrecke wurde vom Minister dem Verkehr übergeben. — Der Minister übergab die neue Autobahnstrecke dem Verkehr.
e) Das Betreten der Schonung wurde von der Forstverwaltung verboten. — Der Oberförster hat das Betreten der Schonung verboten. — Die Schonung darf auf Anordnung des Oberförsters nicht betreten werden. — Betreten der Schonung verboten! Die Forstverwaltung.

Eingliedern und Herstellen gedanklicher Verbindung

❶ Die Einzelgedanken — müde sein, früh ins Bett gehen — stehen in einem inneren Zusammenhang. Dieser läßt sich verschieden ausdrücken:
1. ohne daß man den gedanklichen Zusammenhang ausdrücklich bezeichnet:
   Ich bin (war) müde; ich gehe (ging) früh zu Bett.
2. indem man den gedanklichen Zusammenhang herstellt und sprachlich eingliedert:
a) durch ein Satzglied (nominal):
   Wegen meiner Müdigkeit gehe (ging) ich früh zu Bett.
b) durch eine Satzverbindung (verbal):
   Ich bin (war) müde; deshalb (also, folglich, infolgedessen) gehe (ging) ich früh zu Bett.
   Ich gehe (ging) früh zu Bett; denn ich bin (war) müde.
   Ich bin (war) müde; und ich gehe (ging) früh zu Bett.
c) durch ein Satzgefüge (verbal):
   Ich gehe (ging) früh zu Bett, weil (da) ich müde bin (war).

1. Untersuchen Sie die Ausdrucksformen unter 2a—c! 2. Auf welche verschiedene Weise ist derselbe gedankliche Zusammenhang hergestellt? 3. Wo wird die gedankliche Verbindung am schwächsten ausgedrückt?

Wenn man den gedanklichen Zusammenhang von Tatbeständen ausdrücken will, so kann man das auf verschiedene Weise tun:
a) durch ein Satzglied (nominal, wie in Beispiel 2a),
b) durch eine Satzverbindung (verbal, wie in den Beispielen 2b),
c) durch ein Satzgefüge (verbal, wie in den Beispielen 2c).
Bei der Satzverbindung und beim Satzgefüge wird die Art der gedanklichen Verbindung durch die Konjunktion ausgedrückt.

❷ *Versuchen Sie, die folgenden Tatbestände in einen gedanklichen Zusammenhang zu bringen!*
1. Es friert. Der Gärtner deckt die Beete zu. 2. Das Barometer steigt. Es gibt schönes Wetter.
3. Ich habe mein Moped geputzt. Jetzt kann ich zum Baden fahren.

❸ *Prüfen Sie die drei Ausformungen desselben Sachverhalts:*
a) Durch Vorsicht entging er der Gefahr.
b) Er sah sich vor, und so (daher) entging er der Gefahr.
   Er entging der Gefahr; denn er war vorsichtig (gewesen).
c) Er entging der Gefahr, weil er sich vorgesehen hatte.
   Da er vorsichtig war, entging er der Gefahr.
1. Unterscheiden sich die drei Fassungen inhaltlich? 2. Wie unterscheiden sie sich formal? Wie ist Vorsicht *in den drei Beispielen gestaltet? 3. Durch welche der Ausdrucksweisen wird nach Ihrer Ansicht* Vorsicht *am stärksten hervorgehoben?*
Nominale Eingliederungen reichen oft nicht aus, die gedankliche Verbindung sprachlich auszudrücken. Hierzu stehen vielmehr in unserer Muttersprache vor allem die Nebensätze (Spannsätze) zur Verfügung.

Gedankenverbindung durch Nebensätze

(G. §§ 66—69)

Mit dem Spannsatz hat unsere Sprache ein Mittel ausgebildet, die gedankliche Verbindung zweier (oder mehrerer) Aussagen auszudrücken. Welcher Art diese Verbindung ist, gibt ein Signal oder Vorzeichen an: die unterordnende, d. h. einen Nebensatz einleitende Konjunktion (Fügewort).

❶ *Vergleichen Sie:*

Ich komme, weil ...   Ich komme, bevor ...
Ich komme, wenn ...   Ich komme, so daß ...
Ich komme, obwohl ...   Ich komme, ohne daß ...
Ich komme, nachdem ...   Ich komme, damit ...

1. Welches gedankliche Verhältnis des Nebensatzes zum Hauptsatz kündigen die einzelnen Konjunktionen an? 2. Könnten z. B. drei der obigen Sätze wie folgt fortgesetzt werden?
Ich komme, weil ich keine Zeit habe.
Ich komme, so daß du mich rufen mußt.
Ich komme, obwohl ich Zeit habe.
Geben Sie eine Begründung!

❷ Nicht nur das erste Wort des Nebensatzes, sondern auch das letzte ist von besonderer Bedeutung. *Verfolgen Sie den Aufbau des folgenden Beispiels:*
Ich erschrak heftig, (1) als ... (2) plötzlich ... (3) infolge eines Windstoßes ... (4) die Tür ... (5) zum Korridor ... (6) aufsprang.
Können Sie nach (1), nach (2) usw. schon sagen, wie der Satz zu Ende gehen wird? Zum Ausdruck „Spannsatz" vgl. G. § 64.

❸ Bisweilen ist der Gesamtsinn schon vor dem letzten Wort deutlich. *Geben Sie an, an welcher Stelle der folgenden Beispiele es keinen Zweifel mehr über die Fortsetzung gibt:*

Eingliederung und Anfügung in und an einen Satz **IX/X**

1. Ich freue mich, daß mir Klaus heute das entliehene Buch nach meiner abermaligen Mahnung zurückgegeben hat.
2. Ich bedaure es, daß mir Klaus das entliehene Buch trotz meiner abermaligen Mahnung nicht zurückgegeben hat.
3. Nach der Entlassung aus dem Krankenhaus wurde der Patient an die See verschickt, damit sich sein Gesundheitszustand dort noch weiter bessere.

❹ *Nehmen Sie das folgende Satzgefüge so auseinander, daß Sie die einzelnen Feststellungen, die hier verbunden sind, in selbständige Sätze bringen!*
Die Spitzen der jungen Tannen werden im Winter mit Werg umwickelt, damit sie nicht durch das Wild beschädigt werden können, das in dieser Jahreszeit die Tannenspitzen bevorzugt, weil es keine andere Nahrung findet.
1. *Welcher gedankliche Zusammenhang besteht zwischen den einzelnen Feststellungen?*
2. *Wie ist er sprachlich dargestellt?*

❺ *Zerlegen Sie auch die folgenden Satzgefüge in die einzelnen Tatbestände und formen Sie daraus selbständige Sätze!*
1. Der unerwartete Schneesturm, der in den letzten Tagen vor Ostern einsetzte, hat zahlreiche Verkehrsstockungen verursacht, obwohl die Schneezäune erst kürzlich erneuert worden waren und der Hauptverkehr sofort umgeleitet wurde und obwohl die Nachbargemeinden noch zusätzlich Schneepflüge zur Verfügung stellten.
2. Wie viele Unfälle sich bis jetzt ereignet haben und wann der Verkehr wieder geordnet verlaufen wird, ist noch nicht bekannt.

❻ *Vielleicht ist Ihnen schon aufgefallen, daß sich die Gedankenordnung der Beispiele unter* ❹ *und* ❺ *in ganz bestimmter Weise unterscheidet:*
Bei ❹ sind die einzelnen Feststellungen wie Glieder einer Kette aneinandergehängt:
Die Spitzen der Tannen ....,
       damit ....,
            das ....,
                 weil ....
Probieren Sie, ob Sie eines der Glieder weglassen oder umstellen können, ohne daß der Sinn des ganzen Gefüges zerstört wird!
Sprachlich ist die Gedankenkette hier ausgedrückt durch eine Gefügekette (mehrere voneinander abhängige Nebensätze).
Bei ❺ sind die einzelnen Tatbestände (die Hauptsache ausgenommen) gleichwertig nebeneinandergesetzt oder sogar aneinandergereiht:
1. Der Schneesturm,   hat ....,
    der .....,   obwohl ... und ... und obwohl .....
2. Wieviel .... und wann ....,
               ist noch nicht .....
Probieren Sie hier, ob Sie eines der Glieder weglassen oder umstellen können, ohne daß der Sinn des ganzen Gefüges zerstört wird!
Sprachlicher Ausdruck für die Gedankenreihe ist hier die Nebensatzreihe (mehrere gleichgeordnete Nebensätze).

A Grammatisch-stilistische Übungen zu Teil I

❼ *Bilden Sie aus den angegebenen Tatsachen Satzgefüge oder Satzreihen oder mehrere Einzelsätze! — Probieren Sie jeweils mehrere Möglichkeiten aus und unterstreichen Sie die beste!*
1. Deutschland muß seine Ausfuhr steigern. (Wir müssen Nahrungsmittel einführen; wir können sie nicht selber erzeugen.) 2. Jeder weiß das. (Alkohol und Nikotin sind Gifte; man soll sie nach Möglichkeit meiden.) 3. Ich kenne den Teutoburger Wald genau. (Ich habe ihn mehrmals durchwandert; er ist meines Vaters Heimat.) 4. Ich glaube nicht, daß er kommen wird. (Er fühlt sich zurückgesetzt; ich habe ihn nicht persönlich eingeladen.) 5. Das Durchschnittsalter der Menschen hat sich erhöht. (Die medizinische Wissenschaft hat große Fortschritte gemacht; man kann die Krankheiten frühzeitig erkennen; die sozialen Verhältnisse haben sich gebessert.)

Nominale Eingliederung und verbale Anfügung

(G. §§ 65, 66)

❶ *Vergleichen Sie die folgenden Ausdrucksweisen:*

1. Bei Regenwetter bleiben wir zu Hause.	Wenn (falls) es regnet (regnen wird), bleiben wir ...
Bei dem Regen bleiben wir zu Hause.	Da (weil) es regnet, ...
	Solange es regnet, ...
	Während es regnet, ...
2. Bei der Landung des Flugzeugs spielt die Kapelle.	Wenn / während das Flugzeug landet, spielt die Kapelle.
Bei der Landung des Flugzeugs spielte die Kapelle.	Als / während das Flugzeug landete, spielte die Kapelle.
	Nachdem / als das Flugzeug gelandet war, spielte die Kapelle.

1. Gibt der Präpositionalausdruck oder der Nebensatz den gemeinten Sinn genauer und klarer wieder? — Versuchen Sie festzustellen, woran das liegt! 2. Welche Vorzüge enthält die Nominalgruppe, welche ein Nebensatz? 3. Wie wirkt sich in der linken Spalte des Beispiels 1 die Hinzufügung des Artikels aus? — Vergleichen Sie mit der rechten Spalte!

❷ *Mitunter kann ein Partizip an Stelle eines Nebensatzes stehen. Wenn es erweitert ist, wird es vom Hauptsatz durch ein Komma getrennt. Lassen sich alle der hier in Nebensätzen dargestellten Sachverhalte nominal eingliedern?*
1. Indem der Rennfahrer kräftig in die Pedale trat, hatte er bald die Spitze des Fahrerfeldes erreicht. 2. Karin stürzte zur Tür, wobei sie laut aufschrie. 3. Nachdem wir uns durch ein kühles Bad erfrischt hatten, setzten wir unsere Wanderung fort. 4. Weil die Wespen die Früchte annagten, pflückten wir das Obst schnell. 5. Als wir vor die Haustür traten, fing es an zu regnen.

❸ *Vergleichen Sie:*
1. Nach der Einweihung der Autobahnstrecke durch den Bundesverkehrsminister rollte eine Kette von Fahrzeugen bis zum Hereinbrechen der Dämmerung über das schimmernde Band.
2. Nachdem der Bundesverkehrsminister die Autobahnstrecke eingeweiht hatte, rollte eine Kette von Fahrzeugen über das schimmernde Band, bis die Dämmerung hereinbrach.

1. Wie lautet im Beispiel 1 die Prädikatsgruppe? 2. Welche der beiden Fassungen gefällt Ihnen besser? — Warum? 3. Wodurch unterscheiden sich in ihrem Ausdruckswert nominale Wortgruppen und Nebensätze? — Wo zeigt sich Bewegung? Worin besteht die Leistung des Nebensatzes?

❹ *Verstehen Sie beim ersten Lesen sofort, was der folgende Satz sagen will?*

Nach vorher nicht ohne Schwierigkeiten hergestelltem Einverständnis über die Grundzüge des zu schließenden Vertrages war man sich in der abschließenden Verhandlung sehr rasch über die im einzelnen festzulegenden Bestimmungen sowie über ihre Formulierung einig.

Probieren Sie, wie sich etwa die nominalen Eingliederungen durch verbale Anfügungen ersetzen ließen! Zerlegen Sie den Satz, wenn es Ihnen nötig erscheint, damit das Ganze rascher und besser verständlich wird!

Beim Schreiben noch mehr als beim Reden muß man sich entscheiden, ob die gemeinte Gedankenverbindung treffender durch Eingliederung (mit Nominalgruppe als Satzteil) oder durch Anfügung (Nebensatz mit Fügewort) auszudrücken ist. Wo es um lebendige Darstellung geht, verdient die verbale den Vorzug. Die nominale Eingliederung kann in sachlichen Berichten und Protokollen notwendig werden.

❺ *Beseitigen Sie die unerträglichen Nominalgruppen!*

1. In dem ziemlich langsam durch die am Nachmittag stark belebten Straßen der großen Stadt fahrenden Auto saßen Ausländer. 2. Der Ärger über den Verlust des Buches auf dem Wege vom Bahnhof bis nach Hause ließ den Werkstudenten nicht zur Ruhe kommen. 3. Die sich in der Ferne wie eine grauschwarze Wand auftürmenden Gewitterwolken veranlaßten die noch auf dem Felde arbeitenden Bauern, nach Hause zu eilen. 4. Der staatliche Schutz der Freiheit der Person ist durch das Grundgesetz gewährleistet. 5. Die Verärgerung des Prokuristen über die Verspätung in der Auslieferung der Waren an die Filialen in den Landstädten war groß. 6. Die Ursache der Änderung des Zustandes der Ruhe oder der Bewegung eines Körpers oder die Änderung der Gestalt eines Körpers nennt man Kraft.

XI. REDEROLLEN UND FORMEN DER MODALITÄT

zu: **Persönlicher Brief**

Pronomina

Das Personalpronomen

(G. § 27)

Der Verfasser eines persönlichen Briefes wendet sich immer an einen bestimmten Partner. Er redet ihn zunächst mit dem Namen, dann mit einem Fürwort an. So gewinnt das Personalpronomen immer dann erst Leben und Inhalt, wenn es sich auf ein bestimmtes Namenwort (Substantiv) bezieht. Mit ihm stimmt es als sein Stellvertreter in Genus und Numerus überein. Diese Beziehung stellt der Redende oder Schreibende her. Mit dem Personalpronomen gliedert er die Dinge seiner Umwelt von seinem Ich aus in solche, die er anspricht, und in solche, die er bespricht. Er schreibt entweder:

„Lieber Ernst! Sicher wirst Du schon lange auf einen Brief von mir warten."
oder:
„Sehr geehrter Herr B...! Sicher werden Sie schon lange auf einen Brief von mir warten."

In Briefen werden Anredefürwörter groß geschrieben. Kann man diese Regel auch auf andere Formen der schriftlichen Mitteilung anwenden? (Denken Sie an die Höflichkeitsform der Anrede!)

❶ Ich gebe dir heute den Zirkel (die Zeichnung, das Heft) noch nicht zurück. Ich bringe ihn (sie, es) dir erst morgen.

1. Auf welche „Rederolle" beziehen sich hier die Pronomina des zweiten Satzes? 2. Wie wird der Bezug eindeutig gemacht?

❷

a) Ich traf { den Hausmeister. / die Dozentin. / das Mädchen. } Auch { er / sie / es } wollte zur Post.

In der Ecke des Zimmers stand eine Couch / ein Sofa. Ich setzte mich auf sie / auf es und wartete das Weitere ab. — Am Wege stand ein Haus; wir traten in es. — Ich habe ein Fahrrad bekommen; gerade es brauchte ich dringend.

1. Beurteilen Sie die Verwendung des es! *2. Wie kann (und muß!) man Präposition + es vermeiden?*

b) Ich habe es im Halse. — Du wirst es nicht weit bringen. — Er hat es auf mein Geld abgesehen.

1. Welches Satzglied wird in diesen Sätzen mit es *bezeichnet? 2. Woran zeigt sich die Tonschwäche dieses* es, *wenn wir rasch sprechen? 3. Steht es wirklich pro nomine (für den Namen)?*

c) Es dunkelt. — Es taut, und es fängt an zu regnen.

Erklären Sie das es *in den vorangehenden Sätzen!*

d) Es hat sich bisher niemand gemeldet. — Es sind in den letzten Jahren häufig Streitigkeiten vorgekommen. — Es schienen so golden die Sterne. — Es zogen zwei rüst'ge Gesellen zum erstenmal von Haus.

1. Was für einen Satzteil bildet hier es? *2. Stellen Sie in den letzten beiden Beispielen den Grundplan (d. h. die Satzgliedfolge Subjekt — Prädikat) her! Was ergibt sich? 3. Versuchen Sie, die Gegenstellung (d. h. Prädikat vor Subjekt) beizubehalten: Welchen Satzteil können Sie dann an die Spitze stellen? Was geschieht mit dem* es? *Vgl. Sie § 27 und 64 der Grammatik!*

Rederollen und Formen der Modalität **XI**

Das Reflexivpronomen

(G. § 28)

❶ Aus einem Brief:

... Ich habe mich sehr gefreut, daß Du Dich einmal zu einem ausführlichen Brief aufgeschwungen hast. Euer Wunsch nach einem Farbfernseher wird also endlich in Erfüllung gehen. Wir wundern uns allerdings, daß sich Dein Vater nun doch zu dem Kauf entschlossen hat. Aber Ihr habt Euch sicher alle redlich bemüht, ihn von den Vorteilen eines Apparates zu überzeugen, und so mußte er sich wohl oder übel der Mehrheit fügen. Eine Erfahrung allerdings wird Euch nicht erspart bleiben. Öfter, als Euch lieb ist, werden sich Nachbarn und Bekannte zum Fernsehen einfinden. Wir haben uns inzwischen schon an diesen Zustand gewöhnt ...

1. Stellen Sie fest, an welchen Stellen sich ein Pronomen auf das Subjekt des Satzes zurückbezieht! 2. Durch welches Pronomen wird diese Rückbezüglichkeit ausgedrückt? 3. Welches von ihnen ist kein Personalpronomen, sondern ein wirkliches Reflexivpronomen?

❷ *Vergleichen Sie:*
1. Inge und ihr Freund schreiben sich regelmäßig. — Alle Verletzten befinden sich auf dem Weg der Besserung. 2. Wir haben uns beim Baden erkältet. — Wir haben uns bei der Arbeit nach Kräften unterstützt. 3. Ihr müßt euch sehr beeilen. — Reicht euch die Hände und versöhnt euch! 4. Die Kinder bespritzten sich mit Wasser. — In dem Gedränge traten sich die Leute auf die Füße.

1. Wo ist sich *rückbezüglich, wo ist es wechselbezüglich (im Sinne von* gegenseitig*) gebraucht? 2. Welches Satzpaar ist unklar und mißverständlich? 3. Wie kann man hier Klarheit schaffen?*

Der Konjunktiv II

(G. § 19)

Im persönlichen Brief wird der Briefschreiber nicht nur über Geschehnisse berichten, sondern auch seinen Hoffnungen und Wünschen Ausdruck verleihen. In diesem Fall wird er den Konjunktiv II gebrauchen; denn dieser Konjunktiv drückt Wunschvorstellungen aus oder Bedingungen und Voraussetzungen, die irreal (nicht wirklich) sind. Der Konjunktiv II wird auch verwendet, um eine Aussage als unverbindlich hinzustellen.

Wunschvorstellungen

Aus einem Brief:
  „Wärst Du doch leichter zu erreichen! Dann könnte ich Dich ab und zu besuchen."
Die Wunschvorstellung hebt sich deutlich vom Tatsächlichen ab: leider ist der Briefpartner nicht leicht erreichen. Nur wenn sich Vorstellung und Tatsache voneinander abheben lassen, darf der Konjunktiv II gebraucht werden!

Also nicht:
Er erzählte, er wäre bei dem Fußballspiel gewesen (er ist tatsächlich dabeigewesen) —
sondern:
...., er sei ....
Denkbar ist nur:
..., er wäre gern dabeigewesen, habe aber eine dringende andere Verpflichtung gehabt (wenn er nicht ... gehabt hätte).

❶ Dieser Konjunktiv II zum Ausdruck der Wunschvorstellung findet sich vor allem in der Dichtersprache:

Ich wollt, meine Schmerzen ergössen
sich all in ein einziges Wort,
das gäb ich den lustigen Winden,
die trügen es lustig fort.
           (H. Heine)

Überprüfen Sie, wie sich diese Aussagen verändern, wenn Sie die Indikativformen einsetzen! Am Vergleich zeigt sich sofort eindeutig die Leistung des Konjunktivs II.

Irreale Bedingungen

1. Irreale (nichtwirkliche) Bedingungen werden oft mit dem bedingenden „wenn" eingeleitet.
Wenn er die Dummheit damals nicht begangen hätte, stünde er heute ganz anders da.
Doch kann man sie auch ohne Konjunktion (Fügewort) ausdrücken:
Hätte er die Dummheit damals nicht begangen, er stünde heute ganz anders da.
Meistens tritt im bedingten Satz Gegenstellung ein, d. h. Subjekt und Prädikat tauschen ihre ursprüngliche Stellung:
Hätte er ..., so stünde er ...

2. Es gilt bekanntlich die Regel, daß mindestens im Bedingungssatz die Fügung „würde + Infinitiv" nicht gebraucht werden sollte, es sei denn, es handelt sich um den Konjunktiv II von „werden" *(vgl. G. § 19).*
Also nicht:
Wenn der HSV siegen würde, würde er die besten Aussichten haben, deutscher Meister zu werden.
sondern:
Wenn ... siegte, (so) hätte er ...
oder:
Wenn ... Sieger würde, so hätte er ...

Da manche Formen des Konjunktivs II heute schon als altertümlich und geziert empfunden werden, hilft man sich, statt „würde" zu gebrauchen, mit einem Modalverb:

Rederollen und Formen der Modalität **XI**

Wenn er mir auch 1000 DM (anböte; anbieten würde) anbieten sollte (wollte), ich ginge auf seinen Vorschlag doch nicht ein.

oder:

Er könnte (kann) mir (gern) 1000 DM anbieten, ich ginge (gehe) auf seinen Vorschlag doch nicht ein.

Gerade in der überlegenen, einfallsreichen sprachlichen Gestaltung solcher Aussageabsichten zeigt sich der gute Stilist.

Unverbindliche Aussage

Der Konjunktiv II von modalen Hilfsverben stellt die Aussage mehr probeweise hin, während der Indikativ die Aussage gleich mit Bestimmtheit macht. Dasselbe ist erst recht der Fall, wenn man den Indikativ und Konjunktiv der Verben benutzt, die bei Verbindung mit einem Modalverb im Infinitiv erscheinen.

❶ *Überprüfen Sie, indem Sie die verschiedenen Formen einsetzen!*

Man möchte glauben / mag glauben / glaubt, es handle / handelt sich um einen üblen Scherz. — Man dürfte sich mit einer solchen Annahme täuschen. — Man sollte annehmen, darüber seien / sind wir längst hinaus. — Man müßte sich schämen, dergleichen auch nur zu denken.

1. *Wie steht es, wenn Sie statt des unpersönlichen* man *andere Personen einsetzen?* 2. *Gibt es diese Verwendung des Konjunktivs II auch bei anderen Verben? Z. B.:*

ich könnte mich veranlaßt fühlen — ich fühlte mich veranlaßt; er könnte sich gezwungen sehen — er sähe sich gezwungen

3. *Bei welchen Aussageabsichten läßt sich dieser Konjunktiv II verwenden?*

❷ So weit wären wir also. Das hätten wir geschafft! Das wäre es dann wohl.

Ist hier auch eine unverbindliche Aussage gemeint? Wird etwas probeweise hingestellt? Ist gar etwas vom Irrealis zu spüren?

❸ *Vergleichen Sie:*

Ich wüßte wirklich nicht, warum ich verreisen sollte.	Ich weiß wirklich nicht, warum ich verreisen soll.
Ich hätte dir jetzt einen Vorschlag zu machen.	Ich habe dir jetzt einen Vorschlag zu machen.
Ich riete dir, zu Hause zu bleiben.	Ich rate dir, zu Hause zu bleiben.
Ich dächte doch, daß es besser wäre, wenn du hierbliebest.	Ich denke doch, daß es besser ist, wenn du hierbleibst.
Das müßtest du (eigentlich) wissen.	Das mußt du (eigentlich) wissen.
So weit wären wir nun; den einen Fehler hätten wir gefunden.	So weit sind wir nun; den einen Fehler haben wir gefunden.

1. *Wie unterscheiden sich beide Ausdrucksweisen in ihrer Bedeutung voneinander?* 2. *Wie bezeichnet man die beiden Formen in der Grammatik?*

A Grammatisch-stilistische Übungen zu Teil I

Andere Ausdrucksmöglichkeiten für Modalität

(G. § 17 und Ü. IV)

Aufforderung und Befehl

❶ Mach, daß du wegkommst!
Daß du mir den Schlüssel nicht vergißt!
Ob du jetzt wohl endlich zufrieden bist!
Du schreibst jetzt den Brief!
Du wirst mir jetzt sofort die Wahrheit sagen!
Um Antwort wird gebeten!

Stellen Sie fest, welche Satzarten und Verbformen in diesen Beispielen den Sinn Aufforderung *verwirklichen, dem die Formen des Imperativs (der Befehlsform) und Konjunktivs I sonst dienen! — Sind Adverbien und Partikeln am Zustandekommen dieses Sinnes mitbeteiligt — dafür ausschlaggebend?*

❷ Du { sollst / sollst mal / solltest doch mal / müßtest (schon) mal / mußt (unbedingt) / könntest (mal) / möchtest mal } herkommen.

Magst du mal herkommen?
Willst du (bitte) (mal) herkommen?

Hier sind modale Hilfsverben verwendet, um „Aufforderung" auszudrücken. Wie unterscheiden sich die einzelnen Formen in der Nachdrücklichkeit? — Wie steht es mit den Adverbien und Partikeln? In welchem Sinne verändern sie jeweils die Stärke der Aufforderung? Prüfen Sie durch Weglassen und Zusetzen!

Abtönung durch Adverbien und Partikeln

(G. § 40)

❸ Er hat vielleicht nicht daran gedacht.
Vielleicht (unter Umständen) vergißt er seine Verabredung.
Das ist denn doch vielleicht eine etwas starke Behauptung.

Die unübertroffene Meisterleistung in solch vorsichtiger Formulierung hat einmal eine Mutter vollbracht, als sie ihre Tochter vor deren erstem Ball zur Zurückhaltung vor dem anderen Geschlecht ermahnte und das so begründete:

Denn die Männer sind ja heutzutage jetzt überhaupt im ganzen eigentlich alle immer leicht so ein bißchen — nicht?

1. Was soll mit den einzelnen Sätzen gesagt werden? 2. Welche sprachlichen Mittel sind in diesen Beispielen zur Abtönung verwendet?

Rederollen und Formen der Modalität **XI**

❹ *Vergleichen Sie die Aussageweise der linken und der rechten Spalte!*

Mach auf!	Mach mal auf!
	Mach doch mal auf!
Was willst du?	Was willst du denn?
	Was willst du denn nur?
	Was willst du denn man bloß?
Ich weiß schon Bescheid.	Ich weiß ja schon Bescheid.
Das ist kaum zu glauben.	Das ist ja kaum zu glauben.
	Das ist wohl kaum zu glauben.
	Das ist doch kaum zu glauben.
	Das ist ja wohl kaum zu glauben!

1. Unterscheiden sich die Sätze der rechten Spalte von denen der linken durch das, was sie sagen, oder dadurch, wie sie es sagen? 2. Untersuchen Sie jedes der Wörtchen, ob es die Funktion hat, den Hörer zu beeinflussen, und in welcher Richtung es auf ihn wirken soll oder ob es vor allem das Fühlen und Denken des Sprechers widerspiegelt, ob es also z. B. Ärger, Verdruß, Zuspruch, Überheblichkeit zum Ausdruck bringt!

❺ *Wie verändert ein hinzugefügtes* nicht *den Sinn des Satzes?* — *Vergleichen Sie:*

a) Karl kommt heute.	Karl kommt heute nicht.
	Karl kommt nicht heute.
b) Iß den Apfel!	Iß den Apfel nicht!
	Iß nicht den Apfel!
c) Warst du in der Stadt?	Warst du nicht in der Stadt?
d) Wie oft ist er schon mit dem Rad gestürzt!	Wie oft ist er nicht schon mit dem Rad gestürzt!

e) Wollten wir nicht in die Ausstellung gehen?
f) Ich überlege, ob es nicht besser wäre, noch etwas zu warten.

1. Welche der Sätze werden durch nicht verneint, welche drücken eine Überlegung oder Erwägung aus? 2. Ändert sich der Sinn aller Sätze, sobald ein nicht hinzutritt?

Umschreibung durch andere Verben und Ersatzformen des Konjunktivs

❻ Er wird nicht daran gedacht haben.

Welches sprachliche Mittel wird hier zur vorsichtigen Abtönung gebraucht? Welchen Sinn gibt es dem Satz? Suchen Sie ähnliche Beispiele!

❼ *Was muß hier berichtigt werden? — Warum?*

1. Sogar im Winter tut sie gern zeitig aufstehen. 2. Tut's euch nur bequem machen! Tut, als ob ihr zu Hause wärt! 3. Diese Uhr sieht sehr schön aus, aber gehen tut sie nicht. 4. Aufführen tut sich der Bengel, das ist unglaublich!

Diese Umschreibungen sind in der Umgangssprache mehr verbreitet, als man beim Lesen glauben mag. Beobachten Sie sich selbst und Ihre Gesprächspartner einmal daraufhin!

A   Grammatisch-stilistische Übungen zu Teil I

❽ *Wie beurteilen Sie die folgenden Beispiele?*

Würdest du mir einen Gefallen tun?   Tätest du mir einen Gefallen erweisen?
Tätest du mir einen Gefallen?   Könntest du mir einen Gefallen tun?

❾ *Prüfen Sie die folgenden umgangssprachlichen Wendungen und verbessern Sie!*
1. Ich täte an deiner Stelle einmal ausspannen. 2. Bei diesem schlechten Wetter täten wir lieber zu Hause bleiben. 3. Wir täten wohl auch besser daran, zuerst unseren Schnupfen auszukurieren. 4. Wenn sie sich darüber ärgern täte, täte mir das leid.

Grammatische Fachausdrücke:

    Personalpronomen   persönliches Fürwort
    Reflexivpronomen   rückbezügliches Fürwort
    Imperativ   Befehlsform
    Irrealis   Nichtwirklichkeit

XII. MÖGLICHKEITEN DER BEIFÜGUNG II

zu: Schilderung und Erzählung

Zum Attribut

(G. §§ 54—59)

Eine Schilderung soll lebendig und anschaulich sein. Man wird deshalb Dinge, Eigenschaften und Umstände nicht einfach benennen und aufzählen, sondern man muß versuchen, ihre wesentlichen Merkmale hervorzuheben. Vieles kann man durch Eingliederung in die Nominalgruppe erreichen, dazu stellt die deutsche Sprache u. a. die mannigfaltigen Formen des Attributs zur Verfügung.

❶ *Auf welche Weise wird die Aussage über den Garten in den folgenden Beispielen anschaulicher? Welche Wortarten sind gebraucht?*

Der schöne Garten ...   Euer Garten ...
Der blühende Garten ...   Dieser Garten ...
Nachbars Garten ...   Der zweite Garten ...
Der Garten des Nachbars ...

❷ *Suchen Sie die Attribute in folgenden Sprichwörtern! Mit welchen Wortarten sind sie gebildet?*
1. Einem geschenkten Gaul sieht man nicht ins Maul. 2. Das Bessere ist des Guten Feind. 3. Gebrauchter Pflug blinkt. 4. Alles Irdische ist vergänglich. 5. Eigenes Lob stinkt, Freundes Lob hinkt, fremdes Lob klingt. 6. Lügen haben kurze Beine. 7. Gottes Mühlen mahlen langsam, mahlen aber trefflich fein. 8. Frische Fische, gute Fische.

Möglichkeiten der Beifügung II XII

Apposition

Die Apposition ist ein substantivisches Attribut und steht im gleichen Fall wie das dazugehörige Substantiv:
Bismarck, damals Student in Göttingen, hatte ...

❸ *Stellen Sie fest, in welcher Form die folgenden Appositionen gebildet sind, und vervollständigen Sie:*
a) Fritz Lippert, Maler; Hans Kirchhofer, Bäckermeister
b) Minister Wagner; Professor Mayer; Rektor Wilpert
c) 1. Goethe, der größte deutsche Dichter, wurde in Frankfurt geboren. 2. Aus Wolfsburg, ... Stadt des Volkswagens, ... 3. In Bonn, ... Bundeshauptstadt, ... 4. Nach Hamburg, uns... größt... Seehafen, ... 5. Die Zugspitze, ... höchste Berg Deutschlands, ... 6. Der Rhein, ... 7. New York, ...

Zum Genitiv-Attribut

❹ a) *Vergleichen Sie die folgenden Beispiele und beurteilen Sie die jeweilige Fügung!*

das Schloß des Königs — des Königs Schloß — dem König sein Schloß — das Schloß von dem König

b) *Beurteilen Sie, ob die folgenden Genitiv-Attribute gebräuchlich, feierlich oder falsch sind!*

des Sommers letzte Rose — des Freundes Treue — des Bauern Enkel — eines Mannes Rede — meiner Mutter Sohn — Vaters Hut — Sohns Anzug — Briefträgers Mütze ...

Präpositionales Attribut oder Umstandsbeifügung

❺ a) *Erklären Sie einem Fremden die besonderen Sehenswürdigkeiten der Stadt, in der Sie wohnen!*

Beispiele: Das Gebäude mit den runden Türmen ist das alte Schloß. Das Denkmal neben der Kirche ist das Schillerdenkmal usw.

b) Umstandsbestimmungen treten nicht nur als Attribute (Beifügungen zu einem Substantiv) auf, sondern können auch das Prädikat näher bestimmen *(vgl. Ü. VII).* *Welche der folgenden Umstandsbestimmungen gehören zum Prädikat, und welche sind Attribute?*
1. Alle Preise holten sich die Turner von Berlin. 2. Der Mann auf dem Hügel winkte uns. 3. Der Kugelschreiber auf dem Tisch gehört mir. 4. Ein dickes Brett lehnte an dem Wagen. 5. Die Laterne an dem Wagen brannte ganz trüb. 6. Der Wagen stand vor dem Schuppen. 7. Der Baum vor dem Haus blüht den ganzen Frühling.

A *Grammatisch-stilistische Übungen zu Teil I*

Attribute in Form von Nebensätzen und Infinitiven

❻ *Gebrauchen Sie an Stelle der Attributsätze den Infinitiv!*
1. In dem Glauben, daß er völlig im Recht sei, verließ Peter die Versammlung. 2. Die Meinung, daß er den Lastwagen noch überholen könne, wurde dem Fahrer zum Verhängnis. 3. In der Hoffnung, daß ich Dich bald wiedersehe, grüße ich Dich recht herzlich. 4. Die Aussicht, daß man das große Los gewinnt, ist nicht erheblich.

❼ *Lesen Sie die folgende Schilderung von Hermann Löns! Stellen Sie fest, wie hier eingegliedert ist, und versuchen Sie, anders zu formulieren, indem Sie auf das Eingliedern verzichten!*

Sturm am Steinhuder Meer. Heut wird's am Meer schön sein. Zerpeitschte Grauflut, gehetzte Schwarzwolken, spritzender Gischt und halbverhülltes Abendrot werden wir sehen, nicht solchen zahmen Dutzendsonnenuntergang für bessere Touristen. Wie der Wind draußen mit den Krähen spielt und die Kiebitze in der Luft herumwirbelt wie weiße Lappen! Und dieser Wechsel von Blauhimmel und Graugewölk, Sonne und Regenschauern! Wunstorf empfängt uns mit Regengeprassel! Was schert's uns! Vom Fenster der Heerbahn freuen wir uns des schmalen Regenbogens, der uns noch mehr Schauer verspricht, Schauer, wie wir sie wollen, aus violettgrauen Wolken kommend, den Blauhimmel verdeckend, wieder freigebend, dreimaligen Wechsel bringend jede Stunde ...

Grammatische Fachausdrücke:

                Apposition   **Beifügung im gleichen Fall**

B. SPRACHRICHTIGKEIT — SPRACHSCHÖNHEIT

In Abschnitt A haben wir uns der richtigen Formen und Fügungen vergewissert, die es zu verwenden gilt, wenn wir uns, vor allem schriftlich, verständlich machen wollen. Nunmehr gilt es, über Einzelform und -fügung hinaus deren Zusammenwirken zu prüfen und festzustellen, wie ein richtig Wahrgenommenes oder Gedachtes mit Hilfe richtiger Formen und Fügungen in Sätzen richtig auszudrücken ist.

Dabei ist zu beachten, daß Sprache etwas anderes ist als etwa Mathematik. Hier ist eine Sache entweder richtig oder falsch. In der Sprache gibt es neben diesem Gegensatz noch einen sehr wichtigen anderen, nämlich den von gut oder schlecht: Der sprachliche Ausdruck z. B. eines Gedankens kann zwar formal richtig sein, aber trotzdem Mängel aufweisen, so daß wir ihn als nicht gut oder als schlecht bezeichnen müssen.

I. Zur Unterscheidung: Richtig, gut — falsch, schlecht

In den folgenden Abschnitten sind Beispiele zusammengetragen, die entweder gegen die Sprachrichtigkeit oder gegen die Sprachschönheit verstoßen, die also entweder falsches oder schlechtes Deutsch enthalten. *Stellen Sie jedesmal fest, ob und wo ein Fehler vorliegt und welcher Art er ist! Berichtigen und verbessern Sie!*

❶ 1. Sie ist das einzigste Kind ihrer Eltern. 2. Der Eintritt kostet 50 Pfennige. 3. Der Rundfunk warnte die Autofahrer, vorsichtig zu sein. 4. Sie haben meine Bestellung scheinbar übersehen. 5. Das ist eine Sache, an die ich mich nicht gern zurückerinnere. 6. Ich weiß nicht, von was ihr gesprochen habt. 7. Frau M. hat nur eine Tochter; dieselbe lebt schon seit drei Jahren in Amerika. 8. Nehme dieses Lexikon; in demselben findest du alle Fremdwörter aufgeführt. 9. Die Aushändigung der Urkunde ist nur gegen Empfangsbestätigung zulässig. 10. Hast du die Rechnung schon gezahlt? 11. Bei der Explosion sind die ganzen Fensterscheiben gesprungen. 12. Das Wertvollste, das der Mensch besitzt, ist seine Gesundheit. 13. Die Versammlung lehnte den Antrag, der von einer Splittergruppe gestellt worden war, mit großer Mehrheit und entrüstet ab. 14. Warum hast du mich so erschrocken? 15. Das hat mich Erfahrung gelernt. 16. Spottax entfernt Flecke, ohne zu reiben. 17. Bringen Sie mir bitte ein heißes Glas Tee! 18. Wir bitten unsere Gäste, den Waschraum sauber zu verlassen.

❷ 1. Der Minister war persönlich anwesend. 2. Alles zehn Schritt zurücktreten! 3. Ich bat meinen Vater um die Erlaubnis, mitfahren zu dürfen. 4. Kaufe Altmaterial zu höchsten Tagespreisen. 5. Er war dreimal in das Geschäft seines Arbeitgebers eingebrochen. 6. Welches ist der weitgehendste Antrag? 7. Diejenigen, welche den Gesetzen sich nicht unterordnen wollen, müssen dazu angehalten werden. 8. Er schrieb einen langen Brief, um ihn gleich darauf wieder zu zerreißen. 9. Die Unruhen forderten zehn Todesopfer. 10. Die Wirkung auf die Zuschauer war eine ungeheure. 11. Die „Bremen" wird im Laufe des 10. Oktober in Bremerhaven eintreffen. 12. Unser Geschäft liegt an einer verkehrsreichen Kreuzung mehrerer Hauptstraßen. 13. Ich versichere Sie, daß ich nichts gesehen habe. 14. Meines Erachtens nach ist er unschuldig. 15. An den Feiertagen setzte schon früh ein verstärkter Reiseverkehr ein. 16. Wir befinden uns in trotz dieses Mißgeschicks heiterer Stimmung. 17. Der Bergführer sagte uns, der Wind hätte sich gedreht und es wäre höchste Zeit umzukehren. 18. Wertvolle Möbel kamen zur Versteigerung.

❸ 1. Dreihundert Bergarbeiter wurden gekündigt. 2. Vater muß sich einer vierwöchentlichen Badekur unterziehen. 3. Krankheitshalber bleibt mein Geschäft bis auf weiteres geschlossen. 4. Wir sind uns vollkommen einig. 5. Unser neues Auto hat viele Vorzüge vor dem alten. 6. Das Tier drohte an Entkräftung einzugehen. 7. Der Zuschlag soll demnächst fortfallen. 8. Tiefbetrübt erhielten wir die Nachricht von dem Ableben Ihres Gatten. 9. Um Rückantwort wird gebeten. 10. Ich will euch in Kürze erzählen, was sich zugetragen hat. 11. Der Bewerber soll möglichst verheiratet sein. 12. Alle müssen an diesem Werk aktiv mitarbeiten. 13. Mit Handschellen gefesselt, führten die Polizisten den Verbrecher in den Gerichtssaal. 14. Ich finde es nicht für unpassend, wenn du das tust. 15. Deine Arbeit ist ungleich besser als die deines Nachbarn. 16. Alle Wagen sind fünffach bereift. 17. Ich bitte, mein Versäumnis höflichst entschuldigen zu wollen. 18. Ich habe seinen Forderungen weitgehendst Rechnung getragen. 19. In die Betondecke kamen 120 Säcke Zement. 20. Einliegend übersenden wir Ihnen unseren neuesten Katalog. 21. Beachten Sie bitte unser selten günstiges Angebot!

II. Gut und schlecht in der Wortwahl

Bei der Wortwahl im mündlichen und schriftlichen Ausdruck handelt es sich natürlich nicht darum, daß etwa statt „Kaffeekanne" „Lokomotive" gesagt oder geschrieben wird. Dergleichen Fehler unterlaufen einem wohl beim Gebrauch einer Fremdsprache, also wenn man frz. cocher = Kutscher meint und cochon = Schwein sagt.
Fragen der Wortwahl führen sofort in das Gebiet gut — schlecht.

a. Bildliche Wendungen (vgl. S. 62)
1. Bei dem Podiumsgespräch ergab sich sehr bald, daß sich die Meinungen derart auffächerten, daß sie kaum noch auf einen gemeinsamen Nenner zu bringen waren.
2. Der Bundesverkehrsminister hat für den Bau der neuen Autobahnstrecke grünes Licht gegeben.
3. Bei der Ankunft der siegreichen Mannschaft auf dem Marktplatz gab es einen großen Bahnhof.

Diese Beispiele zeigen, wie groß die Gefahr ist, durch falschen bildlichen Gebrauch in eine Wortwahl zu geraten, die ausgesprochen schlecht ist. Bei 1. sind schon wenig gut die beiden daß-Sätze. „Auffächern" ist offensichtlich nur gebraucht, weil das klarere „zerteilen, in Gegensatz geraten, unterschiedlich sein" oder fremdwörtlich „differieren" nicht ausdrucksvoll genug erschien. Nun paßt aber das mit „auffächern" gewählte Bild nicht auf die Fortsetzung „auf einen gemeinsamen Nenner bringen".

Wortwahl II

Abgesehen davon, daß hier, von der Mathematik her gesehen, aus der die bildliche Redewendung stammt, das „gemeinsam" überflüssig ist, passen die Bilder „auffächern" und „auf einen Nenner bringen" nicht zusammen: Die Dame, die ihren Fächer „aufschlägt", und der Mathematiker, der verschiedene gemeine Brüche auf einen Nenner bringt, haben auch nicht das mindeste miteinander zu tun. Solche Wortwahl, soooft sie auch, gerade in öffentlicher Rede, in Zeitungsartikeln usw., vorkommt, ist ausgesprochen schlecht.

❶ *Beurteilen Sie entsprechend die Beispiele 2. und 3.!*

❷ Solche falsch gewählten Ausdrücke finden sich oft in Äußerungen, deren Urheber überzeugt sind, besonders „gewählt" zu sprechen. *Zeigen Sie das an Beispielen wie:*

Schon in Kürze werden noch ganz andere Schwierigkeiten auf uns zukommen. — Im Raum der kommunalen Tarifgestaltung ... — Diese Frage geht uns unter die Haut. — Die Angelegenheit wurde unnötig hochgespielt.

Achten Sie dabei darauf, was der Ausdruck ursprünglich bezeichnet, und versuchen Sie zu erklären, warum Wendungen dieser Art solche Verbreitung und Beliebtheit erlangen konnten!

b. Fremdwörter

Besonders übel ist der schlechte Gebrauch von Fremdwörtern in einem uneigentlichen Sinn, der geradezu zur Mode wird.

1. Heutzutage ist das Wort „Establishment" zur zusammenfassenden Bezeichnung alles dessen geworden, wogegen sich der Kampf „zorniger junger Männer" richtet. Im Englischen bedeutet das Wort von Hause aus die staatstragenden, verantwortungsbewußten Kräfte der Gesellschaft. Durch Bedeutungsverengung und -verschlechterung (vgl. S. 63f.) bekam es dann einen kritischen, negativen Sinn: die Clique derer, die an der Macht sind und sie ausüben. Damit ist schon eine quallige Unbestimmtheit gegeben, die jetzt überwiegt, wenn man sich heute gegen das „Establishment" wendet.

   Suchen Sie ähnliche Wörter auf, die leichtfertig gebraucht werden, obwohl (oder weil) sie, noch dazu als Fremdwörter, kaum klare Bedeutungsumrisse haben!

2. Eine ganze Reihe solcher Wörter sind zu Modewörtern geworden:

   Mitte des Monats läuft „Meteor", das deutsche Hochsee-Forschungsschiff, zu einem spektakulären Versuch in die Ostsee aus.

   „Spektakulär" ist hier ein ganz sinnlos gebrauchtes Modefremdwort. Von Spektakel = Schaustellung ist keine Spur vorhanden. Aber „außerordentlich, wichtig, einmalig" u. dgl. erschien dem Verfasser der Zeitungsnotiz zu dürftig, oder er fand diese viel klareren und deutlicheren Bezeichnungen in seinem Wortschatz nicht vor. So griff er zum (falsch verstandenen) Modefremdwort.

   Werden Sie sich über die schlechte Wortwahl klar anhand von:

   Die Stellung ist dotiert ... — Der Verband droht mit einer Eskalation seiner Maßnahmen ...

   Wie sollte man klar und deutlich das Gemeinte bezeichnen? — Suchen Sie weitere Beispiele: realisieren, konstituieren, konzertiert, flexibel, global, makaber ...

c. Unwörter und unstimmige Fügungen

Zu falschem bildlichen Gebrauch und schlechter Verwendung von Modefremdwörtern kommt schließlich noch der auch der Mode unterworfene Gebrauch von Unwörtern und die aufgequollene Verwendung einander geradezu ausschließender Fügungen.

1. Unwörter:
   beinhalten — statt: enthalten, besagen, aussagen, darstellen ...
   allgemeinverbessern — statt: verbessern
   zwischenzeitlich — statt: in der Zwischenzeit ...
   letztendlich — statt: zu guter Letzt, endlich, schließlich ...
   raumbedeutsam — statt: ?
   zentralörtlich — statt: ?
   raumordnungswidrig — statt: ?
   versorgungsgemäß — statt: ?

2. Ähnlich ist es mit gewissen Fügungen, die modisch in Geltung stehen mögen, aber sprachlich durchaus schlecht sind:

   In der Gesetzessprache:
   Das Bundesgebiet ist in seiner Struktur einer Entwicklung zuzuführen.
   Die Ordnung des Gesamtraumes soll die Erfordernisse seiner Einzelräume berücksichtigen.

   Und privat (aus einer Leserzuschrift):
   Gestatten Sie mir in meiner Eigenschaft als ..., daß ich mich in die Diskussion ... einschalte und nach langem geduldigen Warten die unmöglichen Verhältnisse ... anprangere ... Meiner Meinung nach bewegt sich die Geldsumme, die nötig wäre, ... durchaus im Rahmen.

   Überprüfen, kritisieren, verbessern Sie!

III. Gut und schlecht im Satzbau und bei der Wiedergabe gedanklicher Zusammenhänge

(G. §§ 11, 63, 64)

a. Wortstellung

1. Entgegen weitverbreiteter Meinung ist die Abfolge der Einzelteile im deutschen Satz bei gleichmütigem Sprechen ziemlich fest. Änderungen in dieser Abfolge bewirken, daß der aus seiner normalen Stellung gerückte Satzteil eine deutliche Betonung erhält. Damit wird die gleichmütige Sprechlage verlassen.
   Beim Sprechen können wir bekanntlich jedes beliebige Wort eines Satzes bei ganz normaler Stellung allein durch Starkton hervorheben. Beim Schreiben hingegen muß diese Betonung mit stilistischen Mitteln, etwa durch veränderte Wortstellung, erreicht werden.

   Vergleichen Sie folgende Satzpaare:
   Das ist eine Gemeinheit! — Eine Gemeinheit ist das!

Satzbau und Wiedergabe gedanklicher Zusammenhänge — III

Der Wagen stand links. — Nein, rechts stand der Wagen!
Du kannst hier nicht arbeiten. — Arbeiten kannst du hier nicht.

Man stellt sofort fest, daß mit veränderter Wortstellung eine ganz andere Sinnbetonung erzwungen wird. *Weisen Sie das im einzelnen nach!*

2. Der Satz

Der Mannschaftskapitän nahm die Silbermedaille in Empfang.

hat für den Leser keine besondere Betonung. Die Worte folgen einander in der Normal- oder Grundstellung.

Die Silbermedaille nahm der Mannschaftskapitän in Empfang.

In dieser sog. Gegenstellung (das Subjekt hat seinen normalen Platz vor dem finiten Verb verlassen) erhalten die Satzteile, die ihren normalen Platz innerhalb des Satzes verlassen haben, eine Betonung. *Auf welche Satzteile trifft das in unserem Beispiel zu?*

Für die Vermittlung des richtigen Sinnes ist es also entscheidend, daß man die Stellung der einzelnen Worte innerhalb eines Satzes und damit ihre Betonung berücksichtigt. Fest- und Orientierungspunkt zur Bestimmung des „Stellenwertes" ist dabei immer das finite Verb. Ferner wirkt das Verhältnis der einzelnen Satzteile zueinander.

3. Wie für die Stellung von Subjekt und Ergänzung im Verhältnis zum finiten Verb gibt es auch bestimmte Regeln für die Abfolge von Objekten und Umstandsbestimmungen. Ändert man die Normalstellung, so tritt eine Sinnänderung ein.

a) Im Feststellungs- und Fragesatz umklammert das Verb, falls es zweiteilig ist, die übrigen Glieder der Prädikatsgruppe. Dieses Gesetz der Umklammerung führt, gedankenlos befolgt, sehr leicht zu dem sog. Nachklapp, z. B.:

Ein Regierungssprecher wies die scharfen Vorwürfe und Verdächtigungen, die am Tage vorher von dem Botschafter des Nachbarstaates auf einer Pressekonferenz erhoben worden waren, zurück.

Vergleichen Sie:

Er wird einen schweren Stand gehabt haben der völlig aufgelösten und furchtbar aufgeregten Soldateska in Sedan gegenüber. (Moltke)

Wie hätte Moltke *in sturer Anwendung des Umklammerungsgesetzes schreiben müssen? Auf welche Weise hat er den Nachklapp vermieden? Bleibt das Gesetz der Umklammerung dabei erhalten? Versuchen Sie, das fehlerhafte erste Beispiel zu verbessern!*

b) *Überprüfen Sie:*

Erst spät hat er für den Beruf des Arztes entschlossen.

Wohin gehört das fehlende Reflexivpronomen? Begründen Sie Ihre Auffassung!

Der Bundespräsident hat dem bekannten Industriellen das Bundesverdienstkreuz verliehen. Der Wirtschaftsminister des Landes hat es ihm in einer Feierstunde überreicht.

Was läßt sich aus diesen Sätzen über die Abfolge von Akkusativ- und Dativ-Objekt entnehmen? Überprüfen Sie, ob sich eine Regel aufstellen läßt! Spielt die Wortart eine Rolle, mit der die Objektstellen besetzt sind?

4. Bei Eingliederungen zur Prädikatsgruppe (*vgl. G. § 50*) verlangt die Reihenfolge der verschiedenartigen Umstandsbestimmungen besondere Aufmerksamkeit. Man hat für die Abfolge das „Gesetz der wachsenden Glieder" aufgestellt, nach dem grundsätzlich die Reihenfolge durch die Länge der einzelnen Umstandsbestimmung bestimmt sei.

a) Er erwartete die alte Dame gegen 19 Uhr an der Bahnsperre.

Prüfen Sie, ob und wie sich die Reihenfolge Objekt—Umstandsbestimmungen ändern läßt und mit welchem Ergebnis!

b) Gib mir morgen das Buch zurück! — Gib mir sofort das Buch zurück!
Gib mir morgen das Buch zusammen mit dem Heft zurück!
Er hat das Buch erst nach drei Wochen zurückgegeben.

Überprüfen Sie, was sich umstellen läßt und wie sich dann der Sinn ändert! Versuchen Sie, Ihre Beobachtungen in eine Regel zu fassen!

c) Er übt Klavier.

Gliedern Sie in diesen Satz ein: lange (Zeit hindurch) — mit wachsendem Eifer. *Welche Reihenfolge ergibt sich für gleichmütige Aussage? Welche Abfolgen sind sonst noch möglich? Welche Änderungen bewirken sie?*

b. Kürze und Klarheit

1. Für die Klarheit innerhalb eines Satzes ist nicht zuletzt die Beziehung der einzelnen Satzteile zueinander entscheidend. Oft ist es nötig, statt einer nominalen Fügung einen Nebensatz zu wählen, damit der Ausdruck genügend klar wird.
Ein Satz wie

Kurz vor der geplanten Ermordung floh er nach Schweden.

ist zwar erfreulich kurz, doch entbehrt er der Klarheit; denn es bleibt offen, ob der Mann ermordet werden sollte oder selbst an einem Mordplan beteiligt war.
Entweder muß es heißen:

Kurz bevor er ermordet werden sollte, . . .

oder:

Kurz bevor der Mordanschlag auf einen anderen ausgeführt werden sollte (wurde), . . .

Daß der Nominalstil nicht immer zur Übersichtlichkeit des Satzes beiträgt, zeigt folgendes Beispiel:

Wir sind überzeugt, daß zur Vorbereitung der geistigen Bewältigung der Industriegesellschaft notwendige Voraussetzung die Entwicklung eines Problembewußtseins ist, zu der wesentlich die Begegnung mit moderner Literatur beitragen kann.

Versuchen Sie, diesen Satz in klares, überschaubares Deutsch umzusetzen!

2. Sehr verbreitet ist der schlechte Gebrauch von „würde".

Lesen Sie dazu die folgende Glosse von M. Beheim-Schwarzbach.

Würden Sie auch sagen?

Ich würde sagen, es gefällt mir ganz gut. Nämlich daß man neuerdings fast jeden Satz, in dem man etwas sagen will, was ja auch die Natur eines Satzes ist, mit den Worten „Ich würde sagen" einleitet und dann erst sagt, was man sagen würde.

Es liegt viel Würde darin, das ist es, was mir so gefällt.
Sie haben noch nicht darauf geachtet? Ich würde sagen, achten Sie einmal darauf.
Da haben wir doch beinahe täglich, ich würde sagen: eine Plauderei, ein Interview, ein rundes Tisch-Gespräch im Fernseh- oder Hörfunk, an welchem es viele Fragen gibt, die dann ein anderer Gesprächsteilnehmer beantworten soll.
So ziemlich jeder Gesprächspartner verhält sich dann immer äußerst gewissenhaft, indem er antwortet, daß er zwar nicht sagen will oder geradezu sagt, sondern sagen würde. Das ist es, wovon ich sagen würde, daß Würde darin liegt — die Würde der Gewissenhaftigkeit.
Es sagt sich so leicht hin, daß man zu seinem Wort stehen solle. Ich würde sagen, das soll man auch. Aber so manches Mal liegt darin die Gefahr, daß man hinterher beim Wort genommen wird. Ich würde sagen, daß das manchmal peinlich sein kann. Wenn man nun aber, anstatt zu sagen, nur sagt, daß man sagen würde, was man dann sagt, so ist diese Gefahr, ich würde sagen, wo nicht behoben, so doch gemildert.
Ich will es mir sicherheitshalber auch angewöhnen. Ich würde sagen, dann sagt sich alles viel glatter.

c. Falsche Bezüge

Auch mit der Wahl der Bezüge innerhalb des Satzes und zwischen den Sätzen kann man beweisen, ob man einen Gedanken zu Ende gedacht hat.

Ein Satz wie

Im vergangenen Jahr zog der Meister nach Kiel, um dort zu sterben.

entbehrt der Logik; denn es ist nicht anzunehmen, daß es die Absicht des Mannes war, nach Kiel zu ziehen, weil er dort sterben wollte. *Wie müßte es richtig heißen?*
Nicht selten kann man Sätzen mit falschem oder mißverständlichem Anschluß begegnen, etwa:

Schließlich gibt es Fälle, in denen das schwerverletzte Opfer seinem tödlichen Schicksal überlassen wird, um sich der Verantwortung zu entziehen.

Erläutern Sie, was an dem Satzanschluß schlecht und mißverständlich ist! Verbessern Sie! Vergleichen Sie dazu auch Ü. IV/V, S. 25!

Das sind einige Hinweise auf Mängel, denen man besonders häufig begegnet. Wenn Sie sich mit stilistischen Fehlern eingehender beschäftigen wollen, empfehlen wir Ihnen G. Storz: Stilfehler im Oberstufenaufsatz (Klettbuch 319).

C. WORT- UND SPRACHKUNDE

I. Das Bild in der Gemeinsprache

Die Sprache vermag an Stelle der eigentlichen Bezeichnung noch eine bildliche Bedeutung zu setzen; denn die Wörter in je einer Bedeutung würden nicht ausreichen, alles zu bezeichnen, was sprachlich erfaßt und ausgedrückt werden soll.

a. Einzelwörter

In vielen Einzelwörtern unserer Sprache liegt ein Bild verborgen. *Versuchen Sie, das in den folgenden Wörtern enthaltene Bild herauszufinden! Bringen Sie es in Verbindung mit dem Sinn, in dem wir diese Wörter allgemein gebrauchen:*

besitzen — begreifen — sich einbürgern — (hart) anfahren — Erfahrungen — widerfahren — fertig

b. Redensarten

Auch Redensarten sind eine Form des bildlichen Ausdrucks. Meist sind sie sehr anschaulich geprägt und werden leicht verstanden:

auf den Leim gehen — das Pferd am Schwanz aufzäumen — in Harnisch geraten — aus dem Ärmel schütteln — auf die Goldwaage legen — unter Dach und Fach bringen

Versuchen Sie, sich das in diesen Redensarten enthaltene Bild vorzustellen, und erklären Sie von daher die heutige Bedeutung!

Freilich ist bei den bildlichen Redensarten oft das „vordergründige" Bild durch langen und häufigen Gebrauch undeutlich geworden:

Das ist mir gänzlich schnuppe — nach der Schnuppe am Docht, die mit der Putzschere als etwas Wertloses abgeschnitten wird.

Er schwor Stein und Bein — man schwor in früheren Zeiten häufig beim Stein des Altares und beim Gebein eines Heiligen.

Er hat sein Schäfchen ins trockene gebracht — Schäfchen hat nichts mit Schaf zu tun; das Wort kommt von der niederdeutschen Form Schepken, d. h. Schiffchen. Wer sein Schiffchen ins trockene bringt, der sichert sich und seine Habe.

c. Sprichwörter

Auch die Sprichwörter bedienen sich wie die Redensarten einer bildlichen Ausdrucksweise. Sie drücken mahnend und belehrend in kurzer, manchmal auch gereimter Form Beobachtungen und Erfahrungen des Volkes aus dem Alltag aus:

Eigener Herd ist Goldes wert. — Steter Tropfen höhlt den Stein. — Hunger ist der beste Koch. — Frisch gewagt, ist halb gewonnen. — Man muß das Eisen schmieden, solange es heiß ist. — Wer den Kern haben will, muß die Nuß knacken. — Neue Besen kehren gut.
Versuchen Sie, den Sinn dieser Sprichwörter mit eigenen Worten wiederzugeben!

II. Bedeutungswandel

Viele Wörter bedeuten heute etwas ganz anderes als früher. Ihre Bedeutung hat sich im Laufe der Zeit gewandelt. So hat das Wort „Feder" ursprünglich etwas mit Fliegen zu tun (Vogelfeder). Heute versteht man darunter auch eine Schreibfeder (ursprünglich Gänsefederkiel, dann auch Stahl-, Gold- und Glasfeder) oder einen elastischen Stahlstreifen, der einen Druck verursacht oder aufnimmt (Uhrfeder, Wagenfeder), und schließlich eine Leiste, die in eine Nute paßt. Diese Veränderung nennt man Bedeutungswandel. Er hat sich in mehreren Richtungen vollzogen:

a. Wörter erweitern ihre Bedeutung

„Er hat seinen Zweck nicht erreicht." Was bedeutet Zweck ursprünglich? Jeder Holzpflock war früher ein Zweck (Schuhzwecke). Dann wurde die Mitte der Schießscheibe durch einen solchen Pflock bezeichnet, und man nannte das Ziel „Zweck". Erst im 17. Jahrhundert wird Zweck in der umfassenderen Bedeutung von „Absicht" gebraucht. Das Wort hat also seine Bedeutung ständig erweitert, ebenso wie das Wort „Feder".

	frühere Bedeutung:
Ding	Gerichtsverhandlung (heute noch: dingfest machen)
Sache	gerichtlicher Streit (Widersacher)
fertig	zur Fahrt bereit
Kompagnon } Kumpan } Kamerad	der mit einem andern das Brot (lat. panis) teilt; daher Kumpel
Kamerad	Kammer- oder Stubengenosse

Geben Sie jedesmal die heutige Bedeutung an und zeigen Sie, daß die Wörter ihre Bedeutung erweitert haben!

b. Wörter verengen ihre Bedeutung

Im Nibelungenlied wird uns von „hochgeziten" (= Hochzeiten) erzählt. Mit Hochzeit war damals jedes Fest gemeint, heute nur noch die Feier der Eheschließung. Die heutige Bedeutung ist enger.

	frühere Bedeutung:
Gewehr	jede Verteidigungswaffe
Abendmahl	jede Abendmahlzeit
Bein	Knochen (Schlüsselbein)
fahren	jede Fortbewegung (fahrender Schüler, Wallfahrt, Heerfahrt)

C Wort- und Sprachkunde

c. Der Wortsinn veredelt sich

Die Mutter ruft ihrem zu Späßen aufgelegten Kind wohl einmal zu: „Du kleiner Schelm!", und sie meint es gut mit ihm. Zu Martin Luthers Zeiten hätte das eine Mutter zu ihrem Kinde nicht gesagt. „Schelm" bedeutet ursprünglich „Pest, Seuche, totes Vieh". Der Sinn des Wortes „Schelm" hat sich also veredelt.

	frühere Bedeutung:	heutige Bedeutung:
Dom	Haus	großes Gotteshaus
Marschall	Pferdeknecht	hoher militärischer Rang
Minister	Diener	hoher Wahlbeamter
Mut	Gesinnung, Stimmung	Tapferkeit

d. Der Wortsinn verschlechtert sich

„Einfältig" bedeutete früher soviel wie „einfach, nicht verwickelt, schlicht im Denken und Handeln", heute verbindet man damit die Vorstellung von etwas Minderwertigem, Tadelnswertem.

	frühere Bedeutung:	heutige Bedeutung:
schlecht	gerade, einfach (eigtl. schlicht, vgl. schlecht und recht)	böse, übel, minderwertig
Gift	jede Gabe (engl. gift = Geschenk)	tödliche Gabe
Klepper	Reitpferd	schlechtes Pferd
Hochmut	hohe Gesinnung	Überheblichkeit

Zeigen Sie, in welcher Hinsicht sich die folgenden Wörter gewandelt haben, deren ursprüngliche Bedeutung angegeben ist!

bald	kühn. Wer bald (kühn) war, säumte nicht mit dem Angriff.
edel	adelig, von adel = Geschlecht; nur der Vornehme
Witz	Verstand (Aberwitz, Mutterwitz)
Brief	Urkunde (Adelsbrief, Frachtbrief)
Herr	Gebieter
Fräulein	Tochter eines Edelmannes
Frau	Herrin (Femininum zu einem alten Maskulinum frō = Herr; vgl. Frondienst, Fronleichnam; denken Sie auch an das Verb frönen! Was bedeutet es heute?)

III. Sprachliche Neuschöpfungen

Das Leben steht nie still, es bringt ständig neue Gegenstände, Vorgänge und Verhältnisse. Dafür entstehen neue Bezeichnungen in unserer Muttersprache. Als zum Beispiel zu Beginn unseres Jahrhunderts das Fliegen aufkam, flog man einen Aeroplan. In Anlehnung an Fahrzeug schuf man dann das neue Wort Flugzeug. Die Industrie erzeugt ständig neue Dinge, für die die Sprache neue Wörter schafft: Motorroller, Moped, Laster, Weltraumschiff, Atombombe, Rakete u. a.

a. Neuschöpfungen in der Verkehrssprache:

Verkehrsvorschrift, -ampel, -insel, -polizist, Einbahnstraße, Sackgasse, Rückstrahler, Rücklicht, Winker, Blinker, Fahrtrichtungsanzeiger, Kühler, Kotflügel, Führerschein, Fahrschule, parken, tanken ...

b. Neuschöpfungen aus dem Bereich des Rundfunks:

Sender, Richtstrahler, Funkhaus, Zimmerlautstärke, Schwarzhörer, Funkstille, Hörbericht, Klangregler, Hörspiel, erden, entstören ...

c. Neuschöpfungen aus dem Bereich des Films:

Tonfilm, Farbfilm, Schmalfilm, Filmstar, Drehbuch, Breitwand, einen Film drehen ...

d. Aus dem Wortschatz des Flugwesens:

Gleitflug, Rundflug, Blindflug, Notlandung, Rollbahn, Flieger, Düsenflugzeug, Nonstopflug, Senkrechtstarter ...

Vervollständigen Sie die obigen Reihen! Sammeln Sie Beispiele aus Sport, Wirtschaft und anderen Lebensgebieten! Sammeln Sie weitere Beispiele von Neuschöpfungen aus der Kriegs- und Nachkriegszeit!

IV. Ausdruckssteigerung und Ausdrucksschwächung

a. Will man die Rede beleben und einen Sachverhalt recht wirkungsvoll ausdrücken, dann gebraucht man gern Wendungen, die besonders farbig wirken.

Man sagt nicht: Wir mußten sehr lachen, sondern: Wir platzten vor Lachen.

Diese übertreibenden Ausdrücke werden meist in der gesprochenen Sprache angewandt. Man sollte mit ihnen vorsichtig umgehen: Sie müssen der Sache und dem Augenblick angemessen sein.

Wer seine Rede mit übertreibenden Kraftausdrücken überlädt, auf den hört man nicht mehr: Übertreibungen nutzen sich rasch ab!

Worauf beruht es, daß die folgenden Übertreibungen so stark wirken? Versuchen Sie, für die einzelnen Beispiele maßvolle Ausdrücke zu finden, und vergleichen Sie jeweils die Aussagewirkung!

Ich könnte bersten vor Zorn. — Wir haben das ganze Haus auf den Kopf gestellt. — Dort ist die Welt mit Brettern vernagelt. — Dort sagen sich Fuchs und Hase gute Nacht. — Ich möchte gleich aus der Haut fahren. — Mir steht der Verstand still. — Er vergoß Ströme von Tränen. — Keine zehn Pferde bringen mich in sein Haus. — Der Mann war bloß noch Haut und Knochen. — Ich lief wie ein geölter Blitz. — Ich habe mir die Füße danach abgelaufen. — Im entscheidenden Moment hat er den Kopf verloren.

b. Während man durch übertreibende Ausdrücke zu einer Ausdruckssteigerung gelangt, erreicht man durch eine Abtönung der Aussage meist eine Ausdrucksschwächung. Der abgeschwächte Ausdruck verhüllt mit oder ohne Absicht die nackte Wahrheit. In manchen Fällen bewirkt eine solche „Untertreibung" auch eine Steigerung.

C Wort- und Sprachkunde

Prüfen Sie die Ausdrucksmittel der Abschwächung in folgenden Wendungen:
Ich war nicht entzückt bei seinem Anblick. — Du siehst ja aus wie der Leibhaftige. — Mein Herr! Sie sind wohl nicht ganz gescheit! — Das ist ein Weinchen, kann ich dir sagen. Dreißig Flaschen habe ich davon im Keller. — Bei dieser Gasterei hat mein Bruder des Guten zuviel getan. — Er hat ein Paar Schuhe mitlaufen lassen. — Der Reisende geriet in nicht geringe Verlegenheit.

V. Berufs- und Standessprachen

Die Stände und Berufe einer Gesellschaft schaffen sich für ihre besonderen Bedürfnisse eigene Sprachen mit einem besonderen Wortschatz. Diese Sondersprachen werden außerhalb der Berufsgruppe zunächst nicht verstanden. Das gilt von alters her bis heute. Niemand braucht im Zeitalter der Technik den ganzen Wortschatz des Bauern, des Handwerkers oder gar des Ingenieurs zu beherrschen. Erst im Lauf langer Zeiträume gehen Teile dieser Sondersprachen in die allgemeinverständliche Umgangssprache ein. Unsere Schriftsprache ist stets in Gefahr, zu verarmen und zu erstarren. Aus den Sondersprachen der Berufe und Stände verjüngt sie sich fortwährend und unmerklich; sie bezieht aus dieser Quelle immer neue Frische, Anschaulichkeit und Schlagkraft.

Einige Beispiele:

Bergmannssprache:	tiefschürfend, reichhaltig
Wirtssprache:	ankreiden
Jägersprache:	baff sein, sich drücken, weidlich, Rudel, Lunte riechen
Kaufmannssprache:	in Kauf nehmen, in den Kram passen
Bauernsprache:	wiederkäuen, kurz angebunden
Seemannssprache:	losgondeln, steuern, auftauchen
Küchensprache:	hineinpfeffern, versalzen
Zimmermannssprache:	sich verhauen

Erläutern Sie kurz den Sinn der folgenden redensartlichen Wendungen!
Beinahe hätte ich in meiner Rede den Faden verloren. — Einmal wollen wir doch über die Schnur hauen. — Man soll nicht alles über einen Leisten schlagen. — Man müßte immer zwei Eisen im Feuer haben. — Wer zuerst kommt, mahlt zuerst. — Gestern habe ich meinen Bericht zusammengeschustert. — In Erdkunde bin ich gut beschlagen. — Er will mir doch bloß etwas am Zeuge flicken. — Das ist Wasser auf seine Mühle. — Damit hast du den Nagel auf den Kopf getroffen.

Welchen Berufsgruppen sind die folgenden Redensarten zuzuordnen?
Er hat mit seiner Gesundheit Raubbau getrieben. — Ich will deine Worte nicht auf die Goldwaage legen. — Er sitzt auf dem trocknen. — Er hat rechten Unsinn verzapft. — Mein Bruder ist ihm nicht ins Garn gegangen. — Das fällt bei Ihren Mitteln gar nicht ins Gewicht. — Sein Fleiß hat viel Wertvolles zutage gefördert.

VI. Die geschichtliche Herkunft des Wortschatzes

Der Wortschatz der deutschen Sprache hat sich im Lauf der Jahrhunderte aus rein germanischen Anfängen zu seinem heutigen Reichtum entwickelt. Durch Berührung mit fremden Völkern und Volksteilen drangen zahllose Wörter und Wendungen in den deutschen Wortschatz ein und behaupteten sich hier, teils in ihrer ursprünglichen Gestalt, teils in veränderter, der deutschen Sprache angeglichener Lautform.

a. Erbwort und Lehnwort

Wie tief fremdes Sprachgut in unserem heutigen Deutsch versteckt ist, zeigt der Satz:
Unser Haus hat ein einfaches Dach von hübscher Form, das mit Ziegeln gedeckt ist; hinter seinen Fenstern ist viel Platz.
Von den sechs Substantiven dieses Satzes sind Haus und Dach alte germanisch-deutsche Wörter, die vier andern (Ziegel, Fenster, Form, Platz) sind erst später unter dem Einfluß der römischen und französischen Kultur in unsere Sprache eingedrungen.

Form	heißt	französisch	forme (lat. forma)
Ziegel	heißt	lateinisch	tegula
Fenster	heißt	lateinisch	fenestra
Platz	heißt	französisch	place (lat. platea)

Äußerlich sieht man den fremden Wörtern ihre Herkunft nicht an, wenn sie im Deutschen erscheinen; sie werden so behandelt wie heimische Wörter, sie sind von der deutschen Sprache aufgenommen worden und werden gebeugt und geschrieben wie andere deutsche Wörter. Solche aus fremden Sprachen entlehnten, aber eingedeutschten Wörter heißen Lehnwörter, die aus Urzeiten ererbten Wörter Erbwörter.

In den folgenden Lebensgebieten hat die deutsche Sprache besonders lateinische Wörter entlehnt:
Kriegswesen: Kaiser (Caesar — Eigenname), Pfeil (pilum — Wurfgeschoß)
Handelsleben: Esel (asinus), Maulesel (mulus), Meile (milia = 1000 Schritte), Straße (strata via = gepflasterter Weg), Pfund (pondo), Wein (vinum)
Hausbau: Mauer (murus), Pfosten (postis), Schindel (scindula), Pfeiler (pilárius), Speicher (spicárium), Turm (turris)
Landwirtschaft: Pfirsich (persicus = persischer [Apfel]), Kohl (caulis), Feige (ficus), Most (mustum), Frucht (fructus)
Küche: kochen (cóquere), Becher (bicárium), Kessel (catíllus), Tisch (discus = runde Scheibe)
Schreibkunst: schreiben (scríbere), Brief (brevis libellus = kurze Urkunde), Siegel (sigillum), Tinte (aqua tincta = gefärbtes Wasser)
Wie mögen die deutschen Lehnwörter lauten, die aus den folgenden lateinischen Wörtern abgeleitet sind?
porta, cámera, calx, caeméntum; vallum, campus, coróna; coquus, ampúlla (= Fläschchen), piper; saccus, cista, corbis; radix (= Wurzel), cellárium (= Vorratskammer), rosa

C Wort- und Sprachkunde

Mit dem Eindringen des Christentums, durch die Klöster und Klosterschulen, wurden viele griechische und lateinische Wörter ins Deutsche aufgenommen.

Beispiele: Kirche (griech. kyriakón, d. h. Herrenhaus), Münster (monastérium), Öl (óleum), Priester (présbyter), Bischof (epíscopus), Segen (signum = Zeichen des Kreuzes), opfern (operári = verrichten), Kloster (claustrum), Mönch (mónachus), Orden (ordo = Ordnung), Pein (poena = Strafe) und viele andere.

Wie lauten die deutschen Wörter aus dem Kirchen- und Schulleben, die aus folgenden lateinischen Wörtern abgeleitet sind?

altaria, cancelli, órganum (= Werkzeug), custos (= Wächter), praedicáre (= verkündigen), damnáre, cella, martyrium, schola, tábula, templum, festus

Auch andere Sprachen haben durch Lehnwörter den deutschen Sprachschatz bereichert.

Französisch: Aus dem französischen Rittertum stammen viele Ausdrücke der vornehmen Sitte und des ritterlichen Kampfspieles, vor allem zahlreiche Verben mit der Endung -ieren (fein, tanzen, Abenteuer, Preis, marschieren).

Arabisch: Aus dem Arabischen stammen vor allem Ausdrücke für fremdländische Kleiderstoffe und Kolonialwaren (Atlas, Musselin, Kaffee).

Italienisch: Aus dem Italienischen kommen Ausdrücke für das Handels- und besonders für das Bankwesen (Rabatt, Konto, Giro usw.) und aus der Musik (Cello, Sopran, Sonate).

Versuchen Sie aus diesen Hinweisen auf die Sprachheimat der folgenden Lehnwörter zu schließen:

Lanze, Balsam, Brutto, Soldat, Safran, hantieren, Banner, Kattun, Bankrott, Quartett, Turnier, Manieren, Sirup, Laute, Turban, Netto, Serenade, Saldo, Violine, rentieren, Tenor, probieren, Bratsche, Oper, Kavalier, Baß

b. Fremdwort und Lehnwort

Fremdwörter begegnen uns auf einer viel späteren Sprachstufe als Lehnwörter. Das Lehnwort der Frühzeit hat die Schicksale der altdeutschen Wörter miterlebt, vor allem die Lautverschiebung und den deutschen Wortton auf der ersten Stammsilbe. Daher kommt es, daß manches fremde Wort in zweierlei Gestalt in der deutschen Sprache erscheint, als Fremdwort und als Lehnwort.

Beispiel: Lateinisch: palatium Pfalz (Lehnwort)
Palais (Fremdwort)

Das Fremdwort hat die dem Deutschen fremd klingenden Laute und die undeutsche Betonung unverändert erhalten; das Lehnwort ist in seinen Lauten und seiner Betonung von deutschen Wörtern heute nicht mehr zu unterscheiden; es macht aus palatium Pfalz, wie es aus dem alten niederdeutschen Wort Pipe Pfeife macht.

Vergleichen Sie die nachfolgende Zusammenstellung! Sie zeigt, daß dasselbe Wort aus dem Latein einmal früher und dann noch einmal später „entlehnt" worden ist.

Das früher übernommene Lehnwort ist schon viel mehr deutschen Lautregeln unterworfen:

moneta	— Moneten und Münzen	operari	— operieren und opfern
postis	— Pfosten und Posten	tincta	— Tinktur und Tinte
scriba	— Skribent und Schreiber	organum	— Organ und Orgel
campus	— Kamp und Kampf	scholarius	— Schüler und Scholar
ampulla	— Ampulle und Ampel	speculum	— Spekulation und Spiegel
cellarium	— Keller und Zelle	villa(rium)	— Weiler und Villa
papa	— Papst und Pfaffe	camera	— Kammer und Kamera

1. Welche von den deutschen Wörtern empfinden Sie als Fremdwörter, welche als Lehnwörter? 2. Welche von den Lehnwörtern haben die deutsche Lautverschiebung mitgemacht, welche nicht? — Untersuchen Sie zu diesem Zweck die harten Verschlußlaute p und t!
Welche englischen Fremdwörter kennen Sie aus folgenden Lebensgebieten?

Kleidung: Pullover, Knickerbockers, Shorts, Twinset ...
Sport: Tennis, Dreß ..., Handikap, Jockei ... fit, groggy ...
Speisekarte: Rumpsteak, Mixed pickles ...

Wie könnte man sagen statt:
Baby, Star, Dinner, Lunch, Cape, Schal, Finish, Reporter, Trainer, Rekord, Bobsleigh, Hobby, Job, Jeep, Party, Teenager, Twen, Manager

VII. Dichterische Sprache

a. Dichtersprache und Alltagssprache

Die Dichtkunst ist eine Schwester der anderen Künste — der Malerei, der Musik, der Bildhauerei und der Baukunst. Die Meister dieser Künste arbeiten mit Farben, mit Tönen und Klängen, mit Holz, Metall und Stein, der Dichter mit dem Wort, mit der Sprache. Der Sprache bedient sich der Mensch aber auch im Alltag und zur Verständigung mit den Mitmenschen. Wie unterscheidet sich diese Umgangssprache von der Sprache der Dichtung?

Im Wortschatz? — Ja, denn die Sprache unserer Dichter enthält viele Einzelwörter, Ausdrücke und Formen, die wir in unserer Alltagssprache nicht verwenden. Können Sie hierfür Beispiele angeben?

Im Satzbau? — Grundsätzlich nein. Allerdings sind dem Dichter beim Satzbau und bei der Wortstellung Freiheiten eingeräumt, die es für die Alltagssprache nicht gibt.
Der Dichter Georg Britting schildert in dem Gedicht „Gras" einen Panzerkäfer:

        Gelbes Gold das Schuppenhemd.
        Die gestielten Augen widersetzen
        sich den Menschenaugen fremd.

Welches sind hier Freiheiten? — Geben Sie andere Beispiele für sog. dichterische Freiheiten!

C Wort- und Sprachkunde

b. Der Bildcharakter des Gedichts

1. Die Bildhaftigkeit des Gedichts wird oft am deutlichsten sichtbar in guten Übertragungen.

Vergleichen Sie das folgende kurze Gedicht aus dem Japanischen mit der nachfolgenden Umschreibung:

> Regungslos mit umgehängtem Mantel
> Blickt ein alter Mönch
> Zu den blühenden Kirschzweigen auf.
>
> (Nachdichtung von M. Hausmann)

Umschreibung:
Das Gedicht gibt die sehnsuchtsvolle Verzauberung des Alters, das dem Tod nah ist, im Anblick der Schönheit der Jugend, die noch das ganze Leben vor sich hat.

1. Warum spricht die Umschreibung von Verzauberung *und von* Schönheit der Jugend? *Welche Ausdrücke des Gedichts werden damit wiedergegeben? 2. Worin unterscheidet sich also die Umschreibung vom Gedicht, wenn man die Wortwahl bedenkt? 3. Ist die dichterische oder die umschreibende Fassung stärker, wirkungsvoller? Warum? 4. Welche Züge im Bildcharakter des Gedichts sind mit der hier gegebenen Umschreibung noch nicht erfaßt?*

2. Wie der Dichter das Ganze des Gedichts in erlebbaren Bildern gibt, so sind bei ihm auch die einzelnen Wörter und Wendungen bildhafter Natur.

Vergleichen Sie Text und Umschreibung der folgenden beiden Strophen von H. Carossa *miteinander:*

> Die dunklen Jahre,   Will nur noch leben
> Sie sind entsündigt.   Von deinem Brote.
> All meine Dienste   Einst war ich Gärtner,
> Hab ich gekündigt,   Nun bin ich Bote.

Der Dichter spricht davon, daß er sich in Schuld verstrickt hat, daß die Schuld, die sich in Jahren angesammelt hatte, nun aber getilgt ist. Er hat alle Bindungen früherer Jahre aufgegeben und will nur noch dem angeredeten Du dienen. Statt wie früher an einem Platz angewurzelt zu bleiben, will er jetzt im Auftrag seines neuen Herrn unterwegs sein.

1. Welche Bilder enthält der Text? 2. Mit welchen Ausdrücken werden diese Bilder in der Umschreibung wiedergegeben?

❶ *Umschreiben Sie ebenso die folgende Nachdichtung von* M. Hausmann:

> Eine blühende Winde
> Hat sich um meinen Brunneneimer gerankt.
> Ich schöpfe das Wasser beim Nachbarn.

❷ *Ebenso!*
> Selige Ahornblätter!
> Wenn ihr vollkommen seid,
> Sinkt ihr ins Nichts.

❸ *Welches ist der mögliche oder naheliegende dichterische Gehalt der folgenden Wörter?*
Nacht — Gestirn — Herbst — Blüte — Nebel

Beispiel: Haus bedeutet nicht nur eine Konstruktion aus Steinen, Balken, Mörtel, Brettern usw., sondern es bedeutet: Heimat des Menschen, das Bergende, von der Natur Absondernde, die Heimat der Familie ...

❹ *Suchen Sie selbst Ausdrücke, in denen hinter der Wirklichkeit, die sie festhalten, noch etwas menschlich Erlebnishaftes mitschwingt!*

c. Die Klanggestalt des Gedichts und die Spannung zwischen Vers und Satz

Das Wesen des Gedichts erschöpft sich nicht in der Bildhaftigkeit. Diese ist auch der dichterischen Prosa und oft sogar der Alltagssprache eigen. Was das Gedicht von der Prosa unterscheidet, ist die Tatsache, daß es seinem Leser eine innere Bewegung, einen Rhythmus mitteilt. Nietzsche sagt, Dichten sei ein Tanz in Fesseln. Nur wer das erfahren hat, weiß, daß Gedichte etwas anderes sind als bloß bildhaft gestaltete Mitteilung. Aber auch nur er erfährt die ganze künstlerische Gewalt des Gedichts. Die innere Gewalt des Gedichts entsteht im spannungsvollen Widerspiel zwischen der „Fessel" der festen äußeren Form und der melodischen und rhythmischen Lebendigkeit, die sich aus dieser „Fessel" befreit.

1. *Vergleichen Sie die beiden folgenden Strophen:*

(1) Es blickt so still der Mond mich an,

    es fließt so still der Rhein.

    Der Fischerknabe steht im Kahn

    so mutterseelenallein. (Chr. Tenner?)

(2) Schläft ein Lied in allen Dingen,

    Die da träumen fort und fort,

    Und die Welt hebt an zu singen,

    Triffst du nur das Zauberwort. (J. v. Eichendorff)

Betont man die Verse des ersten Beispiels so, wie der äußeren Form gemäß die Akzente gesetzt sind, dann ist bereits alles erfüllt, was diese Strophe an melodischer und rhythmischer Bewegung von ihrem Leser verlangt. Aber gerade in diesem Zusammenfallen der inneren Bewegung mit der äußeren Form enthüllt das Gedicht seine ganze leiernde Plattheit.

Lesen Sie dagegen das zweite Gedicht einmal laut:
1. Warum kommt kein guter Vortrag zustande, wenn Sie betonen, wie die äußere Form es vorschreibt? 2. Experimentieren Sie mit wechselnden Betonungen, Pausen und verschiedenen Arten der Melodieführung! Bei welcher Verteilung scheint Ihnen die der Strophe innewohnende Klanggestalt am lebendigsten verwirklicht?

2. Die klanglich-rhythmische Bewegung des Gedichts wird nicht nur geschaffen im Widerspiel der äußeren Form mit der vom inneren Bewegungsvorgang geforderten Betonung und Melodie; sie läßt sich vor allem auch greifen in der Spannung, die sich zwischen äußerer Form und Satz entfaltet. Wichtig für das Erfassen dieser Spannung sind die folgenden Fragen:
   (1) Fällt die Sinngliederung des Satzes mit der äußeren Gliederung des Gedichts zusammen, oder drängt der Satz im Enjambement (vgl. S. 75) über Vers und Strophe hinaus?
   (2) Ist der Satzablauf flüssig, glatt oder durch Einschübe unterbrochen, durch Umstellungen gespannt?

(3) Verwendet der Text kurze oder lange, einfache oder stark gegliederte Sätze?
(4) Steigert der Text durch Wiederholung?

Vergleichen Sie den folgenden, sehr spannungsvollen Text von Kleist *(Prinz Friedrich von Homburg, I, 1) mit der wesentlich spannungsärmeren Nachdichtung:*

> Der Prinz von Homburg, unser tapfrer Vetter,
> Der, an der Reiter Spitze, seit drei Tagen
> Den flüchtgen Schweden munter nachgesetzt
> Und sich erst heute wieder, atemlos,
> Im Hauptquartier zu Fehrbellin gezeigt:
> Befehl wird ihm von dir, hier länger nicht
> Als nur drei Fütterungsstunden zu verweilen
> Und gleich dem Wrangel wiederum entgegen,
> Der sich am Rhyn versucht hat einzuschanzen,
> Bis an die Hackelberge vorzurücken?

Nachdichtung:
> Die flüchtgen Schweden hat seit dreien Tagen
> Prinz Homburg mit der Reiterei verfolgt.
> Erst heut kam er ins Hauptquartier zurück.
> Und du befiehlst, er soll die Rosse füttern,
> Und nach drei Stunden soll er dann sogleich
> Dem Wrangel bis zum Rhyn entgegenrücken,
> Der dort sich wiederum verschanzt?

1. Wie viele Sätze hat die Originalfassung, wie viele die Umdichtung? 2. Wo stellen sich in der Originalfassung Einschübe dem normalen Satzablauf entgegen, wo in der Nachdichtung? 3. Wo kann man in der Nachdichtung eine Sprechpause einlegen, weil ein Teil des Berichts abgeschlossen ist? Wo im Originaltext? 4. Wo strömt im Originaltext der Satzsinn über das Versende hinaus fort, wo in der Nachdichtung? 5. Wo zeigt der Originaltext besonders gewagte Satzkonstruktionen? 6. Welche der beiden Fassungen ist der Atemlosigkeit des berichteten Vorgangs angemessener? Warum?

❶ *Wodurch erhält der folgende Vers von* Kleist *(Prinz Friedrich von Homburg, II, 10) seine besondere Spannung? Metrisch ist er fünfhebig jambisch (vgl. dazu S. 74).*

> Träum ich? Wach ich? Leb ich? Bin ich bei Sinnen?

Zeigen Sie aus dem Zusammenhang des Dramas heraus, wie der rhythmische Charakter des Verses der inhaltlichen Situation entspricht!

❷ *Deuten Sie den rhythmischen Charakter der beiden folgenden Verse von* Kleist *(fünfhebig jambisch):*

> Er könnte — nein! so ungeheure
> Entschließungen in seinem Busen wälzen?
>
> (Prinz Friedrich von Homburg, III, 1)

❸ *Deuten Sie den rhythmischen Charakter des folgenden Verses von* Schiller *(fünfhebig jambisch):*

> Es kann nicht sein! kann nicht sein! kann nicht sein!
>
> (Die Piccolomini, V, 1)

Dichterische Sprache **VII**

❹ *Zeigen Sie, wie sich in dem folgenden Gedicht von M. L. Kaschnitz sprachrhythmische Beobachtungen und inhaltliche Situation decken:*

Juni

Schön wie niemals sah ich jüngst die Erde.
Einer Insel gleich trieb sie im Winde.
Prangend trug sie durch den reinen Himmel
Ihrer Jugend wunderbaren Glanz.

Funkelnd lagen ihre blauen Seen,
Ihre Ströme zwischen Wiesenufern.
Rauschen ging durch ihre lichten Wälder,
Große Vögel folgten ihrem Flug.

Voll von jungen Tieren war die Erde.
Fohlen jagten auf den grellen Weiden,
Vögel reckten schreiend sich im Neste,
Gurrend rührte sich im Schilf die Brut.

Bei den roten Häusern im Holunder
Trieben Kinder lärmend ihre Kreisel;
Singend flochten sie auf gelben Wiesen
Ketten sich aus Halm und Löwenzahn.

Unaufhörlich neigten sich die grünen
Jungen Felder in des Windes Atem,
Drehten sich der Mühlen schwere Flügel,
Neigten sich die Segel auf dem Haff.

Unaufhörlich trieb die junge Erde
Durch das siebenfache Licht des Himmels;
Flüchtig nur wie einer Wolke Schatten
Lag auf ihrem Angesicht die Nacht.

d. Der Stimmungsgehalt des dichterischen Wortes

Bild, Klang und Rhythmus sind im Gedicht nicht um ihrer selbst willen gegeben, sie weisen vielmehr in eine besondere Richtung, übertragen einen besonderen Erlebnisgehalt vom Dichter auf den Leser. Ebenso trägt jeder Ausdruck, auch der, in dem scheinbar nichts Besonderes mitschwingt, ja, alle Wirklichkeit überhaupt, die der Dichter gibt, dazu bei, den Leser in diesen Erlebnisgehalt hineinzunehmen. Manchmal, besonders in der modernen Literatur, gehen die Dichter dabei sogar so weit, daß sie die Grenzen der äußeren Wirklichkeit sprengen, um nur das von ihnen gemeinte Erlebnis und damit die Stimmung um so sicherer im Leser hervorzurufen.

Deuten Sie die Stimmung des folgenden Prosatextes von R. M. Rilke:

Daß ich es nicht lassen kann, bei offenem Fenster zu schlafen. Elektrische Bahnen rasen läutend durch meine Stube. Automobile gehen über mich hin. Eine Tür fällt zu. Irgendwo klirrt eine Scheibe herunter, ich höre ihre großen Scherben lachen, die kleinen Splitter kichern. Dann plötzlich dumpfer, eingeschlossener Lärm von der anderen Seite, innen im Hause. Jemand steigt die Treppe. Kommt, kommt unaufhörlich. Ist da, ist lange da, geht vorbei. Und wieder die Straße ...

VIII. Fachausdrücke zur Gedichtbetrachtung

Die folgende Zusammenstellung soll kein Handbuch der Gedichtlehre ersetzen, sondern nur eine allererste Einführung in die wichtigsten Fachausdrücke geben.

a. Fachausdrücke für das dichterische Bild

Vergleich: Eine Sache wird mit einer andern verglichen; zwischen beiden steht ein Bindeglied (gleich, wie, ist wie usw.).

Beispiel: Schön wie niemals sah ich jüngst die Erde.
　　　　　Einer Insel gleich trieb sie im Winde... (M. L. Kaschnitz)

Metapher: Ein bildhafter Ausdruck steht für eine Sache; die gemeinte Sache und das Bindeglied fehlen.

Beispiel: Einst war ich Gärtner,
　　　　　Nun bin ich Bote. (H. Carossa)

Gleichnis: ein breit ausgeführter Vergleich

Beispiele: Lessings Ringparabel, die Gleichnisse des Neuen Testaments

Symbol: Ein konkreter Gegenstand wird bildkräftig so dargestellt, daß er im Zusammenhang einen tieferen Sinn erhält.

Allegorie: Ein allgemeiner und abstrakter Gedanke wird in einer einmaligen greifbaren Gestalt dargestellt.

Beispiel: Das Mittelalter stellte das Glück als eine Frau dar, die auf einer gläsernen Kugel daherschwebt.

b. Grundbegriffe der Metrik

Hebung: eine betonte Silbe im Vers

Senkung: eine unbetonte Silbe im Vers

Auftaktsilbe: eine Senkung vor der ersten Hebung im Vers

Vers: eine Zeile im Gedicht

Strophe: eine Gruppe von Versen im Gedicht, die als Gruppe abgesetzt ist und einmal oder mehrmals wiederkehrt

Abschnitt: ein Absatz in einem Gedicht, das nicht strophisch gegliedert ist

Die antike Metrik maß ihre Verse nicht nach Hebungen und Senkungen, sondern nach langen und kurzen Silben. Da sich dieser Grundsatz bei der andersartigen rhythmischen Struktur unsrer Sprache aufs Deutsche nicht anwenden läßt, ist die deutsche Dichtung dort, wo sie antike Versmaße nachahmt, dazu übergegangen, statt der Längen Hebungen und statt der Kürzen Senkungen zu setzen. Damit bekommt der Vers einen ganz anderen Charakter. Trotzdem hat man die alten Bezeichnungen teilweise beibehalten.

Ausdrücke der Antike, die in der deutschen Metrik beibehalten wurden:

Jambus:

in der Antike: $\smile - \smile -$

im Deutschen eine Folge von Senkung und Hebung, z. B. „getán"

Trochäus:

in der Antike: −⏑−⏑

im Deutschen eine Folge von Hebung und Senkung, z. B. „Männer"

Daktylus:

in der Antike: −⏑⏑

im Deutschen eine Folge von einer Hebung und zwei Senkungen, z. B. der Anfang des folgenden Verses von M. L. Kaschnitz:

     Kómm, sagt die Mútter, zur Wélt, Kínd

Anapäst:

in der Antike: ⏑⏑−

im Deutschen eine Folge von zwei Senkungen und einer Hebung, z. B. besteht der folgende Vers von J. Weinheber aus Anapästen:

     Wieder wíll ich wie dú in den Úrsprung zurück

Da die Anwendung der antiken Ausdrücke auf Verhältnisse der deutschen Sprache immer mißlich bleibt, spricht man hier nicht gern von Jamben, Daktylen usw., sondern verwendet die antiken Ausdrücke lieber bloß adjektivisch (ein jambischer, ein daktylischer Vers).

c. Begriffe zur Deutung rhythmischer Sachverhalte

Steigender Rhythmus:

der Rhythmus eines Verses, der mit einer Senkung (oder mit mehreren Senkungen) beginnt

Beispiel: Da brennen der Kerzen so viele. (Goethe)

Fallender Rhythmus:

der Rhythmus eines Verses, der mit einer Hebung beginnt

Beispiel: Feiern möcht ich; aber wofür? und singen mit andern (Hölderlin)

Enjambement: Der Satz drängt über die Versgrenze hinaus.

Beispiel: Prangend trug sie durch den reinen Himmel
     Ihrer Jugend wunderbaren Glanz. (M. L. Kaschnitz)

Tonversetzung: Eine vom Satzsinn her betonte Silbe steht metrisch in der Senkung oder umgekehrt.

Beispiel: Der Téich, von Góldfischén durchflämmt (H. Carossa)

Zäsur: Eine Sprechpause im Vers; z. B. hat der folgende Vers von Goethe eine Zäsur nach dem Wort „nicht":

     Mir selbst gefällt es nicht, wie mein Geliebter denkt

d. Reimformen und Reimschemata

Endreim: Zwei Wörter lauten vom Vokal der letzten betonten Silbe an gleich.

Beispiele: singen — springen, fort — dort

Männlicher (stumpfer) Reim: Das Reimwort endet auf eine betonte Silbe.

Beispiel: sag — mag

Weiblicher (klingender) Reim: Das Reimwort endet auf eine unbetonte Silbe.
Beispiel: gesungen — gesprungen

Binnenreim: Ein Wort im Innern des Verses reimt auf das letzte Wort dieses Verses.
Beispiel:
    Eine starke schwarze Barke
    Segelt trauervoll dahin ... (H. Heine)

Schüttelreim: Zwei Wörter am Ende des ersten Verses reimen auf zwei Wörter am Ende des zweiten. Die Konsonanten, mit denen sie beginnen, stehen dabei über Kreuz.
Beispiel:
    Der Meister aus der Meisterklasse
    Haut das Klavier zur Kleistermasse

Assonanz: Zwei Reimwörter lauten nur in den Vokalen gleich.
Beispiel: Kies — siegt

Unreiner Reim: Vokale oder Konsonanten stimmen nicht vollständig überein.
Beispiel: siegt — lügt

Alliteration: Mehrere nah beieinanderstehende Wörter lauten auf denselben Konsonanten an.
Beispiel: Und hohler und hohler hört man's heulen (Schiller)

Reimschema: Das Reimschema eines Gedichts hält man sich mit kleinen Buchstaben fest. Dabei werden Wörter, die aufeinander reimen, mit dem gleichen Buchstaben bezeichnet, z. B. ist das Reimschema des folgenden Gedichts von B. von Heiseler a b a a b:

    Den Schmerz, der anklopft, laß ihn ein —
    Was hülfe Furcht und Flucht?
    Laß ihn das Kind im Hause sein,
    Dann wurzelt er und wohnt sich ein
    Und lohnt mit guter Frucht.

Paarreim: Je zwei aufeinanderfolgende Verse reimen aufeinander (Reimschema: aa bb cc usw.).

Gekreuzter Reim: Die erste und die dritte und ebenso die zweite und die vierte Zeile reimen aufeinander (Reimschema: a b a b).

Umschließender Reim: Die erste und die vierte Zeile und die zweite und die dritte Zeile reimen je aufeinander (Reimschema: a b b a).

e. Versformen

Knittelvers: der vierhebige endgereimte Vers des deutschen Volkslieds. Zwischen zwei Hebungen können beliebig eine oder zwei Senkungen treten.
Beispiel:
    Habe nun, ach! Philosophie,
    Juristerei und Medizin,
    Und leider auch Theologie
    Durchaus studiert, mit heißem Bemühn.
    Da steh ich nun, ich armer Tor!
    Und bin so klug als wie zuvor. (Goethe)

Fachausdrücke zur Gedichtbetrachtung **VIII**

Blankvers: der jambische Fünfheber ohne Endreim. Der Blankvers ist der Vers des klassischen deutschen Dramas.
Beispiel: Was macht Ihr, Sir? Welch neue Dreistigkeit! (Schiller)
Hexameter: der klassische Vers der antiken Epen, sechshebig, ohne Endreim. Im Deutschen ist er ein auftaktloser Sechsheber. Die ersten vier Takte sind zwei- oder dreisilbig, der fünfte Takt ist dreisilbig, der sechste wieder zweisilbig.

Beispiel: Soll ich vom sicheren Mann ein Märchen erzählen, so höret! (Mörike)
Pentameter: wie der Hexameter ein Sechsheber. Er hat nach der dritten Hebung eine feste Zäsur. Nur der erste Halbvers kann mit zwei- oder dreisilbigen Versfüßen frei erfüllt werden, der vierte und fünfte Versfuß müssen daktylisch sein.

Beispiel: Eben indem ich gehofft, schon das Ergebnis zu sehn (Mörike)
Alexandriner: ein sechshebiger jambischer Vers mit Endreim und mit Zäsur nach der dritten Hebung. Der Alexandriner ist der Vers des klassischen französischen Dramas.

Beispiel: Mir selbst gefällt es nicht, wie mein Geliebter denkt (Goethe)

f. Strophen- und Gedichtformen

Distichon: Ein Hexameter und ein Pentameter ergeben zusammen ein Distichon.
Beispiel: Dichten ist ein lustiges Handwerk; nur find ich es teuer:
Wie dies Büchlein mir wächst, gehn die Zechinen mir fort. (Goethe)
Sonett: eine im Mittelalter entstandene Gedichtform, die aus zwei Strophen mit je vier und zwei Strophen mit je drei Zeilen besteht. In der strengen Form sind die Verse fünfhebig und endgereimt.

Für eine ausführlichere Beschäftigung mit der Poetik empfehlen wir: Hermann Villiger, Kleine Poetik, Verlag Huber, Frauenfeld 1964.

D. LESEN UND SPRECHEN

Lesen und Vorlesen sind verschiedene geistige Vorgänge. Wenn wir still für uns lesen, versuchen wir, den Sinn eines Textes zu verstehen, wenn wir anderen vorlesen, wollen wir einen erkannten Sinnzusammenhang richtig, d. h. sinnvoll, wiedergeben. Sinnvoll vorlesen kann aber nur, wer ausdrucksvoll sprechen kann. Ausdrucksvolles Vorlesen ist die beste Übung für das eigene freie Sprechen.

I. Betonung und Pause

Es kommt beim Vorlesen darauf an, den Sinn durch die Tonführung zu verdeutlichen. Nur dadurch kann man Gedrucktes lebendig machen. Man muß also das Wichtige und für den Sinn Entscheidende durch Betonung hervorheben; denn ein und derselbe Satz kann je nach Betonung des einzelnen Wortes einen anderen Sinn bekommen.

Unser Chef hatte einen Autounfall.
Unser Chef hatte einen Autounfall.
Wir arbeiten in einem Büro.
Wir arbeiten in einem Büro.

Betonen kann man auf zweierlei Weise:
1. durch Atemdruck und verstärkten Stimmton,
2. durch trennendes Hervorheben, d. h. durch Pausen.

Durch verstärkten Stimmton hervorheben ist das bequemere, einfachere, die Staupause dagegen das feinere und im Grund wirkungsvollere Mittel ausdrucksvollen Sprechens. Oft wird es richtig sein, beide Mittel zugleich anzuwenden. Das gilt vor allem für den Gedichtvortrag.

Das Hervorheben einzelner Wörter ist ein wichtiges, ja unentbehrliches Mittel sinnvollen Vortrags, aber es genügt nicht, um dem Gehalt eines Textes gerecht zu werden.

a. Der kleinere Sinnschritt

Unser Sprechen erfolgt in Sinnschritten. Der Sinnschritt kann wohl, muß aber kein abgeschlossener Ausspruch sein. Er ist eine Sprecheinheit, und zwar dasjenige Satzstück, das man ohne Atempause zusammenhängend sprechen muß, wenn man einen Zusammenhang nicht zerreißen, sondern ihn einem Hörer verständlich machen will.

Beispiel:
So müssen Sommerferien sein!
Über den Bergen ein enzianblauer Himmel,
    wochenlang ein strahlend heißer Tag am andern,
        nur je und je ein heftiges, kurzes Gewitter.

(H. Hesse: Unterm Rad)

Das sind vier Sinnschritte in zwei Sätzen.

b. Der größere Sinnschritt

Bei freiem Sprechen sind die Sinnschritte meistens klein, bei geschriebenen (und gedruckten) Texten sind sie oft größer, weil man sich beim Schreiben Zeit nehmen kann. Beim Vorlesen müssen daher die Sinnschritte richtig erkannt sein, bevor man zu sprechen beginnt. Sie fallen nämlich durchaus nicht immer mit den Satzzeichen zusammen!

Beispiel:
Nach dem Stand der Sonne war es Mittag, als ich auf eine solche Herde stieß, // und der Hirt, ein freundlich blonder junger Mensch, sagte mir, // der große Berg, an dessen Fuß ich stände, sei der alte berühmte Brocken.

(H. Heine: Harzreise)

Das sind nicht acht, sondern nur drei Sinnschritte in einem einzigen Satz.

Sinnschritte innerhalb eines Satzes sind durch Atempausen voneinander abzuheben. Innerhalb der Sinnschritte soll möglichst nicht geatmet werden. Vor Atempausen darf die Stimme nicht gesenkt werden.

II. Tonhöhe und Tonführung

Man kann die Stimme nach Höhe und Tiefe verschieden ansetzen. Beim freien, ungehemmten Sprechen des Alltags setzen wir unsere Stimme um so höher an, je stärker die seelische Erregung ist, in der wir uns gerade befinden: gelassene Stimmung ergibt von selbst eine mittlere Stimmlage, feierliche Gestimmtheit führt ebenso zu tieferem Stimmansatz wie Trauer und Erschöpfung. Der Schauspieler kann alle diese Entsprechungen umkehren: er kann Zorn, Haß, Drohung auch im Flüsterton darstellen.

Die Stimme muß fähig sein, das innere Leben eines Satzes, das Auf und Ab des Gedankens und der Stimmung, durch den Tonfall zum Ausdruck zu bringen. Nicht nur die leidenschaftliche Rede bedarf dieses Wechsels, vielmehr hat jeder Satz seine besondere Melodie. Beim gleichmütigen Sprechen setzt sie unten an, führt zur Höhe des Sinngipfels und fällt wieder ab, zum Zeichen, daß ein Ausspruch beendet ist. Dieser Vorgang ist auch noch in der leidenschaftlichsten Rede spürbar. Einem anderen Grundschema folgen der Fragesatz und der Befehl.

Man kann den Vorgang der spannungsvollen Tonführung auch durch („gespannte") Bogenlinien veranschaulichen.

a. *Prüfen Sie die folgenden Beispiele:*

1. Aussage:

Mein Vater ist Bauunternehmer.
Viele Fahrzeuge versperrten die Straße.

2. Frage:

Kommst du mit nach Hause?
Du kommst nicht mit ins Konzert?

Beide Fragen können mit Ja oder Nein beantwortet werden. Die Stimme wird gehoben (Entscheidungsfrage!).

Wer reitet so spät durch Nacht und Wind?
Wann kommst du wieder?

Sogenannte „W"-Fragen — das Fragefürwort beginnt mit einem „W". Die Stimme wird nicht gehoben.

3. Befehl:

Komm doch mit!   Schrei doch nicht so!

Stellen Sie fest, wie die Stimm- oder Melodiekurven verlaufen!

b. Es gibt in der Sprache sehr viele Möglichkeiten, diese Melodiebögen abzuwandeln und auszubauen.

Prüfen Sie die folgenden Beispiele:

Fahrräder, Autos und andere Wagen versperrten die Straße.
Der Fahrer verstaute meinen Rucksack, den Koffer und die Ledertasche.

Stellen Sie fest, wie die Melodiekurven verlaufen!

III. Rhythmus

Die lebendige Gliederung des Redeflusses nennen wir Rhythmus oder Sprachrhythmus. Der Rhythmus eines Satzes ergibt sich aus dem Zusammenspiel von Tempo, Stimmstärke, Stimmführung und Pausengliederung.

a. Unrhythmisches und rhythmisches Sprechen

Nur gut gebaute Sätze lassen sich rhythmisch sprechen. Unrhythmische Sätze sind mangelhaft gebaute und mangelhaft gegliederte Sätze. Sie lassen sich schlecht sprechen, weil sie die Atemkraft überspannen und den Sprecher über die tonstarken Stellen im ungewissen lassen.

Vergleichen Sie die beiden folgenden Textstücke, indem Sie sie nacheinander laut zu sprechen versuchen:

1. Sonntag nacht waren sieben jüngere Leute auf dem Heimweg von P., als ihnen in schneller Fahrt ein Auto entgegenkam, dem sie nicht mehr schnell genug ausweichen konnten, so daß zwei von demselben erfaßt wurden, von denen einer mit dem Schrecken davonkam, während der andere so schwer verletzt wurde, daß er mit einem doppelten Schädelbruch und einem gebrochenen Bein in ein Krankenhaus übergeführt werden mußte, wo er seinen Verletzungen erlegen ist.
2. Sonntag nacht waren sieben jüngere Leute auf dem Heimweg von P., als ihnen in schneller Fahrt ein Auto entgegenkam. Sie konnten nicht mehr schnell genug ausweichen, so daß zwei der Leute von dem Auto erfaßt wurden. Einer kam mit dem Schrecken davon; der andere wurde so schwer verletzt, daß er mit einem doppelten Schädelbruch und einem gebrochenen Bein in ein Krankenhaus übergeführt werden mußte. Dort ist er inzwischen seinen Verletzungen erlegen.

Beachten Sie, wie infolge veränderten Satzbaues die Gliederung durch Betonung und Pauseneinsatz erleichtert wird!

b. Rhythmisierung beim Vorauslesen

Wer den Rhythmus beim Vorlesen steuern will, muß lernen, sich von den Sprechzeichen unabhängig zu machen. Das ist besonders wichtig, wenn man vom Blatt liest. Hier gilt es, bei den Pausen (und bei einiger Übung schon während des Sprechens) jeweils das entscheidende Wort im nächsten Sinnschritt aufzuspüren.

Alle scharfen, knappen und gedrängten Prägungen lassen sich nur bei stillem Vorauslesen angemessen, d. h. sinnrichtig und rhythmisch ausdrucksvoll, sprechen.

Sprechen Sie die folgenden Sätze nach stummem Vorauslesen mit Rhythmisierung und Betonung der sinnentscheidenden Worte:

Man kann nicht Äpfel und Nüsse von einem Baum schütteln.
Wer mich einmal betrügt, der tut mir unrecht; wer mich zum andernmal betrügt, der tut mir recht.
In Taten liegen mehr hohe Weisheiten als in hohen Büchern.
Keine Antwort ist auch eine Antwort.
Man glaubt einem Auge mehr als zwei Ohren.
Das Vertrauen ist etwas so Schönes, daß selbst der ärgste Betrüger sich eines gewissen Respektes nicht erwehren kann vor dem, der es ihm schenkt. (M. von Ebner-Eschenbach)

IV. Freies Sprechen

Auch beim freien Sprechen kommt es wie beim Vorlesen vor allem auf einen sinnvoll gegliederten und in einwandfreiem Hochdeutsch gehaltenen Vortrag an.

Was man bei einer Rede beachten und was man besser unterlassen sollte, hat Kurt Tucholsky in seinen Ratschlägen unnachahmlich und sehr einprägsam formuliert:

Ratschläge für einen schlechten Redner

Fang nie mit dem Anfang an, sondern immer drei Meilen v o r dem Anfang! Etwa so:

„Meine Damen und meine Herren! Bevor ich zum Thema des heutigen Abends komme, lassen Sie mich Ihnen kurz . . ."

Hier hast du schon so ziemlich alles, was einen schönen Anfang ausmacht: eine steife Anrede; der Anfang vor dem Anfang; die Ankündigung, daß und was du zu sprechen beabsichtigst, und das Wörtchen kurz. So gewinnst du im Nu die Herzen und die Ohren der Zuhörer.

Denn das hat der Zuhörer gern: daß er deine Rede wie ein schweres Schulpensum aufbekommt; daß du mit dem drohst, was du sagen wirst, sagst und schon gesagt hast. Immer schön umständlich.

Sprich nicht frei — das macht einen so unruhigen Eindruck. Am besten ist es: du liest deine Rede ab. Das ist sicher, zuverlässig, auch freut es jedermann, wenn der lesende Redner nach jedem viertel Satz mißtrauisch hochblickt, ob auch noch alle da sind . . .

Sprich, wie du schreibst. Und ich weiß, wie du schreibst.

Sprich mit langen, langen Sätzen — solchen, bei denen du, der du dich zu Hause, wo du ja die Ruhe, deren du so sehr benötigst, deiner Kinder ungeachtet, hast, vorbereitest, genau weißt, wie das Ende ist, die Nebensätze schön ineinandergeschachtelt, so daß der Hörer, ungeduldig auf seinem Sitz hin und her träumend, sich in einem Kolleg wähnend, in dem er früher so gern geschlummert hat, auf das Ende solcher Periode wartet . . . nun, ich habe dir eben ein Beispiel gegeben. So mußt du sprechen . . .

Kümmere dich nicht darum, ob die Wellen, die von dir ins Publikum laufen, auch zurückkommen — das sind Kinkerlitzchen. Sprich unbekümmert um die Wirkung, um die Leute, um die Luft im Saale; immer sprich, mein Guter. Gott wird es dir lohnen.

Du mußt alles in die Nebensätze legen. Sag nie: „Die Steuern sind zu hoch." Das ist zu einfach. Sag: „Ich möchte zu dem, was ich soeben gesagt habe, noch kurz bemerken, daß mir die Steuern bei weitem . . ." So heißt das.

Trink den Leuten ab und zu ein Glas Wasser vor — man sieht das gern.

Wenn du einen Witz machst, lach vorher, damit man weiß, wo die Pointe ist . . .

Kündige den Schluß deiner Rede lange vorher an, damit die Hörer vor Freude nicht einen Schlaganfall bekommen . . .

Kündige den Schluß an, und dann beginne deine Rede von vorn und rede noch eine halbe Stunde. Dies kann man mehrere Male wiederholen.

Du mußt dir nicht nur eine Disposition machen, du mußt sie den Leuten auch vortragen — das würzt die Rede.

Sprich nie unter anderthalb Stunden, sonst lohnt es gar nicht erst anzufangen.

Wenn einer spricht, müssen die andern zuhören — das ist deine Gelegenheit! Mißbrauche sie.

Ratschläge für einen guten Redner

Hauptsätze. Hauptsätze. Hauptsätze.

Klare Disposition im Kopf — möglichst wenig auf dem Papier.
Tatsachen, oder Appell an das Gefühl. Schleuder oder Harfe. Ein Redner sei kein Lexikon. Das haben die Leute zu Hause.

Der Ton einer einzelnen Sprechstimme ermüdet; sprich nie länger als vierzig Minuten. Suche keine Effekte zu erzielen, die nicht in deinem Wesen liegen. Ein Podium ist eine unbarmherzige Sache — da steht der Mensch nackter als im Sonnenbad.

Merk Otto Brahms Spruch: Wat jestrichen is, kann nich durchfalln.

(K. Tucholsky)

Lesen Sie daraufhin die folgende gestanzte Festansprache:

Wenn wir uns heute hier zusammengefunden haben, so geschieht das nicht von ungefähr. Denn gerade in einer Zeit wie der unseren, da die echten Werte ein Anliegen sind, dem wir uns stellen müssen, hat es keinen Zweck, die heißen Eisen liegen zu lassen. Sie stehen nun einmal dicht gedrängt im Raum, und wir in der Verantwortung.

Wo ist da noch Platz für den Menschen? Und erst recht ist zu fragen: Was wird bei dieser Enge aus dem zwischenmenschlichen Bereich? Wo können noch die Dinge angesiedelt werden, die zählen?

Ich brauche mich nicht in Einzelheiten zu verlieren; Sie, die Sie im besonderen Sinne mit dem Menschen mehr oder weniger in etwa recht eigentlich zu tun haben, sehen selber, wie die Optik der Dinge gleichsam allenthalben ins Wanken geraten ist. Wer da nicht um ihr Wesen weiß, hat nur bis hierher und nicht weiter verstanden. Ich sage das in aller Deutlichkeit und nehme nichts davon zurück. In der steigenden Flut des Materialismus müssen wir die Nestwärme des mitmenschlichen Klimas hochhalten. Dazu brauchen wir aufgeschlossene Menschen.

Wer sind diese Menschen, werden Sie mich fragen. Und ich antworte Ihnen unbedenklich: Sie! Indem Sie sich hier versammelt haben, beweisen Sie es deutlicher, als Worte es könnten, wofür ich Ihnen danken möchte.

Sie sind gekommen, um Wegweisung zu empfangen, um auf dieser zwischenmenschlichen Ebene unsere Tagung erst zu dem zu machen, was sie sein kann und soll. Dabei scharen wir uns um jenen hochverehrten Mann, den wir unter uns zu haben die Ehre und Freude haben.

Wie modern gerade er heute ist, mit dessen Hilfe wir Probleme bewältigen, deren Bewältigung allen Menschen im allgemeinen aufgetragen ist, erhellt schon daraus.

Aber was bedeutet das hier und jetzt? Die Frage aussprechen, heißt sie stellen. Es heißt noch mehr. Es heißt, sie ansprechen und uns ihr stellen. Der moderne Mensch in der Hast seines Getriebes vergißt es zu leicht.

Aber Sie, die Sie zu den Stillen im Lande zählen, wissen darum. Die heilsame Betroffenheit, die davon ausgeht, reißt Horizonte auf, die wir pflegen müssen, auch wenn andere sie zu verstellen trachten. Es gilt, mit dem Herzen zu denken und die Antenne auf das Menschliche zu schalten. Keiner weiß heute besser als der Mensch, worauf es im letzten ankommt.

In diesem Punkt richten wir — einig mit unseren Freunden — den Blick auf das Bleibende. Ist es doch so, daß nur das Bleibende wahrhaft Bestand hat ...

1. Versuchen Sie, in einer möglichst knappen Inhaltsangabe das zusammenzufassen, was hier ausgesagt wird! Halten Sie danach diese Rede für gut oder schlecht? 2. Stellen Sie fest, welche Sätze überhaupt keinen erkennbaren gedanklichen Fortschritt bringen! 3. Sammeln Sie Beispiele für schönklingende, aber nichtssagende Ausdrücke, für unnötig gehäufte Umstandsbestimmungen, für schiefe Bilder!

D *Lesen und Sprechen*

V. Diskussion und Debatte

An einen Vortrag schließt sich in der Regel die freie Aussprache, das Streitgespräch, an: man bemüht sich gemeinsam, ein Problem zu lösen. Die Diskussion kann auch ohne einführenden Vortrag erfolgen. Sie kann aber nur gelingen, wenn sie sorgfältig vorbereitet worden ist und wenn der Diskussionsleiter sie geschickt steuert. Der Gegenstand der Diskussion, das Thema, muß allen Teilnehmern einige Zeit vorher bekannt sein, so daß sich jeder schon vorher eingehend damit beschäftigen kann. Zur Vorbereitung gehört, daß man sich eigene Gedanken über die wichtigsten Tatsachen macht und die entsprechenden Unterlagen sammelt. Dadurch erhält die Diskussion eine geistige Ebene und artet nicht in leeres Geschwätz aus.

Die Diskussion stellt hohe geistige und charakterliche Anforderungen an die Teilnehmer:

1. Diskutieren Sie sachlich, objektiv! Es kommt nicht darauf an, daß man recht erhält, sondern daß zu der gestellten Frage wesentliche Aussagen gemacht werden.
2. Bleiben Sie beim Thema und schweifen Sie nicht ab!
3. Hören Sie den andern aufmerksam und aufnahmebereit zu!
4. Unterbrechen Sie nicht, wenn Sie anderer Meinung sind!
5. Werden Sie nicht unsachlich, wenn Ihre Diskussionspartner anderer Meinung sind!

Oft findet die Diskussion in einem begrenzten Teilnehmerkreis statt. Dann spricht man von einem Rundgespräch, wie man es z. B. oft im Rundfunk oder Fernsehen verfolgen kann. Der Leiter führt das Thema kurz ein und gibt dann nacheinander den Teilnehmern das Wort. Sie beleuchten das Thema von verschiedenen Seiten. Der Leiter hebt die wesentlichen Punkte hervor und läßt sie vielleicht zusätzlich von einer noch nicht bekannten Seite behandeln; er gibt neue Anregungen und Denkanstöße, zieht zur rechten Zeit den rechten Teilnehmer heran und faßt am Schluß das Ergebnis in knapper, treffender Form zusammen.

Eine dritte Art der Diskussion ist das sog. Podiumgespräch.

Es vollzieht sich zunächst so wie das Streitgespräch am runden Tisch. Dann aber wird die Gesamtzuhörerschaft mit eingeschaltet, die Podiumsredner nehmen zu ihren Ausführungen Stellung, und am Schluß faßt der Leiter das Gesamtergebnis zusammen.

Beispiel einer Diskussion: Freiheit der Rede oder nicht?

Einige Gedanken: Wir gehen von den Bestimmungen der Verfassung aus. Aber was ist Freiheit der Rede? Dieser Begriff hat verschiedene Auslegungen erfahren. Einige sagen: Redefreiheit ist das Recht aller, ohne Furcht das zu sagen, was sie sagen möchten. Das ist nicht Freiheit der Rede, das ist Willkür und Zügellosigkeit. Es gibt Beschränkungen der freien Meinungsäußerung, die jeder beachten muß. Können Sie Beispiele geben? Ist jemand berechtigt, „Feuer!" in einem vollen Theater zu schreien und so eine Panik hervorzurufen? Darf eine Person Unwahres über den anderen sagen? Nur die Wahrheit darf und muß zu jeder Zeit ausgesprochen werden können. Das meinen wir, wenn wir sagen: Die Redefreiheit sollte geschützt werden.

Diskussion und Debatte

Die Debatte ist eine Sonderform der Diskussion. Sie wird besonders in England gepflegt. An fast allen englischen Schulen gibt es die „debating societies", die monatlich tagen und sich in der fairen Behandlung zeitgemäßer Themen üben, die längere Zeit vorher bekanntgegeben werden. Der Vorsitzende (chairman) gibt zunächst einem Redner das Wort, der für die Sache spricht und alle „Pro" zusammenfaßt. Dann spricht ein anderer dagegen und führt alle „Contra" ins Feld. Beide Redner werden von je einem anderen „dafür" und „dagegen" unterstützt. Jeder Redner darf nur rund 5 Minuten sprechen. Dann eröffnet der chairman die Debatte, und nun beginnt eine Redeschlacht, eine Art geistiger Sport. Die beiden Fronten heben sich immer schärfer ab. Jede kämpft mit aller Kraft, sie kämpfen nicht miteinander wie bei der Diskussion, sondern gegeneinander. Jede sucht Anhänger von der Gegenseite herüberzuziehen. Denn am Schluß läßt der chairman abstimmen, und die Partei, die die meisten Stimmen erhält, hat die Redeschlacht gewonnen.

Die Debatte ist ein ausgezeichnetes Mittel, den Geist zu schärfen, sprachgewandt zu werden und demokratisch denken und handeln zu lernen. Die Regeln sind dieselben wie bei der Diskussion. Sie werden nur noch strenger gehandhabt. Das heutige öffentliche Leben verlangt auch bei uns, daß alle Männer und Frauen ihre Sache ausdrucksgewandt und überzeugend vortragen und schlagfertig verteidigen können. So ist die Debatte wie die Diskussion die hohe Schule geistiger Beweglichkeit, gedanklicher Zucht und sprachlicher Gewandtheit.

Beispiel: Die Frau hat ihren Platz in der Politik.

Gründe dafür:	*Gründe dagegen:*
Es ist ihr Recht und ihre Pflicht.	Der Platz der Frau ist das Haus.
Sie wird von der Politik stark betroffen.	Frauen haben keine Zeit für Politik.
Frauen haben tiefes Gefühl.	Sie mögen die Politik nicht.
Sie arbeiten besser für den Frieden.	Sie sind an politischen Fragen nicht interessiert.
Wenn es ebenso viele Frauen in den Parlamenten gäbe wie Männer, würde es weniger Kriege geben; usw.	Die meisten Frauen sind unlogisch. Die Frauen sind in der Politik nicht urteilsfähig. Ihre Gefühle haben keinen Platz in der Politik; usw.

E. ABRISS DER GRAMMATIK

§ 1 1. Eine Grammatik hat die Aufgabe, den Gebrauch von Formen und Fügungen einer Sprache so zu beschreiben, daß die richtige Verwendung richtig gebildeter Formen und Fügungen deutlich wird. In diesem Abriß geschieht das nicht so sehr systematisch und vollständig als vielmehr zu dem Zweck, in Zweifelsfällen und dort, wo durchschnittliche Sprachgewohnheiten Fehler begünstigen, die richtige Form und Fügung und ihren richtigen Gebrauch herauszustellen. Wer darüber hinaus, weil er Gefallen an grammatischer Betrachtung gefunden hat, sich weiter unterrichten will, der sei dringlich hingewiesen auf die ausführliche und systematische Darstellung in Hinzes Deutscher Schulgrammatik, Neufassung (Klettbuch 3201). Hier findet er neben einer Fülle von Einzelheiten eine nüchterne und sichere Führung durch die Vielfalt auch moderner Betrachtungsweisen.

2. Auch in diesem Abriß aber müssen die Formen und Fügungen einigermaßen isoliert und ausgesondert werden, obwohl sie natürlich jeweils nur im Zusammenhang verwendet werden. Dieser Zusammenhang muß nicht immer sprachlicher Art sein. Er kann vielmehr auch darin bestehen, daß eine bestimmte Situation gegeben ist und nun mitwirkt, wie das z. B. bei den Befehlsformen der Fall ist, wo ein einzelnes „Komm! Geh! Gib!" durchaus genügen kann, vollständig und richtig in Sprache zu bringen, was gemeint ist.

3. Die richtigen Formen stellen wir möglichst in Tabellen oder in Listen dar, so daß man sich rasch vergewissern kann. Die einzelne grammatische Erscheinung wird an Beispielen verdeutlicht, die nach Möglichkeit der Gegenwartssprache entnommen sind.

Das, was für die Sprachverwendung nicht unmittelbar von praktischem Nutzen ist, wird in kleinerem Druck dargeboten. Es soll vor allem den großen Zusammenhang herstellen und aufrechterhalten.

WORTARTEN

A. Das Verb

I. Die Leistung der Verbformen

Das Wort *verbum* stammt — wie die meisten sprachlichen Fachausdrücke (Termini) — aus dem Lateinischen und bedeutet ‚das Wort'. Es ist das Wort, durch das ein Satz Leben erhält.

Außer der Person und deren Numerus (Zahl), für die innerhalb des Satzes das Subjekt formbestimmend ist (vgl. § 49), gibt das Verb als Prädikat folgendes an:

§ 2 Die Zeit,

in der sich das Geschehen abspielt oder in die der Redende es verlegt.

a. Es gibt drei *Zeitstufen*:

1. Gegenwart = die Zeit des Redenden oder der Augenblick des Redens (Redegegenwart)
2. Vergangenheit = die Zeit vor der Redegegenwart
3. Zukunft = die Zeit, die auf die Redegegenwart folgt

b. Die Zeitstufe des Geschehens und das zeitliche Verhältnis zweier Geschehnisse können beim Verb durch mehrere Zeitformen — T e m p o r a (Sing.: T e m p u s) — ausgedrückt werden:

1. P r ä s e n s (lat. = gegenwärtig); es bezeichnet ein Geschehen insbesondere als

   a) in der Redegegenwart ablaufend

   Frl. M. sucht eine Stellung als Sprechstundenhilfe bei einem Kinderarzt.

   b) für alle Zeiten gültig

   Steter Tropfen höhlt den Stein. — Bienen sind nützlich.

   c) in der Zukunft eintretend, wenn die Zeitstufe durch die Gesprächslage geklärt ist.

   (Laß nur!) Ich trage den Koffer zur Bahn. — Ich komme, sobald ich Zeit habe.

   Zusatz: Oft verdeutlicht eine Umstandsbestimmung der Zeit ein mit dem Präsens wiedergegebenes Geschehen als in der Zukunft eintretend; *Ich komme bald / morgen / nächste Woche. — Ich schreibe ihm schon noch.*

2. P e r f e k t (lat. = vollendet); es bezeichnet ein Geschehen, das zwar vergangen, aber bis in die Redegegenwart wirksam ist oder das in der Gegenwart vollendet ist.

   Frl. M. hat die kaufmännische Buchführung gelernt (sie kann sie jetzt), und sie hat auch schon einen Kurs für Säuglingspflege mitgemacht.
   Ich habe (bis jetzt) gearbeitet. (Nun bin ich fertig.)

3. Präteritum (lat. = vergangen); es bezeichnet ein Geschehen, von dem wir Abstand gewonnen haben, als vergangen (Es war einmal...) — Zeitform des Erzählens.

Falsch ist also in einer Verlustanzeige:
> Gestern vormittag gegen 10 Uhr verlor ich an der Straßenbahnhaltestelle... meine Uhr.

denn der Verlust besteht für den Verlierer noch in der Redegegenwart fort.

Ebenso fehlerhaft ist ein unbegründetes Wechseln vom Präteritum ins Perfekt oder umgekehrt, wie z. B.
> Wir **fuhren** mit der Straßenbahn in die unmittelbare Nähe des Turmes, der schon kilometerweit vor Stuttgart zu sehen **gewesen ist**.

Entweder muß es heißen: *war* in Angleichung an die Erzählform *fuhren* — oder *ist* = Präsens nach § 2 b.

4. Plusquamperfekt (lat. = mehr als vollendet, die sog. Vorvergangenheit); es bezeichnet ein Zeitverhältnis: ein Geschehen, das abgeschlossen, vollendet war, als ein anderes in der Vergangenheit eintrat.
> Er hatte zuviel gearbeitet; daher wurde er krank.
> Als der Soldat seinen Urlaubsschein erhalten hatte, verließ er die Kaserne.

5. Futur I (lat. = zukünftig); es bezeichnet

   a) ein zukünftiges Geschehen dann (statt des Präsens, vgl. § 2b), wenn die Zeitstufe Zukunft aus der Gesprächslage nicht klar ersichtlich ist oder wenn sie nachdrücklich betont werden soll; dann ist aber oft das Bestreben, eine Absicht auszudrücken, im Spiel.
   > Morgen werde ich ihm den Brief schreiben (, heute habe ich keine Zeit).

   Das Futur I bezeichnet auch einen nachdrücklichen Befehl.
   > Wirst du (jetzt endlich) die Tür schließen!
   > Du wirst jetzt sofort den Koffer packen und abreisen!

   b) ein Geschehen als vermutet (zur Modalität vgl. §§ 16—19)
   > (Du sagst, du hast unseren Karl am Hafen gesehen.) Das wird ein Irrtum sein.

6. Sog. Futur II drückt eine Vermutung über Vergangenes aus (vgl. § 18).
> Der Zug wird zu früh abgefahren sein (= ... ist wohl / vermutlich zu früh abgefahren).

Wenn man ausdrücken will, daß ein zukünftiges Geschehen bereits abgeschlossen ist, wenn ein anderes in der Zukunft beginnt, gebraucht man statt des Fut. II:
> Ich werde zum Sportplatz gehen, wenn ich meine Arbeit **beendet haben werde**.

das Perfekt:
> Ich gehe zum Sportplatz, wenn ich meine Arbeit **beendet habe**.

oder noch besser das Präsens in Verbindung mit einem Zeitadverb:
> Morgen um diese Zeit bin ich schon fort.
> Erst beendige ich meine Arbeit, dann gehe ich zum Sportplatz.

§ 3 Die Art der Handlungsrichtung

Außer der Zeit bezeichnet die Verbform die Art der Handlungsrichtung — Genus Verbi. Der Redende kann ein und denselben Sachverhalt aus zwei verschiedenen Blickrichtungen betrachten. Für jede der beiden Betrachtungsweisen sind besondere Verbformen vorhanden (vgl. §§ 9 bis 13):

a. Das *Aktiv* (Akt.) — die sog. Tatform — gebraucht der Redende, wenn er den Täter, den Urheber oder den Ausgangspunkt eines Geschehens in den Vordergrund stellen und zur Hauptsache — also grammatisch zum Subjekt (Satzgegenstand) des Satzes — machen will oder muß.

    Die Arbeiter sprengen den Felsen. — Der Vogel singt.

b. Das *Passiv* (Pass.) — die sog. Leideform — gebraucht der Redende,
1. wenn er das betroffene ‚Objekt', das Ziel, in den Vordergrund stellen und zur Hauptsache — also grammatisch zum Subjekt — machen will oder muß:

    Der Fels wird von den Arbeitern gesprengt.
    Meine Tochter ist von einem Auto angefahren worden.

2. wenn man den Täter nicht nennen kann oder will:

    Die Straße wird neu gepflastert. — Das Tor wird um 20 Uhr geschlossen.
    Es wird gesprengt.

Beachten Sie:

Sie müssen bei der Bildung jedes Satzes entscheiden, was im Vordergrund stehen soll oder muß — der Täter oder das ‚Objekt' —: das machen Sie grammatisch zum Subjekt. Dem Subjekt entsprechend gebrauchen Sie dann die Verbformen des Aktivs oder des Passivs.

Der Satz

    Kein Wunder, daß die grobe Fahrlässigkeit der Aufsichtsperson ein schweres Unglück verschuldet hat.

wird besser umgeformt

entweder so (dann tritt der Täter in den Vordergrund):

    Kein Wunder, daß die Aufsichtsperson durch ihre grobe Fahrlässigkeit ein schweres Unglück verschuldet hat.

oder so (dann tritt das ‚Objekt' in den Vordergrund):

    Kein Wunder, daß durch die grobe Fahrlässigkeit der Aufsichtsperson ein schweres Unglück verschuldet (verursacht!) worden ist.

Das Deutsche stellt nach Möglichkeit den Täter in den Vordergrund und gebraucht daher meistens das Aktiv.

Zusatz:
Die Ausdrücke ‚Aktiv' und ‚Passiv' bezeichnen nur die Form des Verbs, nicht aber immer ein Tätigsein bzw. Erleiden.
Vergleichen Sie die beiden Sätze:

    Der Fuchs heißt in Tiergeschichten oft Reineke.
    Der Fuchs wird in Tiergeschichten oft Reineke genannt.

Das hier Gemeinte ist völlig dasselbe, aber die Verbform ist einmal aktivisch und einmal passivisch.

E *Abriß der Grammatik*

In Sätzen wie

      Der Stein zerspringt. — Hamburg liegt an der Elbe.

bezeichnet die aktivische Form kein Tätigsein und in den Sätzen

      In der Fabrik wurde die ganze Nacht gearbeitet.
      ... und abends wurde getanzt.

die passivische kein Leiden.

§ 4 Die Aussageweise

Neben der Zeit und der Art der Handlungsrichtung gibt das Verb auch die Aussageweise, den **Modus**, an. Dem Redenden stehen drei Gruppen von Verbformen zur Verfügung, um den Wirklichkeitsgrad oder die Verwirklichung eines Geschehens auszudrücken:

  a. die sog. Wirklichkeitsform   — **Indikativ** (Ind.)
  b. die sog. Möglichkeitsform   — **Konjunktiv** (Konj.)
  c. die Befehlsform   — **Imperativ** (Imp.)

Merken Sie:

1. Verbformen, durch welche Person, Zahl, Tempus, Modus und Genus Verbi bezeichnet werden, sind eindeutig bestimmt; man nennt sie daher **finite** Formen (lat. finire = begrenzen).

2. **Infinit** sind die Verbformen, die diese fünf Angaben nicht machen:

    a) der **Infinitiv** (vgl. § 20a, 59b), der sich in seiner Verwendung dem Substantiv nähert (vgl. § 22b)

    b) die **Partizipien** (vgl. § 37)

      1) das Partizip des Präsens (Part. Präs.) — 1. Partizip — rein adjektivische Verwendung

      2) das Partizip des Perfekts (Part. Perf.) — 2. Partizip — Verwendung in der Formenbildung (vgl. §§ 11c, 12, 13) und als Adjektiv

Infinitiv und Partizipien sind die **Nominalformen** des Verbs.

II. Die Arten des Verbs

§ 5 Vollverben — Hilfsverben

Nach Bedeutung und Aussagekraft unterscheidet man:

a. **Vollverben.** Sie bezeichnen:

  1. einen **Vorgang**, wie z. B. *schlafen, lachen, leben, wachsen, sinken.*

    Solche Verben können in Verbindung mit einem Subjekt allein einen Satz bilden (Vorgangssatz).

      Die Tür knarrt. — Die Pflanze wächst.

2. einen Zustand, wie z. B. *sein, bleiben, heißen, liegen.*
Solche Verben bezeichnen kein Geschehen, sondern ein fortdauerndes Sein (Zustandssatz).

> Mein Freund ist Ingenieur. — Er wohnt in Stuttgart. — Das Wetter bleibt gut. — Hamburg liegt an der Elbe.

3. eine Handlung, wie z. B. *bringen, machen, beabsichtigen, verbrauchen, geben.*
Die Bedeutung solcher Verben — und das sind die meisten — reicht nicht aus, ein Geschehen eindeutig wiederzugeben. Sie erfordern vielmehr zur ‚Ergänzung' ihrer Bedeutung die Nennung eines Begriffes.

> Der Zahnarzt zieht ─────→ den Zahn.
>
> Der Kaufmann bestellt ⇉ die Ware.
>   → dem Kunden einen Gruß.

Merken Sie:

1. Verben, die eine Ergänzung im Akkusativ (vgl. §§ 25, 50, 51) bei sich haben, nennt man **transitive** (zielende) Verben (lat. transire = hinübergehen); denn die Handlung zielt auf das ‚Objekt'.
Alle anderen Verben sind **intransitiv** (nichtzielend).

2. Verben, deren Ergänzung dieselbe Person bezeichnet wie das Subjekt des jeweiligen Satzes, nennt man **reflexive** (rückbezügliche) Verben (vgl. § 28).

> Ich freue mich. — Er schämt sich. (echte reflexive Verben)
> Er ärgert sich. (reflexiv gebrauchtes Verb)
> Er ärgert mich. (nichtreflexiv gebraucht)

b. Hilfsverben

1. *haben, sein, werden,* wenn sie als Hilfsverben zur Bildung von Verbformen verwendet werden (vgl. §§ 11, 12, 13).
2. die modalen Hilfsverben *dürfen, können, mögen, müssen, sollen, wollen.* Sie geben nicht das Geschehen selbst, sondern nur die Art und Weise (lat. modus) des Geschehens an, das durch den mit ihnen verbundenen Infinitiv (vgl. § 14) bezeichnet wird: *Ich will / kann / darf / soll... verreisen.*

Zusatz: Auch einige andere Verben, wie z. B. *hoffen, wissen, glauben, pflegen, suchen* und *brauchen,* können modal gebraucht werden (vgl. Teil I, S. 158,4); sie haben dann ihre eigentliche Bedeutung verloren: *Er weiß zu leben. Er braucht nicht zu kommen. Er sucht den Schaden wiedergutzumachn.*

Hinweis: Zur Kennzeichnung der Modalität vgl. §§ 16—19

§ 6 Persönliche Verben — unpersönliche Verben

Nach der Art des Subjekts, mit dem ein Verb einen Satz bildet, unterscheidet man:

a. persönliche Verben
Sie können zu jeder Art Subjekt treten, das in eigentlicher oder übertragener Bedeutung zu ihnen paßt — Person oder Sache.

> Vater raucht. — Der Ofen raucht. — Der Schornstein raucht. — Mein Schädel raucht.

b. unpersönliche Verben
Sie verbinden sich nur mit dem Subjekt *es*.
> Es blitzt. — Es donnert. — Es taut. — Es dunkelt. — Es graut mir (mir graut).

§ 7 Einfache und zusammengesetzte Verben

Nach der Wortbildung unterscheidet man:

a. einfache Verben — Simplicia (Sing. das Simplex)
ursprüngliche Verbstämme: *schreiben, finden, kommen* ...
von Substantiven oder Adjektiven abgeleitete Stämme: *spiel-en, arbeit-en, fürcht-en; irr-en; fest-igen; streich-eln, räuch-ern, folg-ern, feil-schen*

b. zusammengesetzte Verben — Komposita (Sing. das Kompositum)
Der erste Bestandteil ist:

1. ein selbständiges Wort
> an-kommen, nach-sehen, mit-gehen, weg-gehen, preis-geben

2. eine nicht selbständig vorkommende Silbe *be-, ent-, er-, ge-, ver-, zer-, miß-*
> be-graben, ent-kommen, ver-gehen, er-kennen, zer-stören

III. Die Konjugation

Die Formveränderung des Verbs nennt man Abwandlung — Konjugation (lat. coniungere = verbinden). Konjugation heißt sie deshalb, weil durch die finite Verbform die syntaktische Verbindung zwischen Prädikat und Subjekt hergestellt wird.

§ 8 Starke und schwache Verben

a. Bei jeder Verbform muß man unterscheiden:

1. Stamm   (wir) trag-   (du) schreib-
2. Endung   en   st

b. Es gibt zwei Arten der Konjugation:

1. die starke Konjugation
> Mittel der Formenbildung: Stammveränderung(en) und Endungen

2. die schwache Konjugation
> Mittel der Formenbildung: nur Endungen; schwache Verben haben nur einen einzigen, unveränderlichen Stamm.

stark: tragen   ich trag-e   du träg-st   ich trug
schwach: fragen   ich frag-e   du frag-st   ich frag-te

c. Die Stammveränderungen der starken Verben sind:
1. Ablaut, d. i. Wechsel des Stammsilbenvokals

Alle starken Verben haben im Präteritum einen anderen Stammvokal als im Präsens, einige auch im 2. Partizip.

Den Präsensstamm (a) zeigen:
1. der Infinitiv des Präsens Aktiv
2. Indikativ und Konjunktiv des Präsens Aktiv
3. der Imperativ
4. das Partizip des Präsens (1. Part.)

Mit dem Präteritumstamm (b) werden Indikativ und Konjunktiv des Präteritums Aktiv gebildet.
Eine dritte Stammform (c) dient zur Bildung des 2. Partizips, das bei der Bildung aller zusammengesetzten Formen mit Ausnahme des Fut. I Akt. verwendet wird.

a	b	c
trag-en	*trug*	*ge-trag-en*
geb-en	*gab*	*ge-geb-en*
find-en	*fand*	*ge-fund-en*
werf-en	*warf*	*ge-worf-en*
bitt-en	*bat*	*ge-bet-en*
biet-en	*bot*	*ge-bot-en*

2. Umlaut, wenn der Stammvokal umlautfähig ist:
a) in der 2. und 3. Pers. Sing. Ind. Präs. Akt.

ich trag-e   du träg-st   er träg-t

Ohne Umlaut z. B.:

du kommst   er kommt

b) im Konj. Prät.

Indikativ	Konjunktiv
ich trug	ich trüge
,, kam	,, käme
,, bot	,, böte

Zusatz: Beachten Sie als Ausnahme die Konjunktivbildungen: *ich hülfe* (statt *hälfe*), *stürbe*, *verdürbe*, *würbe*, *würfe* — ferner: *stünde* neben *stände*, *gölte* neben *gälte*, *schölte*, *begönne* neben *begänne*, *besönne* neben *besänne*, *schwömme* neben *schwämme*, *empföhle* neben *empfähle*, *stöhle* neben *stähle*. — Andere heute selten gewordene Konjunktive lauten z. B. *ich flöhe*, *flöge*, *fröre*, *genäse*, *genösse*, *höbe*, *löge*, *mäße*, *ränge*, *schlänge*, *schriee*, *schwänge*, *spränge*.

3. Wechsel von e zu i (ie)
a) in der 2. und 3. Pers. Sing. Ind. Präs. Akt.

ich treffe   du triffst,   er trifft
ich lese   du liest,   er liest

b) im Imperativ Sing.
  triff! lies! vergiß! iß! befiehl!

Merken Sie:

Schwache Verben haben keinen e/i-Wechsel und Umlaut nur, wenn er schon im Infinitiv vorhanden ist. Es heißt daher:
  du fragst, er fragt, du faßt, er faßt, du kaufst, er kauft ..
  fallen: ich falle — du fällst — er fällt (stark)
  fällen: ich fälle — du fällst — er fällt (schwach)

§ 9 Einfache Verbformen

Nur zwei Tempora (Zeitformen) haben im Deutschen einfache Verbformen: das Präsens Aktiv und das Präteritum Aktiv; außerdem der Imperativ und von den infiniten Formen der Infinitiv Präsens Aktiv und die beiden Partizipien.

a. Präsens

Numerus	Person	a) starke Verben		b) schwache Verben	
		Indikativ	Konjunktiv	Indikativ	Konjunktiv
Singular	1. ich	trag-e	(trag-e)	frag-e	(frag-e)
	2. du	träg-st	trag-est	frag-st	frag-est
	3. er sie es	träg-t	trag-e	frag-t	frag-e
Plural	1. wir	trag-en	(trag-en)	frag-en	(frag-en)
	2. ihr	trag-t	trag-et	frag-t	frag-et
	3. sie	trag-en	(trag-en)	frag-en	(frag-en)

Beachten Sie:

Die eingeklammerten Formen des Konjunktivs stimmen mit denen des Indikativs überein. Da sie daher die Aufgaben des Konjunktivs (vgl. § 19) nicht erfüllen können, werden sie durch die entsprechenden Formen des Konjunktivs Präteritum ersetzt, auch wenn diese mit denen des Indikativs Präteritum formgleich sind.

b. Präteritum

Numerus	Person	a) starke Verben		b) schwache Verben	
		Indikativ	Konjunktiv	Indikativ	Konjunktiv
Singular	1. ich	trug	trüg-e	frag-t-e	
	2. du	trug-st	trüg-est	frag-t-est	
	3. er sie es	trug	trüg-e	frag-t-e	
Plural	1. wir	trug-en	trüg-en	frag-t-en	
	2. ihr	trug-t	trüg-et	frag-t-et	
	3. sie	trug-en	trüg-en	frag-t-en	

c. Imperativ

Numerus	Person	a) starke Verben	b) schwache Verben
Singular	(du,) 2.	trag!	frag-e!
Plural	(ihr,)	trag-t!	frag-t!

Beachten Sie:

1. Starke Verben, die im Präsens einen Wechsel des Stammvokals von e zu i haben, bilden auch den Singular des Imperativs mit dem i-Stamm.
   ich nehme — du nimmst: nimm! — Ebenso z. B. iß!, tritt!, empfiehl!, wirf!, sieh!
2. Der Imperativ Plur. ist formgleich mit der 2. Pers. Plur. Ind. Präs.

§ 10 Besondere Erscheinungen bei den einfachen Verbformen

a. Stämme auf d, t, st haben ein e
   1. in der Bildungssilbe -(e)t des Präteritums der schwachen Verben: *du red-et-est, wart-et-est, rast-et-est.*
   2. in der 2. und 3. Pers. Sing. Ind. Präs., wenn der Stammvokal keinen Umlaut und keinen e/i-Wechsel erleidet, und in der 2. Pers. Plur. Ind. Präs.: *du bad-est, bitt-est, rast-est; er / ihr bad-et, bitt-et, red-et, rast-et* — aber: *du tritt-st, flicht-st, hält-st, er tritt, flicht, hält; ihr tret-et, flecht-et, halt-et.*
   3. in der Endung der 2. Pers. Plur. Ind. Prät.: *ihr bat-et, litt-et, trat-et, lud-et;* das e in der 2. Pers. Sing. Ind. Prät. fällt dagegen schon oft aus: *du bat-(e)st, litt-(e)st, trat-(e)st, lud-(e)st.*

b. Bei Verben mit Stammauslaut *s, z, ß, tz* und *x* fällt im Ind. Präs. in der Endung der 2. Pers. Sing. *-est* bei ausfallendem *e* auch das *s* der Endung aus. Das gilt jedoch nicht für Verben auf *-sch: du reis-est: reist; reiß-est: reißt; reiz-est: reizt; ritz-est: ritzt; hex-est: hext* — aber: *du nasch-st, wäschst, fischst.*

c. Die Regel, nach der starke Verben im Imperativ Sing. den reinen Präsensstamm zeigen, schwache dagegen die Endung *-e* annehmen, wird heute durch gegenseitige Beeinflussung durchkreuzt. Dabei entscheiden oft Wohllaut und Sprachgefühl, ob das *-e* steht oder nicht.

d. In der Schriftsprache sind Umschreibungen mit *tun* nicht zulässig, auch wenn sie eine Hervorhebung des (gerade vorher schon einmal genannten) Geschehens im Gegensatz zu anderen Tätigkeiten bezwecken, die nicht ausdrücklich erwähnt zu sein brauchen.
   A.: „Beißt dein Hund?" —
   B.: „Beißen tut er nicht." (Er knurrt nur.)
   A.: „Glaubtest du denn, daß das Schiff heute fährt?" —
   B.: „Glauben tat ich das selbst nicht." (Aber ich wünschte es.)

e. Zusammengesetzte Verben (vgl. § 7) werden im Hauptsatz in ihre Bestandteile zerlegt, wenn sie Anfangsbetonung haben (unechte Komposita).
   ankommen: ich komme an, ich kam an, komm an!
   standhalten: ich halte stand, ich hielt stand, halte stand!
Verben mit dem Ton auf dem zweiten Bestandteil bleiben ungetrennt (echte Komposita).
   bekommen: ich bekomme, ich bekam, bekomme!
   vollbringen: ich vollbringe, ich vollbrachte, vollbringe!
Es heißt demnach von *anerkennen*:
   Ich erkenne (die Leistung) an.

§ 11 Die Bestandteile der zusammengesetzten Verbformen

a. In jeder zusammengesetzten Verbform gibt es ein Glied, das Person, Zahl, Zeit und Aussageweise erkennen läßt; man nennt es die *Personenform*. Die dazugehörige infinite Form ist die *Nominalform*.

b. Die Personenform ist die finite Verbform eines der Hilfsverben *haben, sein, werden* oder eines Modalverbs (vgl. § 14).
Die Nominalform ist ein Infinitiv oder das 2. Partizip.

Personenform	Nominalform
ich werde	rufen
ich will	rufen
ich werde	gerufen

Beachten Sie:

Personenform und Nominalform umklammern alle Satzglieder, die auf die Personenform folgen.

   Ich habe Ende August die Lehre als Werkzeugmacher mit der Facharbeiterprüfung abgeschlossen. — Ende August habe ich die Lehre...abgeschlossen. — Die Lehre als W. habe ich Ende August...abgeschlossen.

Hinweis: 1. Zur Stellung der Personenform vgl. § 64 — 2. Zur Konjugation der Hilfsverben vgl. § 12

c. Zur Bildung des Partizips Perfekt (2. Partizip)

1. Einfache Verben mit Anfangsbetonung

	Präfix	Stamm	Suffix	Infinitiv
stark	ge-	trag- trunk- nomm-	en	tragen trinken nehmen
schwach	ge-	frag-	t	fragen

2. Bei zusammengesetzten Verben mit Anfangsbetonung wird die Vorsilbe ge- zwischen den Bestandteilen eingeschoben.

   stark: (er ist) an- ge-kommen   ankommen
            (er hat) teil-ge-nommen   teilnehmen
   schwach: (er hat) an- ge-faßt   anfassen

3. Alle Verben ohne Anfangsbetonung haben die Vorsilbe ge- nicht.

   stark: (er ist) ent-kommen   entkommen
   schwach: (er hat) ver-faßt   verfassen (er hat) voll-endet   vollenden
            (er hat) be-merkt   bemerken   (er ist) marschiert marschieren

Zusätze:

1. Das 2. Partizip der Hilfsverben lautet: *gehabt, gewesen, geworden*. In Verbindung mit einem Partizip Perfekt lautet das 2. Part. von *werden* jedoch *worden*: *Er ist Schauspieler geworden; er ist berühmt geworden. — Er ist gefeiert worden; er ist umjubelt worden.*

2. Das Verb *essen* bildet das Part. Perf. *ge-g-essen*.

§ 12 Die zusammengesetzten Tempusformen des Aktivs

a. Übersicht

Tempus des zusammen-gesetzten Verbs	Numerus	Person	Tempus des Hilfs-verbs	Personenform Ind.	Personenform Konj.	Nominal-form
Perfekt	Sing.	1. ich	Präs.	habe	(habe)	(2. Part.)
		2. du		hast	habest	
		3. er/sie/es		hat	habe	
	Plur.	1. wir		haben	(haben)	
		2. ihr		habt	habet	
		3. sie		haben	(haben)	getragen
Plusquamperfekt	Sing.	1. ich	Prät.	hatte	hätte	gefragt
		2. du		hattest	hättest	
		3. er		hatte	hätte	
	Plur.	1. wir		hatten	hätten	
		2. ihr		hattet	hättet	
		3. sie		hatten	hätten	
Perfekt	Sing.	1. ich	Präs.	bin	sei	(2. Part.)
		2. du		bist	sei(e)st	
		3. er		ist	sei	
	Plur.	1. wir		sind	seien	
		2. ihr		seid	seiet	
		3. sie		sind	seien	gelaufen
Plusquamperfekt	Sing.	1. ich	Prät.	war	wäre	gefahren
		2. du		warst	wärest	
		3. er		war	wäre	
	Plur.	1. wir		waren	wären	
		2. ihr		wart	wäret	
		3. sie		waren	wären	
Futur I	Sing.	1. ich	Präs.	werde	(werde)	(Infinitiv)
		2. du		wirst	werdest	
		3. er		wird	werde	tragen
						fragen
	Plur.	1. wir		werden	(werden)	laufen
		2. ihr		werdet	(werdet)	fahren
		3. sie		werden	(werden)	

Zusatz: Die Form des sog. Futur II, das eine Vermutung bezeichnet (vgl. § 2b6), setzt sich aus dem Futur I von *haben* oder *sein* und dem 2. Partizip zusammen (Umklammerung!):

    ich werde getragen haben
    ich werde gelaufen sein

b. Der Gebrauch von *haben* und *sein* in der Formenbildung

1. Mit *haben* werden konjugiert:

    a) alle transitiven Verben (vgl. § 5a)

        Ich habe den Brief geschrieben / zur Post getragen / abgesandt / verloren ...

    b) alle reflexiven oder reflexiv gebrauchten Verben (vgl. § 5a)

        Ich habe mich gefreut.
        Ich habe mich / ihn geärgert.

    c) intransitive Verben (vgl. § 5a), wenn ihre Wortbedeutung ein dauerndes Geschehen bezeichnet

        Ich habe geschlafen.
        Die Blume hat geblüht.

2. Mit *sein* werden intransitive Verben konjugiert, wenn sie eine Orts- oder Zustandsveränderung bezeichnen.

        Ich bin eingeschlafen.
        Die Blume ist aufgeblüht / verblüht.

3. Einige intransitive Verben werden mit *haben* oder *sein* verbunden; *haben* gebraucht man, wenn man die Tätigkeit an sich oder ihren Verlauf im Auge hat, in allen übrigen Fällen *sein*.

Er hat selbst gefahren.	Er ist zu schnell gefahren.
Er hat den Wagen in die Garage gefahren.	Er ist mit dem Wagen in die Garage gefahren.
Wir haben lange geschwommen.	Wir sind durch den Fluß geschwommen.
Er hat sich die Füße wund gelaufen.	Er ist zur Polizei gelaufen.
Er hat nach dem Unfall noch lange gehinkt.	Er ist nach Hause gehinkt.

Zusatz: Die Verben *stehen, liegen, sitzen* werden schriftsprachlich mit *haben* verbunden, der Gebrauch von *sein* bei diesen Verben ist süddeutsch mundartlich.

§ 13 Die Bildung der Passivformen

a. Die Passivformen aller Tempora werden mit dem Hilfsverb *werden* in Verbindung mit dem 2. Partizip gebildet.

b. Für die Bildung jedes Tempus wird die entsprechende Tempusform von *werden* verwendet, z. B.

    Präs. Pass. aus dem Präs. von *werden* und dem 2. Part.: ich werde getragen
    Entsprechend:
        Prät. Ind.   ich wurde   getragen
               Konj.   ich würde   getragen

Fut. I	Ind.	ich werde	getragen werden
Perf.	Ind.	ich bin	getragen worden
	Konj.	ich sei	getragen worden
Plusqu.	Ind.	ich war	getragen worden
	Konj.	ich wäre	getragen worden
Fut. II	Ind.	ich werde	getragen worden sein

c. Das Genus Verbi wird an der Nominalform kenntlich:
    Fut. I Akt.: ich werde tragen — was werde ich tun?
    Präs. Pass.: ich werde getragen — was wird getan?

d. Da das Partizip Perfekt der mit den Vorsilben *be-, ent-, er-, ver-, zer-* zusammengesetzten starken Verben mit dem Infinitiv formgleich ist, wenn das Verb im Partizip keinen Ablaut hat, kann hier nur aus dem Sinn des Satzes entnommen werden, ob es sich um das Fut. I Akt. (Täter = grammatisch Subjekt, vgl. § 3) oder um das Präs. Pass. handelt.
    Der Magistrat wird unserer Firma den Bau der Brücke übertragen. — Fut. I Akt.
    Der Bau der Brücke wird unserer Firma übertragen. — Präs. Pass.

§ 14 Die Bildung der mit Modalverben zusammengesetzten Formen

a. Modalverben können mit einem der Infinitive (vgl. Tabelle) eines Vollverbs eine zusammengesetzte Form bilden. Beachten Sie die Umklammerung durch die finite Modalverbform und den Infinitiv!

Personenform	Nominalform		die gebräuchlichen Infinitive
Ich will	*noch heute*	*verreisen.*	Präs. Akt.
Das Haus soll	*durch einen Makler*	*verkauft werden.*	Präs. Pass.
Der Arzt muß	*die Krankheit nicht*	*erkannt haben.*	Perf. Akt.
Der Fahrer soll	*bei dem Verkehrsunfall*	*verletzt worden sein.*	Perf. Pass.
Den Tadel mußte	*der Lehrling*	*hinnehmen.*	Präs. Akt.

b. Steht ein Modalverb selbst in einer zusammengesetzten Form, so schließen seine Bestandteile den Infinitiv und dessen Bestimmungen ein.
    Er wird morgen verreisen wollen.
    Er hätte seinen Kameraden den Ball geschickt zuspielen müssen.

Beachten Sie:
Statt des 2. Partizips der Modalverben und einiger modal gebrauchter Verben (vgl. § 5 b Zus.) tritt der Infinitiv ein, wenn ein Infinitiv vorangeht.
    Er hat nicht kommen dürfen.   — aber: Er hat nicht gedurft.
    Er hat nicht nach Frankfurt fahren wollen.   — aber: Er hat nicht nach Frankfurt gewollt.
    Er hat den Fisch nicht essen mögen.   — aber: Er hat den Fisch nicht gemocht.
Ebenso z. B.
    Ich habe ihm nicht helfen können.
    Er hat ins Krankenhaus eingewiesen werden müssen.

Ich habe das Auto kommen sehen.
Ich habe ihn singen hören.
Er hat die Arbeit nicht zu machen brauchen.
Er hat sich den Koffer tragen helfen lassen.
Er hat sich den Koffer tragen helfen lassen müssen.

§ 15 Besonderheiten der Konjugation — unregelmäßige oder schwierige Formen

a.

Infinitiv	Präteritum Ind.	Präteritum Konj.	2. Partizip
bringen	brachte	brächte	gebracht
denken	dachte	dächte	gedacht
rennen	rannte	rennte	gerannt
kennen	kannte	kennte	gekannt
senden	{ sandte / sendete	sendete	{ gesandt / gesendet
wenden	{ wandte / wendete	wendete	{ gewandt / gewendet
brennen	brannte	brennte	gebrannt
hauen	hieb (umgangssprachlich: haute)	hiebe	gehauen / gehaut

b.

Präsens Indikativ ich / er	Präsens Indikativ wir	Präsens Konjunktiv ich	Präsens Konjunktiv wir	Präteritum Indikativ ich	Präteritum Konjunktiv ich	2. Partizip (vgl. jedoch § 14b)
darf	dürfen	dürfe	x	durfte	dürfte	gedurft
kann	können	könne	x	konnte	könnte	gekonnt
mag	mögen	möge	x	mochte	möchte	gemocht
muß	müssen	müsse	x	mußte	müßte	gemußt
soll	sollen	solle	x	sollte	sollte	gesollt
will	wollen	wolle	x	wollte	wollte	gewollt
weiß	wissen	wisse	x	wußte	wüßte	(nur:) gewußt

x = Wegen der Formengleichheit mit dem Indikativ werden diese Konjunktivformen stets durch die Konjunktivformen des Präteritums ersetzt.

c. Unterscheiden Sie:

mahlen		mahlte	gemahlen
malen		malte	gemalt
bewegen	1. veranlassen	bewog	bewogen
	2. fortbewegen, erregen	bewegte	bewegt
erschrecken	1. trans. = jemanden	erschreckte	erschreckt
	2. intrans. = selbst	erschrak	erschrocken

schaffen	1. erschaffen	schuf	geschaffen
	2. arbeiten, vollbringen	schaffte	geschafft
schleifen	1. niederreißen, am Boden schleppen	schleifte	geschleift
	2. schärfen	schliff	geschliffen
stecken	1. intr. = festsitzen	stak, steckte	gesteckt
	2. trans.	steckte	
(er)löschen	1. intr. *das Licht erlischt*	erlosch	erloschen
	2. trans.	löschte	gelöscht
weichen	1. weich machen, werden	weichte	geweicht
	2. weggehen	wich	gewichen

IV. Kennzeichnung der Modalität und der Aktionsarten

§ 16 Grundsätzliches

a. Bei jeder Äußerung kann der Redende erkennen lassen, wie er den Sachverhalt hinstellen will: als wirklich den Tatsachen entsprechend, als wünschenswert oder gefordert, als möglich und vermutet, unmöglich oder unwirklich.

b. Zur Kennzeichnung und Abschattung seiner Einstellung zu einem Sachverhalt stehen ihm einerseits die Modi (vgl. § 4) zur Verfügung, von denen aber jeder verschiedenerlei ausdrücken kann, andererseits eine Fülle anderer sprachlicher Ausdrucksweisen (vgl. §§ 17—19).

§ 17 Aufforderung und Befehl

Zur Kennzeichnung einer Aufforderung und eines Befehls gebraucht der Redende:

a. die Form des *Imperativs*

    Geh! Schreibt!

Zur Verschärfung der Aufforderung dienen Adverbien (Modalpartikeln):

    Tu das ja nicht! — Komm doch bloß endlich her!

Ebenso zur Abschwächung:

    Komm doch bitte (mal) her!

Außerdem Wendungen wie:

    Sei so gut und hole mir das Buch!

b. *andere Verbformen* bei entsprechender Tonführung

    Inf.:   Antreten! Bitte Platz (zu) nehmen! — Nicht hinauslehnen!
    2. Part.: Angetreten! Hiergeblieben!
    Präs.:   Du bist morgen früh um acht Uhr wieder hier!

E *Abriß der Grammatik*

    Fut. I.:   Du wirst jetzt sofort aufräumen! — Wirst du jetzt sofort aufräumen!
    Konj.:   Er komme herein! — Man rufe mich, wenn ...
              Würden Sie mir (bitte) Feuer geben!

c. *modale Hilfsverben* (vgl. § 5b)

    Du sollst herkommen!
    Willst du wohl herkommen!
    Du kannst / darfst jetzt nach Hause gehen!
    Könnten Sie etwas zur Seite treten!

d. Andere Formen der Aufforderung:

    Hinaus mit dir! — Auf! — Ruhe! — Hilfe! — Achtung! — Einen Hammer bitte! — In die Boote! — Mach, daß du fortkommst! (umgangssprachlich) — Du hast aufzupassen! — Fußgängern ist auszuweichen!
    Ich möchte Sie bitten / auffordern / ermahnen, dieses oder jenes zu tun.
    Daß du mir ja zeitig nach Hause kommst!
    Ob du jetzt wohl endlich deinen Koffer packst!

Zusatz: Wenn der Redende die Aufforderung gleichzeitig an sich selbst richten will, kann er z. B. so sagen: Laßt uns nach Hause gehen! — Gehen wir (doch, jetzt)! — Seien wir nett zueinander!

§ 18 Der Indikativ

a. Wenn der Redende einen Sachverhalt subjektiv als wirklich oder tatsächlich ‚aufzeigbar' hinstellen will, setzt er das Verb in den Indikativ (lat. indicare = anzeigen, angeben).

b. Der Indikativ gibt aber keineswegs die Gewähr für die objektive Richtigkeit und Wirklichkeit, vgl. den Indikativ in Märchen, erdachten Erzählungen, Lügen usw. Daher hält es der Redende, um sicherzugehen, bisweilen für erforderlich, durch Adverbien zu bekräftigen, daß er mit dem Indikativ Wirkliches meint.

    Der Verhaftete ist (ganz) bestimmt / ohne Zweifel der Brandstifter.

c. Andererseits kann der Redende trotz des Gebrauchs des Indikativs Bedenken an der ‚Wirklichkeit' haben und seine Äußerung vorsichtig abschatten oder einschränken, z. B. mit Adverbien wie: *wahrscheinlich, vermutlich, möglicherweise, hoffentlich, kaum* u. a.

    Der Verhaftete ist wohl / vielleicht ... der Brandstifter.
    Der Verhaftete muß / kann / mag / soll der Brandstifter sein.

Insbesondere eignen sich Modalpartikeln, wie z. B. *ja, doch, so, wohl, eben, bloß, denn, aber, doch wohl, wohl doch,* zur Abschattung einer Äußerung.

    Was willst du?
    Was willst du denn?
    Was willst du denn eigentlich noch?
    Das ist doch wohl nicht zu glauben, aber ich habe es ja immer gesagt, daß ...
    Du wirst mir doch wohl mal eben helfen können. — Eben nicht! — Das ist aber schade.

§ 19 Der Konjunktiv

a. Die Konjunktivformen machen keine temporale (zeitliche) Aussage — im Gegensatz zu den Formen des Indikativs —, sondern sie drücken nur den Modus — die Art und Weise — des Geschehens aus.

> Ich wollte (hier Konj. Prät., vgl. ich möchte), wir hätten morgen (!) schönes Wetter.
> Käme er doch bald!

Von einem Konjunktiv des Präsens oder des Präteritums darf man daher nur reden, weil die Formen mit dem Präsens- bzw. Präteritumstamm gebildet werden.

b. Wir bezeichnen die Konjunktive nach ihrer Leistung und fassen zusammen als
Konj. I: die Konjunktive des Präsens und Perfekts, außerdem die Konjunktive des Präteritums und des Plusquamperfekts, sobald sie an die Stelle der Konjunktive des Präsens und Perfekts treten (das ist immer dann der Fall, wenn Indikativ und Konjunktiv des Präsens bzw. Perfekts formengleich sind, vgl. §§ 9a, 12, 15b).
Konj. II: die Konjunktive des Präteritums und des Plusquamperfekts, soweit sie nicht Ersatz für den Konjunktiv des Präsens bzw. des Perfekts sind.

c. Der Konjunktiv I erscheint:

1. bei Aufforderungen, die an eine dritte Person gerichtet sind

> Er lebe hoch! — Der Mensch versuche die Götter nicht! (Schiller)

2. bei Zugeständnissen und Annahmen

> Gut, unser Plan bleibe unverändert!
> (Zugegeben,) es sei, wie du sagst.
> Gegeben sei ein Dreieck mit den Seiten ...
> Es komme, was wolle.

3. in der indirekten (nichtwörtlichen) Rede, und zwar ohne Rücksicht auf das Tempus im Hauptsatz

Konj. Präs.	bei noch andauerndem Geschehen
Konj. Perf.	bei vollendetem Geschehen
Konj. Fut. oder Präs.	bei zukünftigem Geschehen

> Er sagt, ⎫ ⎧ er bewerbe sich immer noch um eine Stellung.
> Er sagte, ⎬ ⎨ er habe sich bereits beworben.
> Er hatte gesagt, ⎭ ⎩ er werde sich demnächst bewerben / er bewerbe sich demnächst.

4. Die Konjunktive des Präteritums und des Plusquamperfekts dürfen in der indirekten Rede nur erscheinen

a) ersatzweise für die im Präsens oder Perfekt mit dem Indikativ übereinstimmenden Formen (in den Tabellen §§ 9a und 12 eingeklammert):

> Er sagte, er komme bestimmt. — Aber: Ich sagte, ich käme bestimmt.
> Er sagte, er habe den Zug verpaßt. — Aber: Sie sagten, sie hätten den Zug verpaßt.
> Der Meister sagte zu seinen Gesellen, die Arbeit, die ihnen eben übertragen worden sei (nicht: wäre!), müsse (nicht: müßte!) sofort ausgeführt werden; sie müßten (!)

Überstunden machen und bekämen (!) eine angemessene Zulage. Wenn sie auch noch die Nachtstunden benötigten (nicht: benötigen würden), solle (nicht: sollte) es ihr Schade nicht sein, denn sie erhielten (oder: würden ... erhalten) außerdem einen Urlaubstag.

b) wenn sie schon in der direkten Rede vorhanden sind:

Mein Freund sagte, er sei gestern im Hafen gewesen und hätte eine Rundfahrt mitgemacht, wenn er nur mehr Zeit gehabt hätte (direkt: Ich bin ... gewesen und hätte ... mitgemacht, wenn ich ... gehabt hätte).

Zusätze:

1. Dem Imperativ der direkten Rede entspricht in der indirekten Rede eine Umschreibung mit *sollen* oder *mögen*.

   Direkt: Ich sagte zu ihm: „Komm mit in die Ausstellung!"
   Indirekt: Ich sagte zu ihm, er solle (möge) in die Ausstellung mitkommen.

2. Besonders in der Umgangssprache werden die Regeln über den richtigen Gebrauch der Konjunktive in der indirekten Rede oft nicht beachtet; insbesondere wird ohne Grund der Konj. Prät. gebraucht. Auch der Indikativ erscheint nicht selten. Zu beanstanden ist auch ein Wechsel von Indikativ und Konjunktiv. (Vgl. Teil I, S. 30, Zeile 2)

3. Neben der direkten Rede

   Ich sagte: „Der Mann ist im Recht."

   und der indirekten Rede

   Ich sagte, der Mann sei im Recht.

   gibt es Mischformen:

   Ich sagte, der Mann ist im Recht.
   Ich sagte, daß der Mann im Recht ist (sei).

Hinweis: Ausführliche Beispiele auch zur direkten und indirekten Rede bei Hinze, Durch Üben wird man Meister (Klettbuch 3203)

d. Der Konjunktiv II

1. Man gebraucht ihn — oft unter gleichzeitiger Verwendung eines Modalverbs — grundsätzlich zur Kennzeichnung der Nichtwirklichkeit — Irrealität.

   Wenn ich Geld hätte, kaufte ich (auch: würde ich ... kaufen) mir ein Auto. (Ich habe aber kein Geld.)
   Ohne Eingreifen der Feuerwehr wäre das Haus niedergebrannt. (Sie hat aber eingegriffen, und so ist das Haus nicht niedergebrannt.)
   Ich hätte den Sprung vom Schiff nicht gewagt. (Aber ein anderer hat ihn gewagt.)
   Fast wäre ich von einem Auto überfahren worden.

2. Auch Wünsche stehen im Konj. II, denn es ist unsicher, ob sie in Erfüllung gehen; jedenfalls ist das Gewünschte noch nicht da.

   Hätte ich doch die Prüfung schon bestanden!

3. Immer, wenn der Redende Unsicherheit, Zweifel, vorsichtige oder bescheidene Zurückhaltung ausdrücken möchte, wählt er den Konjunktiv II, bisweilen unter gleichzeitiger Verwendung eines Modalverbs oder einer Modalpartikel, während er denselben Sachverhalt mit dem Indikativ als sichere Tatsache feststellt.

   Darüber ließe / läßt sich (vielleicht / unter Umständen) reden.
   Ich wüßte / weiß auch nicht, was du jetzt tun könntest.
   Das müßtest du (eigentlich) / mußt du wissen.

Dein Vorschlag dürfte / könnte uns (wohl) weiterbringen / bringt uns weiter.
So etwas hättest du getan! (Das glaube ich nicht.)
Kannst du mir ein Mittel nennen, das besser hülfe / hilft — geholfen hätte?

e. **Die würde-Form statt des Konjunktivs Präteritum**

1. Die würde-Form ist zulässig, und zwar in allen Personen,

   a) wenn der Konjunktiv Präteritum starker Verben ungebräuchlich geworden ist (vgl. § 8c Zus.).

   > Wenn mancher könnte, würde er fliehen (statt: flöhe).
   > Würdest du mir empfehlen, ein Auto zu kaufen (statt: empföhlest)?

   Aber in gutem Deutsch unzulässig ist die würde-Form in einem Satz wie:

   > Sie sagte auch, daß es so nicht weitergehen würde — statt: weiterginge — oder vielmehr richtig: weitergehe (vgl. § 19c 4).

   b) bei schwachen Verben, bei denen Indikativ und Konjunktiv Präteritum formgleich sind.

   > Wenn du kämest, würde ich mich freuen (richtig auch: ‚freute ich mich', da durch den Konjunktiv im wenn-Satz die Aussageabsicht geklärt ist).

2. Die Umschreibung mit *würde* ist erforderlich,

   a) wenn Indikativ und Konjunktiv Präteritum formgleich sind und deshalb der konjunktivisch auszudrückende Sinn nicht klar erkennbar wird. *Wir rieten dir abzureisen* z. B. ist irreführend und daher sprachlich unzureichend, wenn gemeint ist: *Wenn wir zu entscheiden hätten, gäben wir dir den Rat abzureisen.*

   Ebenso: *Ich erreichte meine Aufnahme in die Ingenieurschule (!?), wenn ich die erforderlichen Zeugnisse beibringen könnte* (also ist die Aufnahme noch nicht erreicht!).

   b) in der indirekten Rede (vgl. § 19 c 3) in denjenigen Personalformen, in denen die konjunktivische werde-Form mit der Form des Indikativs gleichlautet.

   > Er meinte, die Ausstellung werde (falsch: würde) im Oktober geschlossen, die Hallen würden (falsch: werden) dann sofort abgebaut.
   > Der Kaufmann sagte, die Waren würden sofort abgesandt — aber: ..., die Ware werde ... abgesandt.
   > Ich sagte, ich würde bald einen anderen Posten erhalten — aber: Er sagte, er werde ... erhalten.
   > Wir sagten, wir würden uns beeilen — aber: Du sagtest, du werdest dich beeilen.

3. Im wenn-Satz falsch, im übrigen schwerfällig und daher zu unterlassen sind Bildungen wie:

   > Ich würde dich besucht haben, wenn ich gewußt haben würde, daß du zu Hause warst (statt: Ich hätte dich besucht, wenn ich gewußt hätte, ...).
   > Sie meinten, sie würden bald an einem anderen Arbeitsplatz beschäftigt werden (statt des Konjunktivs: ..., sie würden bald an einem andern Arbeitsplatz beschäftigt).

Übrigens auch nicht: *Er meinte, er werde bald an einem andern Arbeitsplatz beschäftigt werden* — sondern statt des Konjunktivs Futur der Konjunktiv Präsens (wie beim Indikativ, vgl. § 2b 1 und 5): *Er meinte, er werde bald ... beschäftigt.*

§ 20 Die Aktionsarten

a. Bei einem Geschehen unterscheidet man

|————————————————————————>——————————————————————|
Beginn   Verlauf / Dauer   Abschluß / Vollendung

Nur wenige Simplicia bezeichnen schon durch ihre Wortbedeutung eine dieser Geschehensphasen — man sagt: Vorgangsarten oder **Aktionsarten**.
So bezeichnen z. B.

den Beginn: *starten (Der Läufer startet), sich röten, sich setzen*
den Abschluß: *platzen (Der Ball platzt), finden. — Der Polizist faßt den Dieb. — Er schloß die Tür.*
die Dauer: *blühen (Die Blume blüht)*, ferner Zustandsverben wie: *liegen, stehen*

Die Nennform des Verbs — der Infinitiv — bezeichnet ein Geschehen nur schlechthin und als unbestimmt oder unbegrenzt dauernd: *brennen, rasten, klingeln*.
Die Formveränderungen des Verbs reichen trotz der Verwendung von Hilfsverben nicht aus, die Aktionsarten eindeutig zu kennzeichnen. Lediglich der Abschluß, die Vollendung kann in der Regel durch Verbformen bezeichnet werden (vgl. § 2b 2):

    Er hat das Fenster geöffnet.
    Er hat sich eine Taxe genommen.

Aber z. B. das Präteritum (vgl. § 2b 3) dient zur Bezeichnung der Zeit; die Aktionsart kennzeichnet es nicht.

    Er schaltete den Strom aus.   — augenblickliches Geschehen
    Die Lampe brannte, während — dauerndes Geschehen
    er las.
    Die Uhr tickte.   — wiederholtes Geschehen

b. Die Wortbildung und andere sprachliche Mittel übernehmen die Aufgabe, die Aktionsart auszudrücken:

1. den **Beginn**
   a) durch Zusammensetzung:
       abreisen, losrennen, aufblühen, anspringen
   b) durch Ableitung:
       er-blühen, ent-brennen
   c) durch andere sprachliche Mittel, z. B.
       Der Berg kam (geriet) ins Rutschen.
       Er fing an / begann zu rutschen.
       Er wird krank, grau, müde ... (Neben: er erkrankt, ergraut, ermüdet). — Das

Korn wird reif. — Das Mittel wird wirksam.
Tauwetter setzt ein.

Zusatz: Das unmittelbare Bevorstehen wird bezeichnet in Wendungen wie: *Ich wollte gerade den Koffer packen, da kam ... Ich war gerade im Begriff aufzustehen ...*

2. die **Dauer**

a) Die Länge der Dauer kann nur durch eine Umstandsbestimmung der Zeit (vgl. § 62 b) gekennzeichnet werden.

Es regnete lange / drei Tage und drei Nächte.
Der Kranke schläft seit zwei Stunden / immer noch.

b) Eine Hervorhebung der Dauer wird bewirkt durch Wendungen wie:

Ich wartete und wartete, aber du kamst nicht, sondern redetest und redetest mit einem Bekannten.
Das Wasser ist im Steigen / steigt immer noch.
Der Regen will (und will) nicht nachlassen / es hört nicht auf zu regnen.
Der Baum steht in Blüte.

3. den **Abschluß** oder dessen Annäherung

a) durch Zusammensetzung:

aufessen, abschießen, ausklingen — Die Pflanze geht ein/aus.

b) durch Ableitung:

verhungern, verbrennen, verglimmen, verlöschen — ersteigen, erreichen, erteilen, erfrieren, erlöschen — gefrieren, gerinnen

c) bei Verben, die an sich eine Dauer bezeichnen,

1) durch einen Zusatz, der ein Endziel angibt:

Der Sturm tobte bis in die Nacht.
Der Zug fährt in den Bahnhof.

2) durch andere sprachliche Mittel:

Das Tier lebt nicht mehr.
Er hört auf zu arbeiten.
Er gab das Motorradfahren auf.

c. Durch Mittel der Wortbildung entstehen Verben, die

1. ein Machen oder Bewirken ausdrücken:

fällen = fallen machen, tränken = trinken machen, ferner z. B. schwärzen, trüben, lähmen, kürzen; erleichtern, erneuern; verbreitern, veredeln; reinigen, peinigen; beruhigen, bekräftigen

2. eine Wiederholung oder eine gesteigerte Tätigkeit ausdrücken:

räuchern (vgl. rauchen), streicheln (vgl. streichen), horchen (vgl. hören), kränkeln (vgl. krank sein)

B. Das Substantiv

I. Arten des Substantivs und Substantivierung

§ 21 Das Substantiv ist ein Namenwort

Mit einem Substantiv (Subst.) — Hauptwort, Dingwort — benennt man ein Wesen oder Ding.
Ein Namenwort — Nomen — benennt:

a. etwas mit den Sinnen Wahrnehmbares — Konkretes —, und zwar

    1. lebende Wesen: Personen *(Goethe; Dichter; Tischler)*
                    Tiere *(Hund, Vogel)*
                      Pflanzen *(Baum, Rose, Unkraut)*

    2. leblose Dinge oder Sachen: *Haus, Tisch, Meer, Flugzeug, Donner*

b. etwas nur mit Gedanken Erfaßbares — Abstraktes:

Eigenschaften: *Härte, Wärme, Fleiß, Mut*
Zustände: *Ruhe, Friede, Armut*
Handlungen: *Arbeit, Hieb, Schutz, Hilfe*

Zusätze:

1. a) Einen eigenen Namen — Eigennamen — haben nur Personen, Länder, Flüsse, Gebirge, Städte und Dörfer, auch Schlösser, ferner Schiffe und Sterne, oft auch Haustiere.

    b) Im übrigen faßt man Dinge gleicher Art mit einer gemeinsamen Bezeichnung zusammen — Artnamen —, da ein Bedürfnis, jedes dieser Dinge einzeln zu benennen, nicht vorliegt: *Tisch, Buche, Schiff*. Eine nähere Bezeichnung erreicht man, indem man z. B. ein Kompositum (Zusammensetzung) bildet; in ihm wird der Begriff als Grundwort durch das vorangestellte Bestimmungswort näher bestimmt: *Schreib*tisch, *Küchen*tisch, *Garten*tisch. Auch solche Komposita sind Artnamen.

    c) Dinge irgendwie ähnlicher Art faßt man mit einem Gattungsnamen zusammen. Die Gattung ist die höhere Ordnung, zu der stets mehrere Arten gehören.
       Gattung: Sitzmöbel
       Arten: Stuhl, Sessel, Bank, Schemel ...

    d) Eine Vielheit gleichartiger Einzeldinge oder -personen faßt man mit einem Sammelnamen zu einer Einheit zusammen: *Heer, Volk, Wald, Gebirge, Gewässer*.

    e) Stoffnamen, wie z. B. *Holz, Zement, Milch*, bezeichnen eine einheitliche Stoffmasse und deren Teile.

2. Da die Sprache nicht für jedes Ding einen eigenen Namen und auch nicht einen Art- oder Gattungsnamen bereithalten kann — die Zahl der vorhandenen Wörter müßte sonst mehr als verdoppelt werden —, muß fast jedes Wort die Benennung eines oder mehrerer anderer, allerdings meistens in irgendeiner Hinsicht ähnlicher Dinge mit übernehmen. Diese Übertragung nennt man Metapher. Man spricht z. B. von den *Zähn*en einer Säge, vom *Rücken* einer Nase oder eines Messers, Tal*kessel*, Kohl*kopf*, Fett*auge*, Hand*schuh*, Flammen*meer*.

§ 22 Die Substantivierung

a. Die meisten Wörter anderer Wortarten und sogar Buchstaben können substantiviert werden, d. h., in die Wortart Substantiv übergehen, wenn das, was sie bezeichnen, als etwas Seiendes und Dinghaftes gesehen wird. Substantivierte Wörter sind daran kenntlich, daß man stets einen Artikel (vgl. § 26) davorsetzen kann.

> Meine Lieblingsfarbe ist (das) Grün. (Welches Ding —was ist meine Lieblingsfarbe?) — Aber: Die Tapete ist grün — (‚grün' Merkmalsangabe der Tapete = wie ist sie?, vgl. §§ 35, 36)
> jemandem das Du anbieten — das Für und Wider einer Sache erörtern — das Wenn und Aber — das Nichts — das Ja — die Eins — das A und O

b. Häufig ist die Substantivierung eines Infinitivs. Aber ein substantivierter Infinitiv bezeichnet nicht (wie ein eigentliches Substantiv) eine einmalige, feststehende, festumrissene Sache, sondern ein ablaufendes oder sich wiederholendes Tätigsein.

> Der Schuß / das Schießen war weithin zu hören.

Es kann daher nur heißen:

> Das Wandern (nicht: die Wanderung) ist des Müllers Lust.

Unterscheiden Sie:

> Ich habe keine Lust zur Arbeit / zum Arbeiten / zu arbeiten.

II. Kennzeichnung von Numerus und Genus

§ 23 Der Numerus — die Zahl

a. Das Substantiv steht in der Einzahl — Singular (Sing.) —, wenn es einen Gegenstand bezeichnet, und in der Mehrzahl — Plural (Plur.) — zur Bezeichnung der Vielheit.
Singular und Plural sind die Numeri (Sing. der Numerus).

b. Die Bezeichnung der Vielheit
 1. Der Plural bezeichnet die Vielheit ganz allgemein.
> Auf dem Berge sieht man Häuser.
> In der Werkhalle stehen Maschinen.
 2. Zur genaueren Kennzeichnung der Vielheit gebraucht der Redende das Numerale (Plur. Numeralia) — Zahlwort (vgl. § 34).

c. Die Kennzeichnung der Vielheit am Substantiv geschieht in der Regel
 1. durch die Endungen -e, -er, -(e)n, die an den Wortstamm treten

| das Jahr | das Kind | die Frau | der Hase |
| die Jahr-e | die Kind-er | die Frau-en | die Hase-n |

 2. durch Umlaut des Stammvokals

| der Apfel | der Ofen | der Hafen | der Bruder |
| die Äpfel | die Öfen | die Häfen | die Brüder |

 3. durch Umlaut und Endung

| der Baum | der Wald | die Luft |
| die Bäum-e | die Wäld-er | die Lüft-e |

d. Der Plural kann am Substantiv nicht gekennzeichnet werden, wenn das Substantiv keine Pluralendung annimmt

und 1. kein umlautfähiger Stammvokal vorhanden ist, z. B.

   der / die Eimer   der / die Deckel
   das / die Fenster   der / die Besen

oder 2. der Stammvokal schon im Singular Umlaut hat, z. B.

   das / die Mädchen   der / die Schüler
   der / die Körper   der / die Räuber

Ohne Pluralkennzeichnung sind auch sämtliche Diminutiva, d. h. Verkleinerungswörter, wie z. B. *Büchlein, Schiffchen*.

In allen diesen Fällen übernimmt ein Begleitwort (vgl. §§ 26, 29, 30, 33) oder die finite Verbform die Kennzeichnung des Numerus.

  Fenster müssen bei Gewitter geschlossen werden.

Merken Sie:

> Die Endungen *-e* und *-er*, der Umlaut des Stammvokals und das Fehlen einer Pluralendung sind Kennzeichen der **starken Deklination** des Substantivs, die Pluralendung *-(e)n* ist das Merkmal der **schwachen Deklination**.

e. In einigen Fällen wird die Vielheit durch eine Zusammensetzung oder durch eine Ableitung gekennzeichnet:

  -material: Pferde-, Bilder-, Menschen-, Schüler- ...
  -gut: Lade-, Leer-, Fracht-, Saat- ...
  -schaft: Bauern-, Mann-, Gesandt-, Bekannt- ...
  ge-:   Gebirge, Gewässer, Gewitter ...

Ferner z. B. Wagenpark, -troß, Viehzeug, Federvieh, Blätterwerk, Schuhzeug.

f. Einige Wörter kommen nur im Plural vor (Pluraletantum), z. B.

  Eltern, Einkünfte, Ferien, Geschwister, Gliedmaßen, Kosten, Leute, Spesen

g. Substantive folgender Art kommen nur im Singular vor (Singularetantum):

1. Eigennamen
2. Abstrakta: *Wärme, Ruhe, Aberglaube* ...
3. Stoffnamen: *Butter, Milch, Gold* — jedoch sagt man umgangssprachlich *die Gelder* und in der Fachsprache zur Bezeichnung der Arten: *die Hölzer, die Stähle, die Salze, die Öle, die Fette* ...
4. einige Wörter, wenn sie in Verbindung mit einer Grundzahl als Maßeinheit gebraucht werden: *2 Pfund* (nicht: *Pfunde*) *Zucker, ein Gewicht von 20 Pfund, 3 Dutzend Handtücher, 2 Sack Roggen, 2 Mark, 10 Pfennig* (aber: *10 Pfennige = Einzelstücke*), *2 Fuß breit, 10 Grad, 2 Glas Bier* (aber: *auf dem Bord stehen 3 (einzelne) Gläser (mit) Marmelade*), *2 Paar Strümpfe*. — Nur die Feminina auf *-e* und die Zeitmaße stehen im Plural: *2 Flaschen Bier, 2 Stunden*.

Zusätze:

1. Der Plural einiger Substantive wird durch den Plural anderer Substantive ersetzt, z. B.

  Bann — Bannflüche, Bau — Bauten, Betrug — Betrügereien, Bestreben — Bestrebungen, Dank — Danksagungen, das Erbe — die Erbschaften, Furcht — Befürchtungen, Gunst — Gunstbezeigungen, Rat — Ratschläge, Regen — Regengüsse, -schauer, Schmuck — Schmucksachen, -stücke, Streit — Streitigkeiten, Streitereien, Tod — Todesfälle, Unrecht — Ungerechtigkeiten, Verdruß — Verdrießlichkeiten, Vergnügen — Vergnügungen, Zorn — Zornausbrüche

2. Bei einigen Substantiven, die im Singular für mehrere Bedeutungen dieselbe Form haben, unterscheidet die Sprache im Plural die Bedeutungen durch verschiedene Formen, z. B. *Band: Bänder* (Gewebe), *Bande* (Fesseln), *Bände* (Bücher); *Bank: Bänke* (Sitzgelegenheiten), *Banken* (Geldinstitute); *Ding: Dinge — Dinger* (geringschätzig); *das Gehalt: Gehälter — der Gehalt: Gehalte; der Kiefer: Kiefer — die Kiefer: Kiefern; der Leiter: Leiter — die Leiter: Leitern; die Mark* (Grenzland): *Marken — die Mark* (Geldstück): nach einem Zahlwort unverändert: *zehn Mark*, sonst: *Markstücke — das Mark:* ohne Plural; *der Schild: Schilde — das Schild: Schilder; die Steuer: Steuern — das Steuer: Steuer; Ton* (Musik, Farbton): *Töne — Tone* (Erdarten); *Tuch: Tücher* (einzelne Stücke) *— Tuche* (Tucharten); *die Wehr: Wehren — das Wehr: Wehre; Wort: Wörter* (einzelne, daher z. B. Wörterbuch) *— Worte* (im Zusammenhang, daher z. B. Wortgefecht).

3. Schwierig sind z. B. die Pluralbildungen: *Bogen* oder *Bögen, Boote, Denkmäler* (auch: *Denkmale*), *Geschmäcke* (scherzhaft: *Geschmäcker*) *— Geschmacksrichtungen; die Zwiebeln, Kartoffeln, Pantoffeln, Muskeln, die Schüsseln, die Schlüssel, die Löffel, Mäntel, Stiefel, Ziegel, Spiegel, Möbel, Kästen* oder *Kasten, die Eindrücke, Vordrucke, die Kräne* oder *Krane, die Lager* (kaufm. auch: *Läger* = Lagerräume), *Unbilden* (zu *Unbill*). — Wörter auf *-nis* haben im Plural *-nisse*, auf *-in: -innen*, z. B. *Hindernisse, Freundinnen. Mann: die Mannen* (Lehnsleute, Vasallen), sonst: *Männer* — aber: *Wir waren drei Mann stark.* In Zusammensetzungen mit dem Grundwort (vgl. § 21 Zus. 1 b) *-mann* lautet der Plural *-leute*, wenn Stände oder Menschengruppen bezeichnet werden: *Kaufleute, Landleute, Bergleute* — sonst *-männer: Strohmänner, Hampelmänner, Ehrenmänner, Staatsmänner.* Bisweilen sind beide Pluralbildungen möglich: *Amtmänner — Amtleute, Ersatzmänner — Ersatzleute.* Unterscheide: *Ehemänner — Eheleute! Stück:* von diesen Äpfeln gehen drei *Stück* auf ein Pfund (umgangssprachlich: *Stücker drei* = ungefähr drei); *ich habe noch vier Stück(e)* (nicht: *Stücken*) *Seife.*

4. Zur Pluralbildung der Fremdwörter
    auf -um: Alben — Museen, Lyzeen — Gymnasien, Ministerien
    auf -al: Materialien, Naturalien, Chemikalien — aber: Lokale, Admirale, Generale oder Generäle
    auf -or: Doktoren, Inspektoren, Motoren
    auf -ar: Bibliothekare, Notare — aber: Altäre

Man sagt: *die Typen, Dogmen, Dramen, Villen, Kommata* oder *Kommas, Themata* oder *Themen, Atlanten* oder *Atlasse.*
Im übrigen lautet der Plural der Fremdwörter
teils auf -s: *Büros, Diners, Genies, Hotels, Porträts, Restaurants, Salons, Autos, Tempos* (neben: *Tempi*)
teils auf -e: *Infinitive, Substantive, Offiziere, Ingenieure*
Gelegentlich schwankt der Gebrauch noch: *Balkons — Balkone, Docks — Docke, Parks — Parke.*

§ 24 Das Genus — Geschlecht

a. Ein untrügliches Kennzeichen der Wortart Substantiv ist das Genus (Plur. Genera) — Geschlecht; es gibt kein Substantiv ohne Genus.

Das Genus erkennt man im Singular am Artikel, dem sog. Geschlechtswort, oder einem anderen Begleitwort (vgl. §§ 26, 29, 30, 33).

b. In der Natur gibt es für Lebewesen zwei Geschlechter (natürliches Geschlecht):
  1. das männliche Geschlecht: Maskulinum (mask.)
  2. das weibliche Geschlecht: Femininum (fem.)
Bezeichnet wird es teils durch besondere Wörter für jedes Geschlecht, teils durch die Nachsilbe -er (Mask.) und -in (Fem.).

    der Mann — die Frau; der Sohn — die Tochter; der Knecht — die Magd; der Sänger — die Sängerin; der Freund — die Freundin

c. Dingen und Sachen kommt von Natur kein Geschlecht zu; sie müßten sämtlich ‚sächlich' — Neutrum (neutr.) sein, d. h. keines von beiden: weder männlich noch weiblich, wie z. B.

    das Rad   das Haus   das Meer   das Getreide

Die Sprache hat aber auch vielen Dingen das männliche oder das weibliche Geschlecht beigelegt (sprachliches oder grammatisches Genus):

    der Tisch   der Strom   der Brief   der Wind
    die Bank   die Tür   die Bahn   die Wiese

d. Komposita (vgl. § 21 Zus. 1 b) haben das Genus des Grundwortes.

    der Garten — die Tür: die Gartentür
    das Schloß — die Tür: die Schloßtür
    die Tür — das Schloß: das Türschloß

Es heißt aber: *der Mittwoch, die Demut, die Großmut, die Sanftmut, die Schwermut —* aber: *der Hochmut, der Übermut.* Ortsnamen sind trotz maskulinen oder femininen Grundwortes Neutra: *das schöne Heidelberg, das alte Rothenburg.*

Zusätze:

1. Gelegentlich bleibt auch beim Menschen das natürliche Geschlecht unbezeichnet; es tritt dann das Neutrum ein:

        das Weib, das Kind

    Ferner sind sämtliche Diminutiva (Verkleinerungswörter) Neutra:

        das Mädchen, das Fräulein, das Bäuerlein, das Mütterlein, das Evchen; das Tischlein, Tischchen

2. Es gibt gleichlautende Wörter, deren Bedeutungen im Singular durch das Genus unterschieden werden:

    der — das Band, der — das Erbe, der — die Flur, der — das Gehalt, der — das Harz, der — die Heide, der — die Kiefer, die — das Koppel, der — die Kunde, der — die Leiter, der — die Mangel, die — das Mark, der — die Marsch, der — die Mast, der — das Messer, der — das Pack, der — das Reis, der — das Schild, der — das Schock, der — die See, die — das Steuer, der — das Stift, der — das Tau, der — das Tor, der — das Verdienst, die — das Wehr

3. Es gibt aber auch gleichlautende Wörter, deren Bedeutungen durch das Genus nicht unterschieden werden:

der Atlas:	1. geogr. Kartenwerk, 2. Gebirge, 3. Seidengewebe
die Bank:	1. Sitzmöbel, 2. Geldinstitut
der Kiel:	1. Grundbalken des Schiffes, 2. Schaft der Vogelfeder, 3. Blütenteil
der Reif:	1. = Reifen, 2. gefrorener Tau
der Strauß:	1. Blumenstrauß, 2. Kampf, 3. Vogel
der Ton:	1. Erdart, 2. Laut, 3. Farbabschattung
die Weide:	1. Baum, 2. Grasland
der Zug:	1. Luftzug, 2. Eisenbahnzug, 3. (Straßen)zug, 4. (Schach)zug, 5. (Charakter)zug, 6. = Schwung (ein Glas in einem Zuge leeren), 7. Schar: ein Zug Kraniche; militärische Abteilung, 8. Kriegs-, Raubzug

§ 25 Die Kasus — Fälle

a. Die Formveränderung des Substantivs, des Adjektivs (vgl. § 39), der Pronomina und einiger Zahlwörter nennt man Deklination (Beugung).

b. Jedes deklinierbare Wort steht im Satz zu den anderen Wörtern in irgendeiner Beziehung. Die Beziehungen verschiedener Dingbegriffe zueinander und zum

Geschehen werden durch vier ‚Fälle' — Kasus — ausgedrückt, von denen jeder seinen eigenen Wert hat (vgl. §§ 51, 52).

c. Die vier Kasus sind:

1. Fall — Nominativ (Nom.) — lat. nominare = nennen
2. „ — Genitiv (Gen.) — lat. genus = Geschlecht, Herkunft
3. „ — Dativ (Dat.) — lat. dare = geben
4. „ — Akkusativ (Akk.) — lat. accusare = anklagen

d. In unserer heutigen Sprache sind die meisten Kasus nicht mehr durch eine nur ihnen eigene Endung gekennzeichnet. Am ausgeprägtesten ist noch der Genitiv. Er ist im Singular des Maskulinums und Neutrums in der starken Deklination an der Endung *-(e)s* kenntlich.

Die schwache Deklination zeigt die Endung *-(e)n*, Feminina sind im Singular sämtlich endungslos.

> des Baum-es, Jahr-es; des Bote-n; der Luft, der Frau

Folgende Besonderheiten sind zu beachten:

> des Herrn (aber: die Herren); der Bauer: des Bauers / des Bauern; der Nachbar: des Nachbars / des Nachbarn; des Herzens, des Schmerzes; der Fels: des Felsen; der Felsen: des Felsens; der Schreck: des Schreck(e)s; der Schrecken: des Schreckens

Personennamen erhalten im Genitiv nur ein *-s*, wenn der Genitiv nicht auf andere Weise gekennzeichnet ist:

> die Leistungen Bismarcks, ... des (Staatsmannes) Bismarck, die Dramen Friedrich von Schillers

Der Titel *Doktor* erhält nie ein *-s:*

> der Vater des Doktor Meyer, Doktor Meyers Vater

Von mehreren Titeln wird nur der erste dekliniert:

> des (Herrn) Professors Doktor Fritz Rahn Werk

aber:

> (Herrn) Professor Doktor Fritz Rahns Werk

Beachten Sie:

Gleiche Wortform bedeutet nicht auch: gleicher Fallwert!

e. Den Fallwert ermittelt man aus der Leistung der Kasus oder aus der Form eines Begleitwortes, besonders des Artikels, den man einsetzen könnte, wenn er nicht vorhanden ist.

In dem Beispiel *(Ein Neuer am Stammtisch:) (Den) Apotheker stellt (der) Arzt (dem) Lehrer vor* schafft der Artikel Klarheit: *der* = Nom., *dem* = Dat., *den* = Akk. (vgl. § 26); denn die Substantive sind trotz verschiedenen Fallwertes sämtlich ohne Endung, und nur durch den Artikel wird geklärt, wer wen wem vorstellt. — In dem Satz *Den Boten gibt man oft ein Trinkgeld* kann *den Boten* nur Dativ Plur. sein; denn im Sing. hieße es *dem Boten*, und das ist Dativ.

C. Die Begleitwörter des Substantivs und die Substantivstellvertreter

I. Der Artikel

§ 26 Das sog. Geschlechtswort begleitet das Substantiv.

a. Es gibt zwei Arten des Artikels:

	Maskulinum	Femininum	Neutrum
bestimmt:	der	die	das
unbestimmt:	ein	eine	ein

b. Den bestimmten (eigentlich: den bestimmenden) Artikel gebraucht man:
   1. wenn es sich um etwas ganz Bestimmtes oder bereits Bekanntes oder Erwähntes handelt.
      > Ein Bauer hatte einen Knecht. Der Knecht diente dem Bauern schon viele Jahre. Ich will wegfahren. Das Auto steht schon vor der Tür.
   2. wenn man ein Einzelding verallgemeinernd als Vertreter einer Gattung hinstellen will.
      > Das Auto ist heute unentbehrlich. — Der Mensch vermag viel zu ertragen.

c. Den unbestimmten (eigentlich: den nicht bestimmenden, den vereinzelnden) Artikel gebraucht man:
   1. wie den bestimmten zur Verallgemeinerung (vgl. b 2)
      > Ein Auto ist heute unentbehrlich. — Ein Mensch vermag viel zu ertragen.
   2. zur Bezeichnung eines nicht bestimmten, nicht bekannten oder bisher nicht erwähnten Einzelgegenstandes
      > In den (bekannt!) Hamburger Hafen lief ein Schiff (eins, aber kein bestimmtes) ein; das Schiff (eben erwähnt) machte an der Überseebrücke fest.

d. Keinen Artikel setzt man:
   1. zur Bezeichnung einer unbestimmten Vielheit.
      > Am Straßenrand stehen Autos.

   Soll die Unbestimmtheit eingeschränkt werden, so setzt man ein unbestimmtes Zahlwort, wie z. B. *einige, etliche*, hinzu.
   2. wenn die Bezeichnung der Bestimmtheit oder Unbestimmtheit unnötig oder unmöglich erscheint.
      > Heute gibt es noch Gewitter. — Zwischen Steinen wächst oft Gras. — Mutter hat Käse gekauft. — Betreten verboten.

   Zusatz: *Der, die, das* und *ein, eine, ein* sind nur Artikel, wenn sie unbetont sind und sich an das nachfolgende Substantiv anlehnen: *der Baum, ein Haus;* sonst ist *der, ...* Demonstrativ- oder Relativpronomen (vgl. §§ 30, 31, 66, 67) und *ein, ...* Zahlwort.

II. Das Pronomen — Fürwort

§ 27 Personalpronomen — persönliches Fürwort

a. Mit dem Personalpronomen drückt der Redende aus, welche Beziehung er zu seiner Umwelt hat.

b. 1. Das Personalpronomen kann drei Rederollen bezeichnen: den Redenden (1. Person), den Angeredeten (2. Person) und die besprochene Person oder Sache (3. Person).

2. Die Rederollen sind entweder von einer Person (Sache) besetzt (Numerus Singular) oder von mehreren (Numerus Plural).

3. Nur in der 3. Person Singular sagt das Personalpronomen etwas über das Geschlecht des jeweils gemeinten Substantivs aus.

c. Das Personalpronomen der 3. Person steht stellvertretend für ein Substantiv, also für Personen und Sachen. Die Pronomina der 1. und 2. Person stehen nicht für ein Namenwort; sie lassen sich nicht durch ein Substantiv ersetzen.

d. Die Deklination des Personalpronomens:

Numerus	Kasus	1. Person	2. Person	3. Person mask.	fem.	neutr.
Singular	Nom.	ich	du	er	sie	es
	Gen.	meiner	deiner	seiner	ihrer	seiner
	Dat.	mir	dir	ihm	ihr	ihm
	Akk.	mich	dich	ihn	sie	es
Plural	Nom.	wir	ihr	sie		
	Gen.	unser	euer	ihrer		
	Dat.	uns	euch	ihnen		
	Akk.	uns	euch	sie		

Wie beim Substantiv sind auch beim Personalpronomen einige Formen doppel- oder gar mehrdeutig: z. B. *ihr, sie, es*. Nur aus dem Zusammenhang des Satzes läßt sich ermitteln, um welchen Kasus es sich handelt.

Den Fallwert ermittelt man, indem man das Pronomen durch die eindeutige Form eines Substantivs ersetzt:

    Er winkt uns.   — wem?   uns (den Freunden) Dat.
    Er hat uns erkannt. — wen?   uns (die Freunde)   Akk.

Zusätze:

1. Abgesehen vom Imperativ (vgl. § 17) darf ein Pronomen bei der 1. und 2. Person des Verbs nicht fehlen. Sätze wie:

    Kannst mich mal besuchen.
    Möchte wegen meiner Augen anfragen. (Teil I, S. 29)

sind schlechtes Deutsch.

Mißverständlich ist (auch im Telegramm) z. B.
>Komme nicht.

2. Die Genitivformen des Personalpronomens darf man nicht mit dem Possessivpronomen verwechseln.
>Es heißt: Wir gedenken euer.
>Aber: Wir gedenken eurer Freunde. (Possessivpronomen)

3. In der höflichen Anrede gebraucht man *Sie* (die Form der 3. Pers. Plur.), einerlei, ob man eine oder mehrere Personen meint.

4. Das Pronomen *es* bezieht sich auf ein vorhergehendes sächliches Substantiv oder auf einen Sachverhalt.
>Das Moped ist noch neu. Es ist kaum gebraucht.
>Die Prüfung ist verschoben. Ich weiß es schon.

Es kann auch unpersönlich, d. h. ohne Beziehung auf eine Person oder Sache, gebraucht werden, wenn die Person oder Sache nicht genannt ist oder nicht genannt werden kann (vgl. § 6 b).
>Es regnet. Es klopft.

Schließlich steht *es* für das Subjekt eines Satzes, wenn dieses noch nicht genannt ist, also als vorläufiges Subjekt.
>Es ist eine Seuche ausgebrochen (statt: Eine Seuche ist ausgebrochen, vgl. § 64, 3, Zusatz).

§ 28 Reflexivpronomen — rückbezügliches Fürwort

Ein Reflexivpronomen gibt es nur in der 3. Person. In der 1. und 2. Person übernehmen die Personalpronomina auch die Funktion eines Reflexivpronomens. Während es heißt:
>Ich merke mir den Tag. Ich freue mich.
>Du ... dir ...   Du ... dich.   usw.

hat die 3. Person für den Dativ und Akkusativ aller drei Genera im Sing. und Plur. nur eine Form: *sich*.
>Er / sie / es hat sich verletzt.   Er / sie / es merkt sich meinen Namen.
>Sie haben sich verletzt.   Sie merken sich meinen Namen.

Sich steht auch wechselbezüglich, wenn kein Mißverständnis möglich ist:
>Als die beiden sich sahen, begrüßten sie sich und umarmten sich — natürlich nicht sich selbst, sondern einer den andern.

Bei Unklarheiten muß das wechselbezügliche (reziproke) Pronomen *einander* eintreten, oder zu *sich* muß *gegenseitig* hinzugesetzt werden:
>Die badenden Jungen bespritzten sich (selbst) bzw. bespritzten einander — sich gegenseitig.

§ 29 Possessivpronomen — besitzanzeigendes Fürwort

a. Mit ihm stellt der Redende klar, wem er ein Wesen oder eine Sache als zugehörig bezeichnen will (es braucht sich also nicht um den wirklichen Besitzer zu handeln):

sich selbst, dem Redenden	— 1. Person —	mit dem Pron. *mein* oder *unser*
dem Angeredeten	— 2. Person —	mit dem Pron. *dein* oder *euer*
der besprochenen 3. Person oder Sache	— mit einem der Pronomina	

(ein Besitzer) { *sein* / *ihr* — *ihr* (mehrere Besitzer) / *sein*

Reflexivpronomen · Possessivpronomen · Demonstrativpronomen § 28/30

b. Das Possessivpronomen tritt im wesentlichen als Substantivbegleiter auf.

1. Seine Deklinationsendungen, die denen des Artikels gleichen, verdeutlichen Kasus, Genus und Numerus des Substantivs, bei dem es steht:

    Das Buch meines Freundes ist interessant.
    Das Buch gehört meinem Freund.

2. Seine Stammform richtet sich jedoch nach dem Besitzer:

    Ich erkenne meine Schuld / deine Schuld / seine Schuld.
    Ihr wascht euren Wagen / unseren Wagen.

In der 3. Person Sing. unterscheidet man dabei noch das Geschlecht des Besitzers:

Mein Freund ist gekommen. Meine Frau hat sich über sein Geschenk gefreut.

Meine Schwester ist gekommen. Mein Bruder hat sich über ihre Ankunft / ihr Erscheinen gefreut.

§ 30 Demonstrativpronomen — **hinweisendes Fürwort**

a. Mit einem Demonstrativpronomen weist der Redende auf eine bekannte oder näher zu bestimmende Person oder Sache hin.

Demonstrativpronomen	Hinweis auf:
der, die, das	Naheliegendes — stark betont
dieser, diese, dieses	Naheliegendes — verstärkbar durch *hier*
jener, jene, jenes	Fernliegendes — verstärkbar durch *da, dort*
derselbe, dieselbe, dasselbe	die Gleichheit
(ein) solcher, (eine) solche, (ein) solches	die Art und Beschaffenheit
derjenige, diejenige, dasjenige	Relativsatz (vgl. §§ 66, 67)
selbst, selber	kein anderer als der, die, das Genannte

b. Die Demonstrativpronomina begleiten meist ein Substantiv. Sie können aber auch allein stehen; auch dann beziehen sie sich auf ein Substantiv.

Diese Handtasche gefällt mir. — A.: „Ich habe dir zwei Bücher zur Auswahl mitgebracht." — B.: „Ich nehme dieses."

Zusätze:

1. Der Genitiv Sing. der Demonstrativpronomina *der* und *das* heißt heute *dessen*; die alte Zweitform *des* ist noch erhalten in *deswegen, deshalb, desgleichen, indes, unterdes* und kommt gelegentlich in der Dichtung vor. — Der Genitiv Sing. fem. heißt *deren*.

    Der Genitiv Plur. heißt:

    a) *deren* — bei Beziehung auf ein vorangehendes Substantiv:

        Er sammelt Briefmarken und hat deren schon viele.

    b) *derer*, wenn ein Relativpronomen unmittelbar folgt:

        Ich mischte mich unter die Schar derer, die ...

        oder vor der Präposition *von*:

        das Geschlecht derer von Bismarck

117

2. *Derselbe* wird nur gebraucht, wenn es einen starken Hinweis auf die Gleichheit ausdrückt (= ebenderselbe, genau derselbe); sonst muß es durch *er, sie, es* ersetzt werden.

    Auf der Brücke stand gestern ein Mann. *Er* (oder etwas stärker: *der* — aber nicht: *derselbe*) trug ein Paket. Heute stand *derselbe* (richtig, wenn die Gleichheit betont werden soll, sonst: *er*) wieder da, und wieder trug er dasselbe Paket. Ich weiß nicht, was *er* (falsch wäre: *derselbe*) dort will. Ob er wohl täglich *denselben* (richtig!) Bekannten erwartet, um mit *ihm* (falsch wäre: *demselben*) ins Geschäft zu gehen?

    Falsch ist also z. B.: *Möchte wegen meiner Augen anfragen. Dieselben* (statt: *sie*) *sind wieder entzündet.* — *Links und rechts von der Uhr ist ein Armband angebracht. Dasselbe* (statt: *es*) *ist breit.*

3. Unterscheiden Sie: *derselbe* — *der gleiche*

    Hans und Erich wohnen in demselben Haus (ein Haus). — *Sie wohnen in dem gleichen Haus* (zwei Häuser, die sich gleichen). — *Sie haben denselben Weg zur Arbeit* (einen). — *Sie tragen den gleichen Anzug* (jeder einen).

4. *Dieser* darf nur gebraucht werden, wenn ein starker Hinweis beabsichtigt ist.

    Es war einmal ein Bauer,

    derselbe hatte drei Töchter   — *derselbe* ist falsch, denn die Gleichheit ist hier nicht hervorzuheben.

    dieser hatte ...   — *dieser* ist hier zu kräftig, denn es hat stark hinweisende Kraft.

    der hatte ...   — *der* ist hier am Platze, denn es hat eine schwach hinweisende Kraft.

    er hatte   — *er* hat keinerlei hinweisende Funktion.

    Die Form *dieses* wirkt stärker, ist aber oft auch schwerfälliger als das kürzere *dies*.

5. Statt *derjenige, welcher* sagt man besser *wer*.

6. Da *solch* Art und Beschaffenheit ausdrückt, ist falsch:

    Da du kein Messer bei dir hast, leihe ich dir ein solches (statt: eins, es, mein(e)s).

§ 31 Relativpronomen — bezügliches Fürwort

a. Die Relativpronomina sind: *der, die, das; welcher, welche, welches; wer, was.*

b. Das Relativpronomen leitet einen Nebensatz ein und bezieht ihn auf ein Wort des Hauptsatzes.

    D e r Schauspieler, d e r die Hauptrolle übernehmen sollte, ist krank geworden.

c. In Genus und Numerus stimmt das Relativpronomen mit dem Wort überein, auf das es sich bezieht. Der Kasus richtet sich jedoch danach, welche Satzteilstelle das Relativpronomen in dem Nebensatz einnimmt, den es einleitet.

    D e r Freund, d e m ich meinen Rucksack g e l i e h e n h a b e, ist heute aus dem Urlaub zurückgekommen.

    Wem (= derjenige, welchem) ein Vergehen nachgewiesen wird, der wird bestraft.

d. Der Genitiv Sing. des Relativpronomens *der, die, das* heißt im Maskulinum und Neutrum immer *dessen*, im Femininum stets *deren*:

    Der Freund (das Erlebnis), dessen wir gedenken ... Die Kraft, deren wir bedürfen...

    Der Genitiv Plur. heißt stets *deren*:

    Die Blumen, deren Duft ...

Zusätze:

1. Unterscheiden Sie:

   a) Das Bild gefällt mir. — Artikel (unbetont)

   b) D a s Bild gefällt mir. — Dem. pron. (vgl. § 30) (betont, ersetzbar durch *dieses*)

   c) Das ist das Bild, das das Geschäft mir angeboten hat.
   - Artikel
   - Rel. pron. (= *welches*)
   - Dem. pron. (= *dasjenige*)
   - Dem. pron. (*dies(es)*)

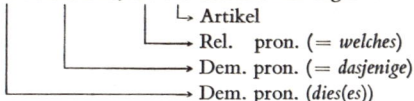

2. *das — was*

   a) *Was* darf sich nie auf ein sächliches Substantiv beziehen; als Relativpronomen sind dann nur *das* und *welches* erlaubt. Ebenso dürfen sich Verbindungen einer Präposition mit *wo*, wie z. B. *woran*, *womit*, *wodurch*, niemals auf ein Substantiv zurückbeziehen.

   Das Schiff, das (nicht: was) die Forscher benutzten, war klein.
   Das Schiff, in dem (nicht: worin) die Forscher fuhren, war klein.

   b) *Was* und die Zusammensetzungen mit *wo* dürfen sich aber auf ein substantiviertes Adjektiv oder auf ein Pronomen beziehen.

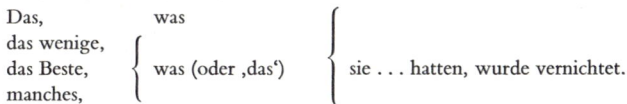

   Das,   was
   das wenige,
   das Beste,   was (oder ‚das')   sie ... hatten, wurde vernichtet.
   manches,
   Das, woran sie immer dachten, erreichten sie.

   c) *Was* und die Zusammensetzungen mit *wo* müssen angewandt werden, wenn sie sich auf einen ganzen Satz beziehen; man kann sie dann ersetzen durch: und das, und daran, und dadurch.

   Trotzdem hatten sie Erfolge, was von der Mitwelt anerkannt wurde, woran sie sich immer dankbar erinnern werden.

3. Bezieht sich das Relativpronomen als Subjekt auf eine 1. oder 2. Person, so steht im Relativsatz das Verb entweder in der 3. Person

   Ich, der doch wirklich alles versucht hat, konnte an dem Ergebnis nichts ändern.
   Dir, der mir im Unglück geholfen hat, bin ich von Herzen dankbar.

   oder besser: im Relativsatz wird das Pronomen wiederholt und ihm das Verb in der Person angeglichen.

   Ich, der ich doch ... versucht habe, konnte ...
   Dir, der du mir geholfen hast, bin ich ...

§ 32 Interrogativpronomen — Fragefürwort

Die Interrogativpronomina fragen nach einer Person oder Sache.

a. 1. *Wer* und *was* stehen stellvertretend für ein Substantiv oder Pronomen.

   2. *Wer* fragt nach einer oder mehreren Personen,
      was fragt nach einer oder mehreren Sachen oder nach einem Sachverhalt.

      Wer kommt? (er — der Postbote; sie — die Gäste)
      Was willst du? (die Bücher — die Bücher abholen)

b. 1. *Welcher, welche, welches, was für ein* und *was für* begleiten ein Substantiv.

   2. *Welcher* fragt nach einem von mehreren Begriffen.
      Was für ein fragt nach der Art.

      Welcher Zug hat Verspätung?
      Was für ein Mann war das?
      Was für Leute hast du kennengelernt?

Abriß der Grammatik

Zusätze:

1. Interrogativadverbien wie: *womit, wovon, wozu, woran* fragen nur nach Sachen. Diese Wortverbindungen stehen anstelle falscher Wendungen mit Interrogativpronomina wie: *mit was, zu was, an was.*

   Mit wem gingst du aus?   Frage nach der Person
   Womit hast du den Fleck entfernt? Frage nach der Sache

2. Unterscheiden Sie:

 Wer? = Fragefürwort: *Wer kommt da?*
 Wer = Relativpronomen: *Wer* (= *derjenige, welcher*) *nicht für mich ist, der ist gegen mich.*
 Wer = Indefinitpronomen: *Da kommt wer* (= *irgendwer*) — umgangssprachlich.

§ 33 Indefinitpronomen — unbestimmtes Fürwort

Das Indefinitpronomen bezeichnet eine nicht näher bestimmte Person oder Sache. Es kann ein Substantiv begleiten, wie z. B. *irgendein, jeder, mancher, keiner,* kann aber auch stellvertretend für ein Substantiv stehen, wie z. B. *man, jemand, niemand, jedermann.*

   Irgend jemand (irgendein Kollege) hat mir eine Aktenmappe auf den Schreibtisch gelegt.

Zusatz:

Umgangssprachlich ist der Gebrauch von *was* statt *etwas,* von *welche* statt *einige*: *Du kannst dir was wünschen. Was muß doch geschehen. — Die Menschen sind verschieden: welche fahren Auto und welche nicht.*

III. Das Numerale — Zahlwort

§ 34 Bestimmte und unbestimmte Zahlwörter

a. Das bestimmte Zahlwort

 1. Mit einem bestimmten Zahlwort — Grundzahlwort (Kardinalzahl) — kann man die Anzahl, aus der eine Vielheit besteht, genau angeben.

   ein, zwei, einundzwanzig, hundert, eine Million
   Drei Lehrlinge verspäteten sich.

 2. Mit einem Ordnungszahlwort (Ordinalzahl) kann man aus einer Vielheit eine bestimmte Person oder Sache herausgreifen.

   der erste, zweite, dritte, zwanzigste, hundertste, hundertunderste
   Er wohnt im zweiten Stockwerk.

b. Mit einem unbestimmten Zahlwort gibt man eine Vielheit unbestimmt an,

 1. indem man die Einheiten, aus denen die Vielheit besteht, zusammenfaßt:

   Alle / sämtliche Soldaten bekamen Urlaub.

 2. indem man einen Teil unbestimmt bezeichnet:

   Einige / etliche / manche / viele / wenige / einzelne
   Ein paar Soldaten fuhren nicht nach Hause.

Die Grenze zwischen unbestimmtem Zahlwort und Indefinitpronomen ist nicht scharf zu ziehen. Wörter wie *mancher, alle, viele, mehrere* lassen sich schwer einer der beiden Wortarten zuordnen.

Zusätze:
1. Die Zahl *eins* und die Ordnungszahlwörter werden stark oder schwach (vgl. § 39) dekliniert:

>ein zweiter schöner Platz — der zweite schöne Platz

ebenso die unbestimmten Zahlwörter: *sämtliche, einzelne, ein jeder*.

>sämtliche Läden — die sämtlichen Läden
>ein jeder Seemann — eines jeden Seemannes

Viel und *wenig* kommen ohne Begleitwort auch unflektiert vor: *mit dem wenigen Geld — mit wenig(em) Geld.*

2. Die Grundzahlwörter — außer *eins* — sind in der Regel endungslos. Das ihnen folgende Adjektiv dekliniert nach der Regel (vgl. § 39b) stark oder schwach.

>zwei neue Häuser — die zwei neuen Häuser

Die Zahlwörter *zwei* und *drei* können im Genitiv die Endung *-er* annehmen, wenn der Genitiv sonst nicht erkennbar ist.

>Die Abfahrt zweier oder dreier Züge verzögerte sich.

Nach diesen starken Formen haben Adjektive meistens ebenfalls die starke Endung.

>der Bau zweier wichtiger Autobahnen
>die Meinung zweier bedeutender Fachleute

D. Adjektiv und Adverb

I. Das Adjektiv — ein Artwort

§ 35 Wesen des Adjektivs

Das Adjektiv (lat. adiectus = beigefügt) wird einem andern Wort beigefügt. Wenn der Redende aus der Fülle der Arten, Eigenschaften oder Merkmale, die sich an jedem Ding, jeder Tätigkeit usw. feststellen lassen:

>ein Buch kann z. B. alt, dick, lehrreich, wertvoll, wissenschaftlich, unterhaltend, bebildert sein,

ein nach seinem Ermessen kennzeichnendes, wichtiges oder charakteristisches Merkmal bezeichnen will, so verwendet er meistens ein Adjektiv:

>ein wertvolles Buch (aber auch: ein Buch von Wert — ein Buch, das Wert hat, o. ä.)

Zusätze:
1. Wo das Adjektiv nur ein selbstverständliches und nicht ein besonders charakteristisches Merkmal nennt, ist es in aller Regel fehl am Platze.

Richtig verwendet:
>Ein weißlicher Streifen ... deutet den Weg an, den der Tropfen genommen hat. Mit einem klatschenden, fast metallisch klingenden Geräusch schlägt er auf die Wasserfläche des Beckens.

Falsch verwendet:
>*ein runder Kreis, ein alter Greis, ein weißer Schimmel, eine grüne Wiese* (grün ist kein besonderes Merkmal einer Wiese; solche wären z. B. *sattgrün, verdorrt, sumpfig, hochgelegen* u. a.), *ein kleines Häuschen / Bächlein* (Wörter auf *-chen* und *-lein* (Diminutiva) drücken an sich schon die Kleinheit aus.)

2. Nichtssagend sind auch Adjektive, wenn sie sich schablonenhaft immer wieder an ein bestimmtes Substantiv klammern, wie z. B.:
   der springende Punkt, der tote Punkt, der bittere Ernst, eine brennende Frage, die unausbleibliche Folge, der eingetretene Schaden, der erste Sieger, vollendete Tatsachen, ein triftiger Grund, die nackte Wahrheit

   Meiden Sie in gutem Deutsch ferner **Modebildungen** z. B. auf:
   -lich: preislich, terminlich, zwischenzeitlich
   -isch: atomisch, funkisch
   -technisch: steuertechnisch, behördentechnisch, finanztechnisch, fahrtechnisch
   -fertig: bezugsfertig, betriebsfertig, ofenfertig, einbaufertig
   -günstig: preisgünstig, zahlungsgünstig, zeitgünstig, witterungsgünstig
   -mäßig: arbeitsmäßig, gehaltsmäßig, wettermäßig, gesundheitsmäßig

3. Falsch gebraucht ist ein Adjektiv, wenn die Merkmalsangabe widersinnig ist, wie z. B.:

die ganzen Teilnehmer	halbe Teilnehmer gibt es nicht
lange Jahre mußte er warten	kurze Jahre gibt es nicht
Anfragen sind zwecklos	einen Zweck verfolgen sie sicherlich; gemeint ist: erfolglos, ergebnislos
billige Preise	Preise sind nicht billig, sondern niedrig

   Ebenso ist falsch z. B.:
   letzten Endes, die größere Hälfte, erhöhte Leistungen (statt: höhere L.); an den Festtagen herrschte ein verstärkter Reiseverkehr (statt: ein stärkerer R.).

4. Das Adjektiv kommt nicht nur ‚beigefügt' vor. Wenn das Merkmal selbst als etwas Dingliches oder Wesenhaftes gemeint ist, übernimmt das Adjektiv die Aufgabe eines Substantivs; es ist substantiviert (vgl. § 22).
   (Das) Grün erfreut das Auge. — Das Entsetzliche trat ein. — Das Echte bleibt der Nachwelt unverloren. (Goethe)

§ 36 Verwendung und Wortbildung des Adjektivs

a. Mit einem Adjektiv kennzeichnet der Redende Art, Merkmal oder Eigenschaft

	Das Adj. gehört zu einem
1. einer Person oder Sache	
a) als Attribut in der Nominalgruppe (vgl. § 55)	
eine wichtige Entscheidung	Subst.
b) als Prädikatsnomen (vgl. § 48 c)	
Die Entscheidung ist wichtig.	
2. einer Tätigkeit (vgl. § 62 c 3)	
Er kam gut voran; er hatte gewissenhaft und sorgfältig gearbeitet.	Verb
3. einer Eigenschaft oder eines Merkmals	
Der Wind war eisig kalt.	Adj.
4. eines Umstandes	
Er wohnt ganz oben.	Adv.

b. Der Wortbildung nach sind die Adjektive
1. einfach (Simplex): *grün, rund, schnell, kalt*
2. zusammengesetzt: *dunkelgrün, kugelrund, blitzschnell, eiskalt*
3. von einem Substantiv, Adjektiv, Verb oder Adverb abgeleitet, und zwar mit
Vorsilbe: *un-schön, ur-alt, miß-günstig*
Nachsilbe: *rund-lich, stein-ig, dort-ig, heim-isch, frucht-bar, fehler-haft, hölz-ern, spar-sam*
Vor- und Nachsilbe: *er-find-er-isch, be-deut-sam, un-be-greif-lich, un-miß-ver-ständ-lich*

§ 37 Die Partizipien

Zu den von einem Verbalstamm abgeleiteten Adjektiven gehören auch die **Partizipien** (lat. particeps = teilhaftig) — Mittelwörter, so genannt, weil sie einerseits als Nominalform ihrer Verwendung nach Adjektive sind, andererseits die verbale Kraft nicht völlig eingebüßt haben.

Man unterscheidet:

a. das **Partizip des Präsens** (Part. Präs.) — 1. Partizip, gebildet durch Anhängung von *-end* an den Präsensstamm des Verbs
    les-end   lauf-end   frag-end
Es bezeichnet das Merkmal als noch andauernd und wirksam oder als sich wiederholend:
    die telefonierende Sekretärin — das fahrende Auto

Vergleichen Sie:

Adjektiv	Adjektiv in der Form des 1. Part.
der warme Ofen	*der wärmende Ofen*
die trockene Wäsche	*die trocknende Wäsche*

b. das **Partizip des Perfekts** (Part. Perf.) — 2. Partizip (zur Bildung vgl. § 11 c)
    ge-les-en   ge-lauf-en   ge-frag-t
Es bezeichnet einen Zustand, der sich aus einer Tätigkeit ergeben hat, als Merkmal.
    die aufgestapelten Waren — der geöffnete Brief

Vergleichen Sie:

Adjektiv	Adjektiv in der Form des 2. Part.
die saubere Tafel	*die gesäuberte Tafel*
die weiße Decke	*die geweißte Decke*

Zusatz:
Einige Partizipien werden nicht mehr als ‚Mittelwort', sondern als reines Adjektiv empfunden, z. B.
    1. Part.: eine hervorragende Leistung — glänzend, reizend, auffallend, entzückend, bedeutend
    2. Part.: eine aufgeregte Menge, ein gewandter und gerissener Bursche — verschroben, bestimmt, verrückt, durchtrieben, gelehrt, entrüstet, aufgeblasen
Hinweis: Zur attributiven Verwendung der Partizipien vgl. § 55

II. Die Komparation — die sog. Steigerung

§ 38 Die Vergleichsformen

Mit dem Adjektiv kann der Redende — in den meisten Fällen durch Anhängen einer Bildungssilbe — die Merkmale zweier oder mehrerer Dinge oder Vorgänge miteinander vergleichen.
Einen solchen Vergleich nennt man Komparation (lat. comparare = vergleichen); im Deutschen sagt man unzutreffend ‚Steigerung'.

a. Man unterscheidet *drei Vergleichsformen:*

1. Mit dem Positiv (Grundstufe) — ohne Bildungssilbe — kann der Redende zwei Dingen eine Eigenschaft in gleichem Maße beilegen.
Konjunktion (Vergleichswort): so / ebenso — wie
   Der Zug fährt so schnell wie das Auto.

2. Mit dem Komparativ (Höherstufe) drückt der Redende aus, daß zwei Dingen oder Gruppen von Dingen dieselbe Eigenschaft nicht in gleichem Maße zukommt.
Die Bildungssilbe des Komparativs -(e)r wird an den Stamm angehängt und bewirkt oft Umlaut.

   weit: weit-er   leise: leise-r
   tapfer: tapfer-er   klug: klüg-er
   ein saurer Apfel: ein saurer-er Apfel

Konjunktion (Vergleichswort): als. — Es heißt: *anders — als, kein anderer als, nichts anderes als, mehr als.*
   Flugzeuge sind schneller als Autos.

3. Mit dem Superlativ (Höchststufe) drückt der Redende aus, daß er einem von drei oder mehr Dingen oder einer Gruppe unter mehreren das Merkmal in höchstem Maße beilegen will. Die Bildungssilbe des Superlativs -(e)st tritt an den Stamm und bewirkt oft Umlaut.

Stamm	Bildungssilbe	Endung
(der) *weit*	-est	-e (Weg)
(der) *leise*	-st	-e (Luftzug)
(die) *klüg*	-st	-e (Bemerkung)

Ebenso: *frisch-est-e, fest-est-e, heiß-est-e, kürz-est-e, spitz-est-e, glatt-est-e, gewandt-est-e, geachtet-st-e, schonend-st-e, erfahren-st-e; groß* - Sup. *größte.*

Zusätze:
1. Adjektive, die eine Eigenschaft bezeichnen, die einem Ding nicht in höherem Grade beigelegt werden kann, sind nicht steigerungsfähig, z. B. *tot, mündlich, schriftlich, ganz.* Auch zu *einzig* kann es keine Steigerung geben; der *einzigste* ist also falsch. Umgangssprachlich finden sich ferner die falschen Bildungen: *in keinster Weise, zu allster Zufriedenheit.*

2. In der Umlautung des Stammsilbenvokals schwanken einige Adjektive im Komparativ und Superlativ, z. B.: banger / bänger, blasser / (blässer), schmaler / (schmäler), frommer / (frömmer), glatter / (glätter), nasser / (nässer). Es heißt nur: dümmer — dümmste.

Stets ohne Umlaut sind:
falsch, klar, matt, starr, straff, zart; schroff, stolz, toll, voll; krumm, rund, stumpf — ferner alle Adjektive mit *au* im Stamm und die Adjektive auf *-el, -en, -er, -bar, -sam, -haft.*

3. Bei zusammengesetzten Adjektiven tritt das Suffix der Komparation

a) zum Grundwort, wenn Bestimmungswort und Grundwort zu **einem** Begriff verschmolzen sind: in großzügigster Weise, vielsagendste, hochverehrtester, die großmütigste Unterstützung, der hochfahrendste Mensch

b) sonst zu demjenigen Teil der Zusammensetzung, dessen Begriff der Vergleich betrifft. In *ein vielgelesenes Buch* unterliegt nicht der Begriff des Lesens einer Vergleichung, sondern *viel*, also: *das meistgelesene Buch.*

Ebenso z. B.
näherliegend — nächstliegend, bestgehaßt, bestgelegen, meistgeliebt, leichtverständlich — leichterverständlich, ein höchstgestellter Beamter, die größtmögliche Eile, der tiefstgefühlte Dank

Gelegentlich schwankt der Gebrauch:
schwerwiegendere — schwerer wiegende Bedenken
weitgehendste — weitestgehende Pläne
ein wohlschmeckenderer — ein besser schmeckender Apfel

Falsch ist Doppelbildung: *der größtmöglichste Absatz.*

b. Ein hoher Grad des Merkmals wird gekennzeichnet durch

1. eine Zusammensetzung, die einen Vergleich enthält.

kugelrund = rund wie eine Kugel
turmhoch = hoch wie ein Turm

Zusatz:
Bisweilen empfinden wir den Vergleich nicht mehr; die Zusammensetzung ist dann nur eine Verstärkung des Grundwortes: *mausetot, grundverschieden, nagelneu, hundemüde, stocktaub.*

2. Zusammensetzungen wie:

über   -klug, -modern
ober   -faul
ur   -gemütlich, -alt

3. Adverbien, wie z. B. *sehr, äußerst, außerordentlich, überaus* (z. B. *überaus selten*). — Diese Art der Heraushebung nennt man Elativ.

In gutem Schriftdeutsch sind aber Ausdrücke unerträglich wie:
enorm / fabelhaft / riesig / staunend ... billige Preise, einmalig selten billige Grundstücke, furchtbar langweilig, restlos begeistert

Ebenso wirken Adjektive wie die folgenden übertreibend:
denkbar (leichtfertig), gewaltig, lächerlich, unerhört, unglaublich, hundertprozentig ...

Zusatz:
Gute Steigerungsmöglichkeiten bietet:

1. ein Vergleich
Er schläft sehr fest ... wie ein Murmeltier.

2. die Wortwahl

Statt:	Besser:
ein sehr kleines Loch	*ein winziges Loch*
ein sehr starker Frost	*ein grimmiger / klirrender Frost*
ein sehr kalter Wind	*ein eisiger Wind*
eine sehr dünne Gestalt	*eine hagere Gestalt*

3. die Wortwiederholung
    Vor uns dehnte sich eine weite, weite Ebene — ein sehr, sehr schwerer Fehler; ein schwerer, schwerer Fehler

c. Unregelmäßige Vergleichsformen bilden:

gut	besser	best
hoch	höher	höchst
nah	näher	nächst
viel	mehr	meist
wenig	(weniger) / minder	(wenigst) / mindest

III. Die Deklination des Adjektivs

§ 39 Starke und schwache Deklination

Das Adjektiv wird nur flektiert (gebeugt), wenn es einem Substantiv beigefügt ist, und auch dann nur, wenn es ihm vorangeht. Dann richtet sich seine Endung nach dem Genus, Kasus und Numerus des Substantivs.

    die rot-e Farbe   — aber: die Farbe, rot wie Blut
    groß-e Hagelkörner   — aber: Hagelkörner, groß wie Nüsse

a. Jedes Adjektiv dekliniert stark und schwach.
   1. Die schwache Deklination
      Endung: -en, aber im Nominativ Sing. aller Genera und im Akkusativ fem. und neutr. -e
      Die schwache Deklination tritt ein, wenn der Kasus schon durch die Endung eines Begleitwortes (vgl. § 26f.) gekennzeichnet ist.
   2. Die starke Deklination
      Die Endungen sind die eines Begleitwortes; nur wird im Genitiv Sing. statt der starken Endung -es (vgl. des) die schwache -en gebraucht.
      Die starke Deklination tritt ein, wenn kein Begleitwort vorhanden oder das Begleitwort endungslos ist.

schwach:		stark:	
der	heftig-e Sturm	(ein)	heftig-er Sturm
des	heftig-en Sturm(e)s	(wegen)	heftig-en Sturm(e)s
dem	heftig-en Sturm(e)	(bei)	heftig-em Sturm(e)
den	heftig-en Sturm	(durch)	heftig-en Sturm
die	heftig-en Stürme		heftig-e Stürme

b. Stehen mehrere Adjektive vor einem Substantiv, so richtet sich das erste nach den Regeln (vgl. a), jedes folgende hat die gleiche Endung wie das erste.

> die Kronen hoher, schattiger Bäume; wegen der großen, schweren Vergehen; nach langem, tiefem, erquickendem Schlaf — nach langem schwerem Leiden; nach gutem altem deutschem Brauch, nach alter deutscher Sitte

In neuerer Zeit zeigt sich jedoch das Bestreben, im Dativ Sing. nach einem stark flektierten Adjektiv das folgende in der Endung von dem ersten zu differenzieren und schwach zu beugen, wenn es mit dem Substantiv enger zusammengehört.

> Heinz wurde als erstem deutschen Läufer eine Plakette überreicht. — Mit einigem guten Willen wirst du es schon schaffen. — ein Zimmer mit fließendem warmen und kalten Wasser

Beachten Sie:

Begleitwörter haben im Genitiv Sing. mask. und neutr. -es und im Dativ Sing. -em. Es heißt also: *der Verkauf dieses meines neuen Wagens — mit diesem meinem neuen Wagen — die Abreise dieser meiner Freunde.*

Hinweis: Zur Zeichensetzung vgl. Teil I, S. 146 c

Zusätze:

1. a) Nach *andere, einige, einzelne, etliche, mehrere, verschiedene, viele, wenige* stehen im Nom. und Akk. die starken Formen: *viele schöne Bücher, etliche besorgte Männer* — im Gen. auch die schwachen Formen: *der Besitz vieler schöner (schönen) Bücher.*

   b) Nach *manche, solche, welche, irgendwelche, sämtliche* werden die schwachen Formen bevorzugt: *solche schönen (schöne) Bücher.* Auf das endungslose *manch* und *solch* folgt stets die starke Form: *manch schöner Tag, solch (ein) großer Erfolg.*

   c) Es heißt: *folgender gute (guter) Vorschlag — nach folgendem guten (gutem) Vorschlag — folgendes neue Gesetz* (im Nom. auch: *folgendes neues Gesetz*) — *folgende neue (neuen) Gesetze.*

2. Hinter einem Personalpronomen dekliniert ein Adjektiv stark: *ich alter Schachspieler, du armer Mann* — aber im Dat. Sing. und im Nom. Plur. findet sich auch die schwache Form: *mir erfahrenen Fachmann, wir treuen (treue) Freunde.* — In der Verbindung mit *als* steht jedoch nur die starke Form: *mir als erfahrenem Fachmann, wir als treue Freunde.*

c. Das substantivierte Adjektiv dekliniert nach der Regel (vgl. a) stark oder schwach, wie wenn es mit einem Substantiv verbunden wäre.

> der Fremde — ein Fremder — die Fremden — Fremde — ein vielgereister Fremder — zwei Verwandte — die Verwandten — sein Äußeres — das gepflegte Äußere

Im Gen. Plur. ist allerdings auch die schwache Form anzutreffen: *im Kreise guter Bekannter (-en) — die Ernennung höherer Beamter (-en)* (besser: *... von höheren Beamten*)

IV. Das Adverb

§ 40 Das Adverb — ein unveränderliches Umstandswort

a. Das Adverb bezeichnet die näheren Umstände eines Vorgangs oder Zustands.
   1. Man unterscheidet:
      Adverbien des Ortes: *bergauf, hier, rechts, überall*

Adverbien der Zeit: *immer, inzwischen, jetzt, beizeiten*
Adverbien der Art und Weise: *sehr, vielleicht, ziemlich, kopfüber*
Adverbien des Grundes: *darum, deshalb, dadurch*

2. Zu den Adverbien rechnen auch die Modalpartikeln, wie z. B. *wohl, denn, bloß, aber, kaum* (vgl. §§ 17, 18)
und die Negationen, wie z. B. *nicht, nie, keineswegs.*

b. Die Leistung der Adverbien beruht nicht nur auf ihrer Bedeutung, sondern oft auch auf den Möglichkeiten ihrer Stellung.

Du wirst die Arbeit kaum in einem Jahre schaffen (kaum schaffen) = du wirst länger dazu brauchen. — Du wirst die Arbeit in kaum einem Jahre schaffen (kaum ein Jahr) = du brauchst dazu kein ganzes Jahr.

Unterscheiden Sie ebenso:

Er verfügte über besonders viel Geld. — Er verfügte besonders über viel Geld.

Der gemeinte Sinn ist nicht getroffen mit dem Satz:

Nur Kinder in Begleitung Erwachsener haben Zutritt. — (nur Kinder?)

c. 1. Einige Adverbien lassen sich ‚steigern' (vgl. § 38):

ehe — eher — am ehesten / ehestens
oft — öfter / des öfteren — am häufigsten
sehr — mehr — am meisten / meistens
bald — eher — am ehesten / ehestens / baldigst
gern / lieber / am liebsten

2. Die „Steigerung" von Adverbien, die ihrer Bedeutung nach zwar eine Steigerung zulassen, aber keine entsprechende Form bilden, muß erreicht werden

durch Verdoppelung: *Er hat sich um mich sehr, sehr bemüht.*
durch Umschreibung: *Bei dem Glatteis kamen wir mehr voran, als wir gedacht hatten.* Ebenso: *Geh mehr seitwärts!, weiter zurück, weiter oben* u. a.

d. Einige Adverbien haben außer ihrer adverbialen Funktion die Aufgabe, 1. auf einen Gegenstand oder Sachverhalt hinzuweisen (mit *d* beginnende Adverbien): *da, darin, daran, damit, dadurch, darauf, deshalb* ..., 2. auf einen Gegenstand oder Sachverhalt Bezug zu nehmen oder nach ihm zu fragen (mit *w* beginnende Adverbien): *wo, worin, woran, womit, wodurch, worauf, weshalb* ...

Hinweis: Zu den Interrogativadverbien vgl. § 32 Zus.

Zusätze:

1. Umgangssprachliches:

a) die Trennung zusammengesetzter Adverbien; falsch ist z. B. *Da weiß ich nichts von* — statt: *davon* ... *Da können wir mal über reden* — statt: *darüber* ...

b) Verkürzungen wie: *rauskommen, reingehen, rumstehen* — statt: *herauskommen, hineingehen, herumstehen* ...

c) der Gebrauch einiger Adverbien:
dicke: *Das schaffe ich dicke* (= unter allen Umständen). *Das Glas wird dicke voll* (= allemal).
feste statt *sehr*: *Wir haben feste gefeiert.*
ansonsten statt *sonst*: *Ansonsten geht es mir gut.*

bald statt *fast: Er wäre bald ertrunken.*

vielleicht, das gegenwärtig *möglicherweise* bedeutet und Tonträger ist, wird in steigerndem oder beteuerndem Sinne verwendet, wobei dann gewöhnlich das Verb oder seine Personenform oder ein anderes Wort Starkton erhält: *Das war vielleicht ein Guß* (nicht *vielleicht*, sondern *bestimmt!*). *Wir saßen vielleicht in der Patsche.*

nur mehr statt *nur noch: Ich habe nur mehr drei Karten.*

einmal mehr (vgl. engl. *once more*) statt *wieder einmal, von neuem: Der Vorfall berechtigt uns einmal mehr zu der Annahme . . .*

d) Es heißt richtig bei Zahlenangaben: *etwa in (in etwa) einer Stunde* — aber **nicht**: *Das war in etwa das, was ich sagen wollte. Man müßte in etwa so verfahren . . .*

e) *Recht eigentlich* ist eine Moderedewendung.

Nicht:	Sondern:
Er ist recht eigentlich der Urheber dieses Planes.	Er ist der (eigentliche) Urheber dieses Planes.
Er wollte nicht sagen, welche Gründe ihn so recht eigentlich veranlaßt hatten, . . .	Er wollte nicht sagen, welche Gründe ihn (eigentlich, in Wirklichkeit) veranlaßt hatten . . . ,

f) *Ungleich* vor der Höherstufe (vgl. § 38) ist drolliger Unsinn; denn die Höherstufe drückt an sich schon aus, daß die Vergleichsgegenstände *ungleich* sind: *Der Warenumsatz war in diesem Jahr ungleich* (statt des gemeinten *wesentlich*) *höher als im Vorjahre.*

2. Unterscheiden Sie:

   a) Ich gehe Mittwoch ins Kino   = einmal, am Mittwoch
      Ich gehe mittwochs ins Kino   = jeden Mittwoch wiederkehrend

   b) *her — hin*
      Es heißt: *Komm her!* (= in Richtung auf den Sprecher) — *Geh hin!* (= vom Redenden weg)

   c) *auf — offen*
      auf ist Adverb und drückt die Bewegung aus; *offen* ist Adjektiv und bezeichnet einen Zustand. Es heißt also: *Das Fenster steht offen* (aufstehen = sich erheben!). — *Laß das Fenster offen!* (Ein Grundstück wird *aufgelassen*.) — Aber: *Mach das Fenster auf!* (besser: *Öffne das Fenster!*)

3. a) Je nachdem, ob der Sinn eines Wortes oder eines ganzen Satzes verneint wird, sprechen wir von einer **Wortnegation**, die unmittelbar vor dem Wort steht, oder von einer **Satznegation**, mit der festgestellt wird, daß der Inhalt des Prädikats für das Subjekt nicht zutrifft.
      Wortnegation: *Nicht jeder hat ein Auto.* — *Kein Meister ist vom Himmel gefallen.*
      Satznegation: *Ich kann die Tür nicht öffnen; der Schlüssel paßt nicht.*

   b) *Nicht ein* darf man als Wortnegation nur in der steigernden Bedeutung *nicht ein einziger* gebrauchen: *Nicht eine Minute hätten wir länger zögern dürfen.* — Im übrigen heißt es *kein*. Schlechtes Deutsch ist daher: *Heute abend findet eine Versammlung nicht statt.* — *Der Arzt hat eine Operation nicht vorgenommen.* — Ist *nicht* aber Satznegation, darf *nicht ein* nicht durch *kein* ersetzt werden: *Eine Ware kann nicht umgetauscht werden, wenn sie schon gebraucht ist.*

E. Präposition und Konjunktion

I. Die Präposition — das Verhältniswort

§ 41 Das Wesen der Präposition

a. Mit einer Präposition kann der Redende das ‚Verhältnis' ausdrücken, in dem zwei Personen, Dinge oder Vorgänge, von seinem Standpunkt aus gesehen, zueinander stehen.

> Das Gebüsch steht vor dem Haus, hinter dem Haus, neben dem Haus — die
> Vase auf dem Tisch, das Land zwischen den Strömen — ein Wink von oben

Zusatz: Die Präposition bezeichnet man auch als ‚Vorwort' (lat. praepositus = vorangestellt), weil sie meistens dem zu ihr gehörigen Wort vorangeht. Einige Präpositionen aber können oder müssen ihrem Beziehungswort folgen oder schließen es ein.

> wegen des Umbaus — des Umbaus wegen
> um der Freundschaft willen, der Sicherheit halber

Ebenso können z. B. nachgestellt werden: *entgegen, gegenüber, gemäß, nach, über.*

b. Das Verhältnis, das die Präposition anzeigt, betrifft hauptsächlich:

1. den Ort: *Die Lampe hängt über dem Tisch.*

   Das Ortsverhältnis zeigen z. B. an: *an, auf, aus, durch, gegen, bei, bis, diesseits, in, nach, um, unter, vor, zu, zwischen*

2. die Zeit: *Er wartete über eine Stunde.*

   Das Zeitverhältnis zeigen z. B. an: *an, auf, binnen, durch, gegen, in, nach, seit, um, vor, zwischen*

3. die Art und Weise: *Er lobt mich über Gebühr.*

   Das Modalverhältnis zeigen z. B. an: *an, auf, bei, bis (...an, ...auf, ...zu), für, in, mit, nach, ohne, von*

4. den Grund: *Er klagte über Halsschmerzen.*

   Das Kausalverhältnis zeigen z. B. an: *an, aus, bei, durch, infolge, um, um — willen, unter, vor, wegen*

Beachten Sie:

Viele Präpositionen können verschiedenartige Verhältnisse bezeichnen. Die jeweilige Leistung wird eindeutig geklärt entweder durch die Bedeutung des mit der Präposition verbundenen Substantivs oder durch den größeren Zusammenhang.

> Er ging nach Hause. (örtliches Verhältnis)
> Er ging nach dem Essen. (zeitliches Verhältnis)
> Nach dem Thermometer ist es hier zu warm. (modales Verhältnis)

Zusatz: Die Präposition *zwecks* bezeichnet den Zweck, die Absicht. Falsch ist daher z. B. *Der Vater erlaubte es nicht zwecks Geldmangel* — richtig: *wegen Geldmangels* (Grund!)

c. Die Präpositionen kommen vor:

1. in Verbindung mit

   a) einem Substantiv oder Pronomen

      um das Haus, in der Straße, vor mir

   b) dem Infinitiv, einer Nominalform des Verbs

      meine Absicht zu verreisen — ich beabsichtige zu verreisen — ich bin bereit zu verreisen — er kam herein, ohne anzuklopfen

   c) einem Adjektiv

      unflektiert: zu hoch, für alt (kaufen)
      flektiert: vor kurzem, seit langem ... (Solche erstarrten Verbindungen sind Umstandsbestimmungen, vgl. § 62)

d) einem Adverb
> von dort, nach oben, bis morgen

Solche Wortverbindungen bezeichnet man als **Präpositionalausdruck**.

2. in Zusammensetzungen; dann grenzen sie den Begriff des Simplex (der einfachen Form) ein. Sie treten vor ein

> Substantiv: Um-weg, Aus-weg, Bei-weg, Zu-weg, Neben-weg, Ab-weg
> Adjektiv: auf-richtig, aus-wendig, in-wendig, über-laut, vor-schnell, unterirdisch
> Verb: ab-, an-, auf-, bei-, entgegen-, gegenüber-, nach-, über-, um-, vor-, zusetzen

3. vereinigt mit

> einem Adverb: vor-, auf-, aus-wärts; neben-her, nach-her, mit-hin, zu-meist
> einer Präposition: mit-unter, neben-an, in-zwischen, durch-aus, zu-gegen, zu-vor, über-aus

Durch solche Zusammenbildungen entstehen Adverbien.

4. in der Funktion eines Adverbs; eine solche Ausdrucksweise gilt aber durchweg noch nicht als gutes Schriftdeutsch.

> Die Tür ist zu. — Die Zeit ist um. — Das Spiel ist aus. — Er ist noch nicht auf. — Der Knopf ist ab. — Der Zug ist schon durch. — Die Sohlen sind durch. — Ich habe das Buch durch. — Das war nicht (so) ohne. — Er ist mir über.

Zusätze: Zur richtigen Verwendung der Präpositionen

1. Es heißt: *zwischen (der) Elbe und (der) Weser liegt die Lüneburger Heide.* — Aber nicht: *zwischen der Elbe und zwischen der Weser* ...
2. Es heißt: *meiner Meinung nach, nach meiner Ansicht* — aber: *meines Erachtens* (ohne *nach!*).
3. Richtig: *Bist du mit oder ohne Erlaubnis deiner Eltern hier?*
   Falsch: *Bist du mit oder ohne die Erlaubnis* ...
   Wenn vor einem Substantiv Präpositionen stehen, die zwei verschiedene Kasus regieren (vgl. § 42), so darf der Kasus entweder gar nicht zu erkennen sein, oder er muß nach jeder der Präpositionen gekennzeichnet werden.
4. Falsch: *Einer Mitteilung in der Presse zufolge ist das Sportfest abgesagt worden;* denn die Mitteilung hat nicht zur Folge, daß das Fest abgesagt ist.
   Richtig: *Nach einer Mitteilung in der Presse ist* ...
5. Nicht: *In „Die Kraniche des Ibykus" von Schiller heißt es* ...
   sondern: *In Schillers Kranichen des Ibykus* ...
   oder: *In den Kranichen des Ibykus von Schiller* ...
   oder: *In Schillers Ballade „Die Kraniche des Ibykus"* ...
6. Beachten Sie die ursprüngliche Bedeutung der folgenden Präpositionen:
   durch: gibt das Mittel und Werkzeug an: *Durch Fleiß erreichte er viel.*
   wegen: bezeichnet den Grund: *Wegen seiner Unzuverlässigkeit wurde er entlassen.*
   infolge: bezeichnet die Folge aus dem Vorhergehenden: *Der Autofahrer verunglückte infolge Übermüdung.*
7. Statt der schwerfälligen Präpositionen, die besonders im Amtsdeutsch anzutreffen sind, wie z. B. *behufs, betreffs, bezüglich, anläßlich, hinsichtlich, mangels, mittels, seitens, unbeschadet* (= ohne Sch. für), *vorbehaltlich, zwecks,* verwenden Sie in gutem Deutsch: *zu, ohne, mit, von* u. a. Also nicht: *Behufs Aufnahme in ... muß ich ... vorlegen,* sondern: *Für die (zur) Aufnahme* ...

Der Dieb hat das Türschloß mittels eines Dietrichs (sondern: mit einem D.) geöffnet.
Seitens der Verwaltung (dafür: von der V.) wurde angeordnet ...

8. Die Präposition *zu* wird nachgestellt, wenn sie nicht das Ziel, sondern nur die Richtung auf das Ziel angibt.

Wir gingen zur Küste. — Ziel
Wir gingen der Küste zu. ⎱
Wir gingen auf die Küste zu. ⎰ — Richtung

§ 42 Die Fallsetzung nach Präpositionen

Jedes mit einer Präposition verbundene deklinierbare Wort steht in einem bestimmten Kasus; man sagt: die Präposition ‚regiert' einen Kasus.

a. Der **Genitiv** steht bei:

unweit, mittels, kraft, während, statt, wegen, trotz, um — willen u. a.

b. Der **Dativ** steht bei:

aus, außer, bei, mit, gemäß, samt, mitsamt, nach, nächst, nebst, seit, von, zu, zuwider

c. Der **Akkusativ** steht bei:

durch, für, ohne, um, gegen, wider

d. Die Präpositionen *an, auf, hinter, vor, zwischen, über, unter, neben, in* stehen

1. mit dem **Dativ** zur Bezeichnung der Ruhe oder des Verweilens an einem Ort, in einem Zustand oder in einem Zeitpunkt.

Er steht neben dem Tor, hinter mir, vor ihm — wo?
Vor einem Monat an einem Abend geschah das Unglück — wann?

2. mit dem **Akkusativ** zur Bezeichnung der Richtung oder der Bewegung auf ein Ziel oder zur Bezeichnung der zeitlichen Erstreckung.

Er tritt neben das Tor, hinter mich, vor ihn — wohin?
Er wartete an die zwei Stunden, über einen Monat — wie lange?

3. Beachten Sie den durch den Kasus ausgedrückten Unterschied in der Blickrichtung:

Erstreckung	Ruhe
Der Ast hängt über den Zaun.	Die Lampe hängt über dem Tisch.
Der Hase verschwand hinter das Gebüsch.	... hinter dem Gebüsch.
Er wurde in den Verein aufgenommen.	... in dem Verein ...
Ich halte mich an dich. (übertragen)	Ich halte mich an dir (fest).

Ebenso kann je nach Aussageabsicht der Dativ oder der Akkusativ stehen bei:

befestigen an etwas, einschließen in, verpacken in, eintragen in, sich beugen unter, anschließen an, einliefern in (meistens mit Akk.), einkehren in ...

Fallsetzung nach Präpositionen · Verschmelzung der Präposition mit dem Artikel § 42/43

Zusätze:

1. Es heißt: *dem Befehl zufolge* — aber: *zufolge des Befehls*. In gutem Schriftdeutsch meidet man *zufolge* und ersetzt es durch die Präposition *nach* oder *gemäß*.
2. *Entlang* bezeichnet, dem Akkusativ nachgestellt (Post-position), die Richtung: *Wir gingen den Bach entlang*, dem Dativ vorangestellt (Prä-position), den Ort als Ruhepunkt: *Entlang dem Bach stehen Telegrafenmasten*. Häufig ist die Ausdrucksweise: *am Bach entlang*.
3. Bei *innerhalb* steht der Dativ, wenn der Genitiv nicht kenntlich ist: *innerhalb eines Jahres* — aber: *innerhalb acht Tagen*. Ebenso bei: *laut (Verträgen), trotz (Verboten), wegen (Geschäften), während (vier Jahre(n))*. — Es heißt: *wegen etwas anderem* bei vorangehendem starkem Genitiv z. B. *wegen Heinrichs Wunsch(e)*.
4. *Laut* und meistens auch *trotz* stehen mit dem Genitiv: *laut (des) behördlichen Hinweises, trotz (des) großen Andranges*. Ein alleinstehendes stark dekliniertes Substantiv im Singular bleibt oft flexionslos: *laut Vertrag, trotz Verbot* — im Plural steht es im Dativ: *laut Verträgen, trotz Verboten* — aber: *trotz mehrerer Verbote*. Es heißt: *trotzdem, trotz all(e)dem*.
5. *Bis* ohne Verbindung mit einer anderen Präposition regiert den Akkusativ: *bis nächsten Montag; bis heute, den 9. Mai.*
6. *Ab* verlangt in gutem Deutsch den Dativ: *ab erstem Mai* (besser allerdings: *vom ersten Mai ab*, — aber nicht: *vom ersten Mai ab an*), *ab Sonnabend, dem 1. Dezember*. — In gutem Deutsch sagt man nicht: *ab 1932*, sondern: *seit (dem Jahr) 1932*.
   In bei Jahreszahlen ist ausgesprochen schlecht. Nicht: *in 1968*, sondern: *im Jahre 1968*.
7. *Aus* regiert den Dativ, daher: *aus aller Herren Ländern*.
8. Der adverbiale Gebrauch von *mit* ist kein Schriftdeutsch: *Heinz ist mit der beste Sportler des Vereins* — statt: *einer der besten Sportler des Vereins*.
9. Den Akk. *es* verbindet man nicht mit einer Präposition. Es gibt mehrere Möglichkeiten, dies zu vermeiden: *. . . ein großes Gebäude: wir wollen hineingehen* — oder: *wir wollen es nun betreten* — oder: *in dieses wollen wir nun hineingehen*. Ähnlich: *Iß viel Obst; dadurch förderst du deine Gesundheit* — oder: *sein Genuß fördert deine G.* — aber nicht: *durch es bleibst du gesund*.
10. Vor den Gliedern einer Aufzählung kann im allgemeinen eine Präposition wiederholt werden oder auch nicht:
    An Bäumen, (an) Blumen und (an) Sträuchern zeigt sich schon das erste Grün.
    Die Frage der Wiederholung regelt sich einerseits nach rhythmischen Gesichtspunkten, andererseits bewirkt die Wiederholung, daß die Glieder der Wortreihe einzeln herausgehoben werden, während bei Nichtwiederholung die Wortreihe mehr als ein Ganzes erscheint und ihre Glieder eng aneinanderrücken.
    Wiederholt werden m u ß die Präposition, wenn sie mit einem Artikel verschmolzen ist (vgl. 43) und das folgende Substantiv eine andere Form des Artikels verlangt. Falsch ist z. B. *im Eßzimmer und der Wohnstube . . . Wir gingen ins Rathaus und die Post.*

§ 43 Die Verschmelzung der Präposition mit dem Artikel

a. Einige Präpositionen können mit dem Artikel verschmelzen, und zwar

1. *an, bei, in, von, zu* mit dem Dativ *dem: am, beim, im, vom, zum*
2. *zu* mit dem Dativ *der: zur*
3. *an, auf, durch, für, in, vor, um* mit dem Akkusativ *das: ans, aufs, durchs* usw. (ohne Apostroph!)

   bei dem Bahnhof — beim Bahnhof; zu der Apotheke — zur Apotheke; in das Dorf — ins Dorf

Zusatz: In der Schriftsprache trifft man gelegentlich noch weitere Verschmelzungen: *außerm, überm, unterm; hinters, übers, unters; hintern, übern, untern*. In der Umgangssprache werden diese Verschmelzungen fast stets angewandt. Außerdem finden sich hier noch andere, wie z. B. *mit'm, aus'm, nach'm, in'n* ...

b. Die Präposition kann mit dem bestimmten Artikel nur verschmelzen, wenn er seine bestimmende Kraft verloren hat und sich daher in seiner Leistung dem unbestimmten Artikel nähert:

>Er ist zum (= zu einem) Bettler geworden. — Er ist am Herzschlag gestorben. — Ich gehe zum Arzt. — aber: Ich gehe zu dem Arzt, der mir schon einmal geholfen hat.

II. Die Konjunktion

§ 44 Die nebenordnende Konjunktion — das Bindewort

a. Das Bindewort ordnet Wörter, Wortgruppen oder Sätze gleichwertig nebeneinander.

> Haus und Hof
> dieser oder jener
> klein, aber fein
> im Wald und auf der Heide
> nicht nur in der Großstadt, sondern auch in kleineren Städten
> Wollen wir weiterwandern oder in der Hütte übernachten?

b. Die Bindewörter können aneinanderreihend gebraucht werden, wie

> sowohl — als auch, und, oder, weder — noch, ferner, teils — teils, einerseits — andererseits

c. Sie können einander Ausschließendes kennzeichnen, wie

> jedoch, doch, sondern, entweder — oder, aber, allein

d. Der Redende kann mit Hilfe der Bindewörter folgende gedanklichen Verhältnisse ausdrücken:

1. die Zeit: *dann, darauf, zuvor*
2. die Art und Weise: *so, also, um so*
3. den Grund: *denn, nämlich*
4. den Zweck: *dazu, darum*
5. die Folge: *also, folglich, demnach, mithin, daher, deswegen*
6. die Bedingtheit: *sonst, andernfalls*
7. den nichtzureichenden Gegengrund: *trotzdem, zwar — aber*

Zusätze:

1. *Sondern* kann man nur gebrauchen, wenn der vorhergehende Satz eine Negation enthält:
> Ich gehe nicht heute, sondern morgen zum Zahnarzt.

2. Das Bindewort *trotzdem* wird neuerdings auch als Fügewort (d. h. als unterordnende Konjunktion) verwendet:
> Trotzdem es schon spät war, ging er nicht.

Besser und richtiger heißt es:
> Es war schon spät; trotzdem ging er immer noch nicht.

§ 45 Die unterordnende Konjunktion — das Fügewort

a. Das Fügewort leitet einen Nebensatz ein und ordnet ihn dem Hauptsatz unter (vgl. §§ 64 c, 66 b).
   Der Unfall wurde verhindert, weil der Fahrer rechtzeitig bremste.
   Der Unfall war nicht zu vermeiden, obwohl der Fahrer rechtzeitig bremste.

b. Die Fügewörter kennzeichnen — ebenso wie die Bindewörter — gedankliche Verhältnisse:

   1. die Zeit: als, während, indes, sobald, sooft, solange, seit, seitdem, nachdem, ehe, bevor, bis, wenn
   2. die Art und Weise: indem; dadurch, daß; ohne, daß
   3. den Grund: da, weil
   4. den Zweck: damit, daß (auf daß)
   5. die Folge: daß, so daß, als daß
   6. die Bedingung: wenn; falls; sofern; ohne daß
   7. den nichtzureichenden Gegengrund: *obgleich, obwohl, obschon, wenn — auch, wenn — schon, wie — auch, wenngleich, während — doch*

Zusatz:

Insbesondere folgende Konjunktionen werden oft falsch gebraucht:

a) *wie* statt *als*: *wie* bezeichnet die Art und Weise und darf auf der Zeitstufe der Vergangenheit nicht temporal gebraucht werden. Daher ist falsch z. B.: Wie ich in Hamburg ankam, war es schon dunkel.
b) *nachdem* statt *weil*: Nachdem das Wetter schlecht ist, bleibe ich zu Hause.
c) *nachdem* statt *danach*: Er brachte mir ein Paket, nachdem ging er.

Hinweis: Zum Gebrauch von *so* vgl. § 67 d 2

SATZTEILE UND SATZBAUFORMEN

A. Das Satzgerüst

§ 46 Der Satz

a. Innerhalb einer Sprech- oder Schreibsituation fassen wir unsere Gedanken in ganz bestimmte äußere Formen. Wir bringen sie in Sätzen zum Ausdruck. Der Satz ist — im Gegensatz zum Wort oder zur Wortgruppe — eine entfaltete Aussage. Er wird nicht nur durch seine äußere Gestalt bestimmt, sondern auch dadurch, daß er eine Sinneinheit darstellt.

b. Wie man einen Gegenstand nie mit einem Finger erfassen kann, sondern dazu mindestens zwei, öfter sogar drei benötigt und ihn erst mit allen fünf Fingern richtig umfängt, so kann man einen Sachverhalt nur ‚erfassen', wenn man ihn mit mindestens zwei Wörtern verschiedener Art ‚begreift': einem Namenwort (Substantiv, vgl. § 21 ff.) und einem Tätigkeitswort (Verb, vgl. § 2 ff.). Bekanntlich nennt man sie als Glieder eines Satzes Subjekt (vgl. § 47) und Prädikat (vgl. § 48).

c. Subjekt ist die Person oder Sache, von der im Satz die Rede ist und die im Vordergrund steht — „Satzgegenstand". Das Prädikat gibt vor allem an, was über das Subjekt zu sagen ist und wann ein Geschehen oder ein Vorgang stattfindet — „Satzaussage".

I. Das Subjekt — der Satzgegenstand

§ 47 Wesen des Subjekts

a. Das Subjekt ist keinem andern Wort des Satzes untergeordnet, ist aber selbst formbestimmend für andere Wörter des Satzes (z. B. Prädikat, Prädikatsnomen).

b. Das Subjekt wird meist durch ein Substantiv, ein Pronomen oder ein substantiviertes Wort ausgedrückt und steht im Nominativ.

Zusätze:

1. Ist das Prädikat ein Imperativ, so braucht das Subjekt (= der Angeredete) nicht genannt zu werden.
    Komm! — Kommt!
Aus der Verbform ist das Subjekt schon ersichtlich.

2. Im allgemeinen müssen zwar Subjekt und Prädikat vorhanden sein, wenn eine eindeutige Mitteilung in Form eines Satzes zustande kommen soll. Bisweilen genügt aber schon ein Wort, um einen Gedanken unmißverständlich auszudrücken. Dabei müssen aber die Umstände, unter denen eine solche Einwortaussage zustande kommt, für Redenden und Angeredeten gleichmäßig zugänglich sein. Dann können *ja, nein, leider, kaum* u. dgl. unmißverständliche Aussagen sein.

3. Im sog. Kaufmannsstil wird oft das Subjekt weggelassen (vgl. § 27, Zus. 1):
    Habe Ihre Zuschrift erhalten.
Das ist ausgesprochen schlechtes Deutsch.

II. Das Prädikat — die Satzaussage

§ 48 Die Form des Prädikats

a. Das Prädikat wird immer durch ein Verb ausgedrückt und richtet sich in Person und Zahl nach dem Subjekt.

b. Ein Prädikat können nicht nur Vollverben, sondern auch sog. Hilfsverben bilden, wie *sein, werden, bleiben, heißen* usw. (vgl. § 5 b). Bei diesen Verben, die nicht ihre volle Bedeutung haben, muß eine ‚Ergänzung' hinzukommen; diese Ergänzung kann ein Prädikatsnomen sein.

c. Das Prädikatsnomen bezeichnet:
1. Gattung oder Art des Subjekts mit einem Substantiv im Nominativ

    Kolumbus ist   — ein Entdecker.
    Mein Freund wird — Ingenieur.
    Er gilt   — als Vorbild.

2. ein Merkmal des Subjekts mit einem unflektierten (d. h. in seiner Form nicht veränderten, endungslosen) Adjektiv (vgl. §§ 35, 36)

    Der Turm ist   — schief.
    Das Wetter bleibt — gut.
    Er kam   — uneingeladen.

III. Kongruenz von Subjekt und Prädikat

§ 49 Kongruenz

a. Subjekt und Prädikat müssen in der Form aufeinander bezogen sein.

Das Subjekt ist formbestimmend für das Prädikat, d. h., das Prädikat gleicht sich dem Subjekt in Person und Numerus an — Kongruenz (lat. congruere = übereinstimmen).

b. Bei einem Subjekt, das weder durch seine Form noch durch ein Begleitwort (vgl. §§ 26, 29, 30, 33) seinen Numerus erkennen läßt, übernimmt das Prädikat die Aufgabe, durch seine Form den Numerus anzugeben.

    Gewitter kommt. — Gewitter kommen.

Zusätze:
1. Bei einem Subjekt im Singular, das eine Menge bezeichnet und durch ein Substantiv oder ein Adjektiv (vgl. §§ 35, 36) näher bestimmt wird, steht das Prädikat meistens im Singular, im Plural jedoch, wenn die Menge als eine Summe von Einzelwesen angesehen wird. Bisweilen sind beide Auffassungen möglich.
    Eine Menge schöner Vasen zerbrach.
    Eine Million Menschen besuchte(n) die Ausstellung.
    Achtzig Prozent der Bewerber schieden (schied) von vornherein aus.
    Drei Meter Stoff reichen (reicht) für einen Anzug. — Ein Dutzend silberne(r) Löffel kostet (kosten) DM 100.—.

Aber nur:
    Ein Dutzend Kellner liefen im Saal geschäftig umher.

2. Beim vorläufigen Subjekt *es* oder *das* (vgl. § 27, Zus. 4, § 64 a 3 Zus.) richtet sich das Prädikat nach dem Numerus des wirklichen Subjekts.
    Das sind meine Bücher.
    Es sind jetzt fünf Jahre, daß . . . (fünf Jahre = Subjekt)
    Es ist jetzt fünf Jahre her, daß . . . (fünf Jahre = adverbialer Akkusativ, vgl. § 62 c 5)

3. Das substantivische Prädikatsnomen gleicht sich, wenn möglich, dem Subjekt in Genus und Numerus an: *Karl ist Verkäufer, seine Schwester wird Verkäuferin; sie ist aber noch Lehrling. — Die Dunkelheit ist der Freund der Diebe* (nicht *Freundin*; denn die Angleichung im Genus erfolgt nur, wenn das Subjekt eine Person ist). — *Die Wasserstraßen sind wichtige Verkehrswege* (jede einzelne Wasserstraße, daher Plural des Prädikatsnomens). — *Die Kartoffeln sind ein Erzeugnis der Landwirtschaft* (*Kartoffeln* ist Sammelname, daher nicht: *Erzeugnisse*). *Eis und Schnee sind eine Gefahr* (oder: *Gefahren*) *für den Autofahrer.*

c. Besteht das Subjekt aus einer Wortreihe, d. h., werden mehrere Personen oder Dinge als Subjekt aufgezählt, so steht das Prädikat in aller Regel im Plural.

> Meister und Geselle rühren sich — aber: Meister rührt sich und Geselle. (Schiller) Stadt und Land ergänzen einander. — Ober- und Mitteldeutschland sind gebirgig.

Fehlerhaft ist daher:

> Die Enttrümmerung der zerstörten Wohn- und Industriegebiete und die Wiederherstellung von Straßen und Brücken ist ziemlich weit fortgeschritten.

Beachten Sie, daß es heißt:

> Das Schiff und seine Besatzung gingen unter.
> Das Schiff mitsamt der Besatzung ging unter.

Zusätze:

1. Im Singular kann das Prädikat stehen:

   a) wenn es auf jedes von mehreren Subjekten, die im Singular stehen, einzeln bezogen werden soll oder wenn die Subjekte durch Doppelkonjunktionen, wie z. B. *sowohl — als auch, nicht nur — sondern auch, weder — noch, entweder — oder,* miteinander verbunden werden.

   > Jeder LKW-Fahrer, der . . ., jeder Geschäftsreisende, der . . ., jeder Urlaubsreisende, der schnell zu seinem Urlaubsort kommen will, weiß die Vorzüge der Autobahn zu schätzen. — Sowohl die Straßenbahn als auch der Bus war besetzt; daher hielt an der Haltestelle weder Bus noch Bahn.

   b) wenn zwei Sachsubjekte als eine Einheit aufgefaßt werden.

   > Haus und Hof wurde versteigert. — Alt und jung strömte zusammen.
   > Wind und Wetter konnte ihm nichts anhaben.

   Es heißt: Zwei und drei ist fünf.

2. Bei Subjekten in verschiedenen Personen steht das Prädikat im Plural. Die 1. Person hat vor der 2. und 3., die 2. Person vor der 3. den Vorrang.

   > Vater und du (, ihr) müßt jetzt gehen.

   Es heißt: Weder ich noch du hast (haben) die Aufgabe gelöst. — Weder du noch ich habe (haben) die Aufgabe gelöst.

IV. Das Objekt — die Satzergänzung

§ 50 Das Objekt als Ergänzung zum Verb

a. Kraft und Bedeutung aller Verben außer der der Vorgangsverben (vgl. § 5 a) reichen nicht aus, mit dem Subjekt zusammen den gemeinten Sinn vollständig wiederzugeben.

Der Satzteil, der in solchen Sätzen zum Prädikat hinzutreten muß, heißt Ergänzung.

> Der Bote bringt — wen?, was?

Soweit hierzu die Fälle ausreichen, handelt es sich um Objekte.

Auch Umstandsbestimmungen können solche Ergänzungen bilden: *Er wohnt in Berlin / hier.*

b. Es können auch mehrere Ergänzungen notwendig sein.

> Der Kaufmann gab — wem? was?

c. Die Aufgabe einer Ergänzung können Wörter fast aller Wortarten übernehmen (vgl. auch § 67a). Deklinierbare Wörter müssen als Ergänzung in den Kasus treten, der durch die Bedeutung des Verbs erforderlich wird.

d. Das Prädikat bildet mit allen Ergänzungen zusammen die Prädikatsgruppe.

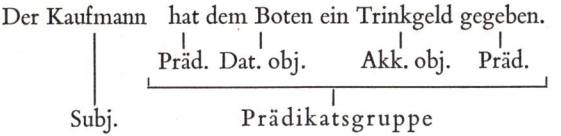

```
Der Kaufmann  hat  dem Boten   ein Trinkgeld  gegeben.
              |    |           |             |
              Präd. Dat. obj.  Akk. obj.     Präd.
  |           └─────────────────┬─────────────────┘
  Subj.                    Prädikatsgruppe
```

§ 51 Objekt im Akkusativ

Der Akkusativ drückt als Objekt das Ziel aus, auf das die Tätigkeit gerichtet ist, das von ihr in seinem ganzen Umfang erfaßt oder durch sie erst hervorgebracht wird.

  Der Präsident überreichte die Urkunde. Die Maus nagt Löcher (in die Wand).
  Der Koch schlägt Eier (in die Pfanne). Die Sekretärin kocht Kaffee.
  Das Pferd frißt Heu.

Zusätze:

1. Es heißt z. B.
  es friert, verlangt, interessiert, ärgert, verdrießt, dauert, gelüstet, befremdet mich
  es geht dich (nichts) an, es nimmt mich wunder, ich getraue mich nicht, mich zu bewerben
  es kostet mich eine Kleinigkeit — aber: es kostet mir, dir, ihm das Leben
  der Anzug kleidet dich gut — untersteh dich nicht, ... !
  mich oder mir dünkt / deucht

2. Statt eines substantivischen Akkusativobjekts kann man *zu* mit dem Infinitiv als Ergänzung verwenden, wenn sich der Substantivbegriff verbal ausdrücken läßt.
  Er wagt den Sprung — ... wagt zu springen.
  Er beabsichtigt eine Reise — ... beabsichtigt zu (ver)reisen.
  Er fürchtet die Strafe — ... fürchtet, bestraft zu werden.

§ 52 Objekt im Dativ und Genitiv

a. Dativobjekt

Der Dativ als Personalkasus bezeichnet die persönliche Anteilnahme oder Anteilgabe; er drückt aus, daß etwas in Mit-leidenschaft gezogen wird.

  Du hast dem Verletzten geholfen; er dankte dir (dafür). Die Last ist mir (oder: für mich) zu schwer — aber nur: Die Last ist für den Wagen zu schwer.

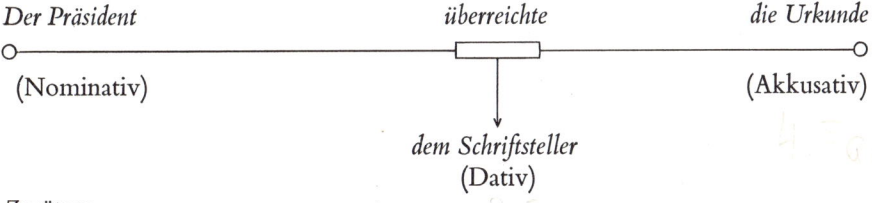

Der Präsident   *überreichte*   *die Urkunde*
○────────────────────────────[ ]────────────────────────────○
(Nominativ)   (Akkusativ)
             ↓
           dem Schriftsteller
             (Dativ)

Zusätze:

1. Es heißt z. B.
  Er kündigte der Hausangestellten, der H. wurde gekündigt — Ich kündige dir den Vertrag.
  Ich stelle mir deinen Chef so vor ... — Du stellst mich deinem Chef vor.

Was nützt dir das Geld?
Mir oder mich ekelt (aber nur: ich ekle mich vor ...), mir bangt (oder: ich bange).
Mir schwindelt, ahnt, graut, träumte (auch: ich träumte), mir oder mich schaudert (auch: ich schaudere).
Ich versichere dir, daß ich komme. — Ich versichere dich meines Wohlwollens. — Ich versicherte mich gegen Diebstahl. — Falsch: Ich versichere Sie, daß ...

2. Statt des Dativs kann bei einigen Verben eine präpositionale Wendung stehen, z. B.
Er schreibt seinen Eltern / ... an seine Eltern. — Er sagte mir, daß ... / Er sagte zu mir, daß ... — Die Mutter näht ihrer Tochter ein Kleid / ... für ihre Tochter ... — Wir vertrauen dem Schiedsrichter / auf den Schiedsrichter. — Die Ware wird dem Kunden / an den Kunden ausgeliefert. — Er holte mir / für mich eine Platzkarte.

3. Bisweilen kann ein einfaches Verb mit Dativobjekt durch ein transitives (vgl. § 5 a) Kompositum ersetzt werden. Das Simplex bezeichnet mehr ein dauerndes Geschehen, während sich beim Kompositum der Blick auf das Ergebnis richtet (vgl. § 20).

Ich folge deinem Rat   ... befolge deinen Rat.
Ich rate dir   ... berate dich.
Er drohte mir   ... bedrohe mich.

4. Unterscheiden Sie:
Ich lasse dich einen Arzt holen.
Ich lasse dir einen Arzt holen.

Die persönlich färbende Kraft des Dativs zeigt sich bei einem Vergleich der Sätze:
Der Arzt verband die Hand des Verletzten.
Der Arzt verband dem Verletzten die Hand.
Er schlug mir die Bitte ab. — Dat. d. Anteilnahme
Er schlug meine Bitte ab. — Hinweis auf den Besitzer
Aber nur: Er sprach mir aus der Seele.

b. Genitivobjekt

Der Genitiv bezeichnet den Umkreis, den Bereich, die Zugehörigkeit. In Abhängigkeit von einem Verb (adverbal), d. h. als Genitivergänzung oder Genitivobjekt, ist der Genitiv heute selten, z. B.:

Er rühmt sich seines Erfolges. — Er besinnt sich noch eines Besseren. — Ich erinnere mich des Vorfalls.

Heute tritt entweder eine präpositionale Wendung, wie z. B. *achten auf...*, *sich an etwas erinnern, sich auf etwas* oder *über etwas freuen*, oder der Akkusativ ein: *eine Sache entbehren, jemanden achten.*

Falsch aber ist: *ich erinnere den Vorfall.*

Unterscheiden Sie das Genitivobjekt vom Genitivattribut und der Umstandsbestimmung im Genitiv (vgl. § 56 und § 62 c 4)!

§ 53 Präpositionalobjekt

a. Die vier Kasus allein vermögen bei weitem nicht alle Beziehungen auszudrücken. Zur Verdeutlichung tritt dann zum Substantiv eine Präposition (vgl. §§ 41—43).

b. Ein Präpositionalausdruck ist Ergänzung (Objekt), wenn das Verb statt eines reinen Kasus dessen Verdeutlichung durch eine ganz bestimmte Präposition verlangt.
Der Soldat bittet um — Urlaub.
Die Schiffbrüchigen hoffen auf — Rettung.

Präpositionalobjekt § 53

c. Viele intransitive Verben, die eine Präposition verlangen, werden mit einer Vorsilbe transitiv:

greifen nach ...	etwas ergreifen
warten auf ...	,, erwarten
zweifeln an ...	,, bezweifeln
achten auf ...	,, beachten

Von den beiden möglichen Ausdrucksweisen bezeichnet

der Akkusativ: a) das Erreichen des Zieles
               b) das Erfassen des Zieles

der Präpositionalausdruck: a) die Annäherung an das Ziel, seinen Umkreis
                             b) die Richtung auf das Ziel

a) Wir erstiegen den Gipfel.	Wir stiegen auf den Gipfel.
Die Truppe erkämpft die Anhöhe.	Die Truppe kämpft um die Anhöhe.
Der Turner erringt den Siegeslorbeer.	Der Turner ringt um den Siegeslorbeer.
b) Ich sah das Auto.	Ich sah nach dem Auto. (aber: Ich sah dem Auto nach.)
Ich rief einen Arzt.	Ich rief nach einem Arzt.
Der Kranke verlangte Wasser.	... nach Wasser.
Der Schütze traf die Scheibe.	... auf die Scheibe.
Wir berieten den Plan.	... über den Plan.
Er aß sein Brot.	... von seinem Brot.
Ich suche einen Schlüssel.	... nach einem Schlüssel.

Zusätze:
1. Gebrauchen Sie die richtige Präposition! Es heißt z. B.
denken an ..., nachdenken über ..., dürsten nach ..., pochen auf ..., sich sorgen um ..., sorgen für ..., sich entscheiden für ... (nicht: zu), sich kümmern um ... (nicht: wegen), sich an jemandem für etwas (nicht: wegen) rächen, sinnen auf ... (nicht: nach), jubeln über ... (nicht: wegen), verzichten auf ...

ferner je nach Bedeutung:
sich freuen auf ... / über ..., sterben an ... / für ..., sich schämen vor ... / wegen ..., sich einigen auf ... / über ...

2. Oft dient der Präpositionalausdruck zur Bildung von Streckverben: statt *Paragraph 4 fällt weg* — ... *kommt in Wegfall;* ferner z. B. *in Verfall geraten* (statt: *verfallen*), *zur Verlesung bringen* (statt: *verlesen*), *zum Abschluß / zum Ausdruck / zur Anwendung ... bringen, in Verlust geraten, einen Plan zur Durchführung gelangen lassen, zur Abstimmung schreiten* (auch wenn durch Handerheben abgestimmt wird) ...
Gebrauchen Sie in gutem Deutsch keine Streckverben!

B. Die Satzerweiterungen

Satzerweiterungen sind vom Baugesetz der Sprache nicht gefordert, sondern hängen vom freien Gestaltungswillen des Redenden (Schreibenden) ab. Ihr Wesen besteht darin, daß ihr Sinn formal auch in einem selbständigen Satz wiedergegeben werden könnte.

I. Die Eingliederung beim Nomen — das Attribut (die Beifügung)

§ 54 Arten des Attributs

a. Das Substantiv, das als Namenwort eindeutig benennt, was es meint, bedarf an sich keiner erläuternden Angaben mehr. Trotzdem ist es dem Redenden freigestellt, dem Substantiv zusätzlich nähere Angaben „beizufügen".

b. Alle „Erweiterungen" des Substantivs bezeichnet man als Attribut — Beifügung (lat. attribuere = zuteilen).

c. Man unterscheidet vor allem folgende Möglichkeiten, ein Substantiv zu erweitern: das adjektivische Attribut, das Genitivattribut, das präpositionale Attribut, die Apposition.

§ 55 Das adjektivische Attribut (vgl. §§ 36 a 1 a, 39 a)

Das Adjektiv ist das geeignetste Sprachmittel zur Bezeichnung eines Merkmals an einem Begriffsträger. Daher kommt das adjektivische Attribut sehr häufig vor.

    eine wichtige Entscheidung — ein gutes Zeugnis

Zusätze:

1. Ist ein Adjektiv Attribut zu einem Kompositum, so darf es sich nie auf das Bestimmungswort (vgl. § 21 Zus. 1) beziehen.

    Richtig: ein alter Hausbesitzer = der Besitzer eines Hauses, der schon alt ist
    Falsch: ein dreistöckiger Hausbesitzer: nicht der Besitzer ist dreistöckig, sondern das Haus

Ebenso z. B. nicht:	Sondern:
das kleine Kindergeschrei	das Geschrei kleiner Kinder
der flüssige Seifenbehälter	der Behälter für flüssige Seife

2. Das 2. Partizip von Verben, die ihrer Bedeutung nach einen Vorgang in seinem Verlauf — nicht dessen Ergebnis oder den durch ihn eingetretenen Zustand — bezeichnen, kann nicht attributiv, d. h. als Attribut, gebraucht werden (vgl. § 12 b).

    Also nicht: Ungegessen ging er zum Dienst. — die geblühte Blume — das stattgefundene Eisenbahnunglück — die früher bestandene Sitte
    aber richtig: die (früher) bestandene Prüfung
    falsch: das gesprungene Kind
    aber richtig: das gesprungene Glas

3. Attributiv steht das Adjektiv auch dann, wenn ein dazugehöriges Substantiv aus dem Zusammenhang zu ergänzen ist:

    Der schönste Apfel ist nicht immer der schmackhafteste (Apfel). — Von meinen Reisen war die (Reise) in die Heide die schönste (Reise). — die schönste (Reise) meiner Reisen ...

4. Adverbien oder Präpositionen darf man nicht als Attribut einem Substantiv voranstellen. Nicht schriftsprachlich sind Wendungen wie: *die zue Tür, ein durcher Käse, die entzwei Tasse, ein weher Finger, die zuwidere Arbeit.*

§ 56 Das substantivische Attribut im Genitiv — Genitivattribut

Der Genitiv bezeichnet den Umkreis, den Bereich, die Zugehörigkeit.

    die Urkunde des Senates — der Gebrauch des Genitivs

Zusätze:
1. Ein Genitivattribut darf sich nicht auf das Bestimmungswort eines Kompositums beziehen.

Also nicht:	Sondern:
das Eröffnungskonzert des neuen Stadtgartens	das Konzert zur Eröffnung des neuen Stadtgartens
ein Verkaufsladen des Obstes	ein Laden zum Verkauf von Obst

2. Manche Verbalsubstantive verlangen — wie das zugrundeliegende Verb — die Verwendung einer Präposition.
    Daher nicht: Unter Bezugnahme Ihrer Annonce, sondern: Unter Bezugnahme auf Ihre Annonce.
3. Statt eines Genitivattributes läßt sich bisweilen ein Kompositum verwenden.
    am Ufer des Flusses   — am Flußufer
    der Rumpf des Schiffes — der Schiffsrumpf
    Vergleichen Sie:
    die Treue des Freundes — die Freundestreue — des Freundes Treue
4. Der Ersatz des Genitivs durch eine Umschreibung mit der Präposition *von* ist umgangssprachlich.
    Also nicht: das Auto von meinem Freund — sondern: das Auto meines Freundes.
    Zulässig ist die Umschreibung mit *von* auch in gutem Deutsch:
    a) zur Bezeichnung eines Teiles:
        keiner der Männer / keiner von (unter) den Männern
    b) bei geographischen Namen (besonders auf -z, -s, -tz und -sch):
        die Straßen von Worms, der Hafen von Hamburg
    c) bei Substantiven ohne Begleitwort, wenn ihre Form als Genitiv nicht erkennbar ist:
        der Verkauf von Milch — aber: der Verkauf frischer Milch
        die Lieferung von Waren — aber: die Lieferung billiger Waren
5. Umgangssprachlich ist dagegen der Ersatz des Genitivs unter Verwendung des Possessivpronomens: Wilhelm seine Schuhe sind beim Schuster (statt: Wilhelms Schuhe). — Meinem Freund sein Mantel ist weg (statt: der Mantel meines Freundes). — Aber richtig: Im Lokal ist meinem Freund sein Mantel gestohlen worden.

§ 57 Das präpositionale Attribut

a. Das eigentliche präpositionale Attribut erfordert nach einem Verbalsubstantiv eine bestimmte Präposition wie das entsprechende Verb (vgl. § 53b).
    die Bitte um Urlaub — die Sehnsucht nach Ruhe — die Bezugnahme auf Ihre Anzeige — die Furcht vor Strafe

b. Das Attribut kann jedoch auch eine Umstandsbestimmung in der Form eines Präpositionalausdrucks sein. Die Wahl der Präposition richtet sich in diesem Fall nach der Aussageabsicht des Redenden.
    das Telefon auf dem Schreibtisch — der Hund an der Kette — die Reise ins Ausland

Zusätze:
1. Das präpositionale Attribut darf sich nicht auf das Bestimmungswort eines Kompositums beziehen.
    Also nicht: Günstige Handelsgelegenheit für weibliche Zuchttiere — sondern: Günstige Gelegenheit zum Handel mit weiblichen Zuchttieren.

2. Falsch ist die Verwendung eines präpositionalen Attributes, wenn der Präpositionalausdruck sinngemäß in die Verbalgruppe eingegliedert werden muß.

Also nicht: Die Maurergesellenprüfung in diesem Jahr hoffe ich mit gutem Erfolg zu bestehen. — Sondern: Die M. hoffe ich in diesem Jahr mit ... zu bestehen.

§ 58 Die Apposition

Die Apposition ist eine substantivische Beifügung in demselben Kasus wie das übergeordnete Substantiv.

Das Haus, ein Schuppen, (ist abgebrannt).
(Ich male) das Haus, einen Schuppen.
Das Dach des Hauses, eines Schuppens, (wird ausgebessert.)
(Wir reisen) Montag, den 1. Mai — *Montag* ist Akk.
am Montag, dem 1. Mai — *Montag* ist Dat.

Zusätze:
1. Die Apposition muß sinngemäß zu ihrem Beziehungswort passen. Schreiben Sie daher nicht: *An Herrn August Weber, Bürstenmacherei,* denn *Herr Weber* ist keine *Bürstenmacherei,* sondern *Bürstenmacher.*
2. Eine Apposition kann sich — anstatt auf ein Substantiv — auch auf einen ganzen Satz beziehen (Satzapposition). Die Satzapposition steht im Nominativ: *Der Panamakanal wurde gebaut, ein schwieriges Unternehmen.*
3. Das Gefühl dafür, daß die Apposition in demselben Kasus wie das Beziehungswort stehen muß, ist vielen verlorengegangen. Falsch ist z. B.:

Er lebt seit Jahren in Stuttgart, eine der größten Städte Süddeutschlands (richtig nur: ... in St., einer der ... Städte ...). — Die Maschine wurde aufgestellt nach Angaben Karls, dem / den ersten Ingenieur der Firma (richtig nur: ... des ... Ingenieurs ...).

Auch die mit **als** oder **wie** angeschlossene Apposition muß sich im Kasus nach dem Beziehungswort richten: *Dem Chefarzt als seinem Vorgesetzten berichtete der Assistent. — Ich schätze meinen Hausarzt auch als Menschen.*

§ 59 Weitere Arten des Attributs

a. Das Adverb als Attribut — adverbiales Attribut

die Verhältnisse hier — das Wetter heute (gefällt mir)

Zusatz:

Statt eines adverbialen Attributes läßt sich bisweilen ein andersartiges Attribut verwenden: *die hiesigen Verhältnisse, das heutige Wetter* — aber bilden Sie nicht zu *da* das Adjektiv *dasig!*

b. Infinitiv

Meine Absicht zu verreisen (kann ich nicht verwirklichen).
Er war erfüllt von dem stolzen Verlangen, seinem Gott zu dienen, den Feinden Trotz zu bieten, ein Leben zu wagen. (E. Strauß)

Beachten Sie:

Ein Infinitiv als Attribut zu einem Verbalsubstantiv mit dem Wert eines Nebensatzes (vgl. § 66) ist nur richtig, wenn das Subjekt des Hauptsatzes und des Nebensatzes dasselbe ist. Daher z. B. nicht:

>
> Von Bekannten habe ich die Zusage erhalten, mir ein Zimmer für die Studienzeit abzutreten.

sondern: Von B. habe ich die Zusage erhalten, daß sie mir ein Z.... abtreten (wollen).

Richtig auch:
> Bekannte haben mir die Zusage gemacht (zugesagt), mir ein Zimmer abzutreten.

Hinweis: Zum Infinitiv und zur Zeichensetzung vgl. Teil I, S. 157 f.
Zum Nebensatz vgl. § 66

§ 60 Die Nominalgruppe

a. Eine Nominalgruppe besteht aus einem (regierenden) Substantiv mit (eingegliederten, untergeordneten) Erweiterungen.

b. Das erweiterte adjektivische Attribut

Bisweilen ist das erweiterte adjektivische Attribut, insbesondere in der Form einer Partizipialkonstruktion, nur lose an sein Beziehungswort — in der Regel das Subjekt — angeschlossen.

> So wandte Kohlhaas, in die Hölle unbefriedigter Rache zurückgeschleudert, sein Pferd. (Kleist)

Stilistisch schlecht wäre: ... *der in die Hölle unbefriedigter Rache zurückgeschleuderte Kohlhaas* ...

> Der Schloßvogt sagte, zum Junker gewandt, daß er ... ein Pferd ... zurücklassen müsse. (Kleist)
> Die alten Krögers krochen, in dicke Pelzmäntel gewickelt, eiligst in ihre majestätische Equipage. (Th. Mann)

Auf einen anderen Satzteil als das Subjekt darf sich das Partizip nur beziehen, wenn jedes Mißverständnis in dem Beziehungsverhältnis ausgeschlossen ist:

> Wir sahen im Hafen ein Schiff, Seeadler genannt.
> Aller Segel und Masten beraubt, war es dem Schiff nicht möglich, den Hafen zu erreichen.
> Falsch: Fröhliche Lieder singend, dampfte der Zug mit den Wanderburschen ab.
> Richtig: Fröhliche Lieder singend, fuhren die Wanderburschen mit dem Zug davon.

Das 2. Partizip intransitiver Verben sollte besser nicht lose angeschlossen werden.

Also nicht: *Über die Hecke gesprungen, entkam der Dieb. — In Hamburg angekommen, ging er gleich in sein Quartier.*

Zusatz:
Ganz lose angeschlossene Bauformen sind ‚Beifügungen' mit dem Wert eines Nebensatzes:

a) ein freier Akkusativ, zu dem man 'habend' hinzufügen könnte
> Dort hinten bei den Fenstern ging, die Hände auf dem Rücken, Johann Buddenbrook. (Th. Mann)

b) ein freier Nominativ, zu dem man 'seiend' hinzufügen könnte
> Von Natur ein braver, edler, zuverlässiger Mann, hatte er sich gegen die Welt erbittert ...

Verständig, ruhig, gut in einem Augenblick, konnte es ihm mit dem andern einfallen, irgend etwas zu tun, was einen andern kränkte. (Goethe)

c) ein Infinitiv mit Präposition

Nach seinem Aussehen zu urteilen, hatte er sich an der See gut erholt.
Auch Senator Doktor Langhals nebst Frau kam an, langjährige Freunde des Hauses, — nicht zu vergessen den Weinhändler Köppen ... (Th. Mann)

c. Hat ein Substantiv mehrere Attribute, so kann die Nominalgruppe folgende Formen haben:

1. Sämtliche Attribute sind auf das regierende Substantiv bezogen; dann sind sie einander gleichgeordnet (1. Grades).

    der Sprung
             des Pferdes   über die Mauer

Beachten Sie:

Eine Häufung gleichgeordneter Attribute ist schwerfällig und unschön.
Also z. B. nicht:

Das Lärmen der Kinder auf der Straße unter dem Fenster beim Spielen in den Abendstunden (5 Attr.!) ...

2. Die Attribute sind fortlaufend eines dem anderen untergeordnet (2., 3. ... Grades) — abgestufte Bauweise.

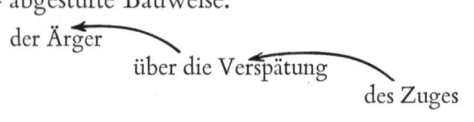

    der Ärger
         über die Verspätung
                    des Zuges

Bei einer größeren Anzahl insbesondere gleichförmiger Attribute entsteht eine stilistisch schlecht gebaute Nominalgruppe.

    Die Veranstaltung   wird hiermit abgesagt.
        des Vereins
             der Bienenzüchter
                  des Bezirks
                       der Marschlande

Verbesserung:

Der Verein der Bienenzüchter, Bezirk Marschlande, sagt hiermit die Veranstaltung ab.

3. Die gleichzeitige Eingliederung gleich- und untergeordneter Attribute führt leicht zur Überdehnung der Nominalgruppe.

    Die Verhandlungen   sind gescheitert.
        des Besitzers
            der Tankstelle
        mit dem Nachbarn
        über den Ankauf
            eines Grundstücks
            zum Bau
                einer Werkstatt

Nominalgruppe § 60

Die Aneinanderreihung von Substantiven (nominaler Stil) wirkt steif und leblos; lebendig und flüssig macht den Stil nur das Verb (verbaler Stil). Etwa:
> Der Besitzer der Tankstelle wollte von seinem Nachbarn ein Grundstück kaufen, um eine Werkstatt zu bauen; aber die Verhandlungen sind gescheitert.

4. Das von Artikel und Substantiv umklammerte Adjektiv ist erweitert (Adjektiverweiterung) — umklammernde Bauweise. Besonders wenn das Adjektiv ein Partizip ist, werden in die Klammer oft so viele Angaben hineingestopft, daß die Brücke, die sich vom Artikel zum Substantiv spannt, die Last der Erweiterungen nicht tragen kann.

Merken Sie:

> Die Freiheit des Redenden im Bau einer Nominalgruppe wird nicht durch das Baugesetz der Sprache, sondern durch stilistische Erwägungen eingeengt.

Daher z. B. nicht:

```
        das                                        Auto
                                                fahrende
            langsam durch die            Straßen
    ziemlich                              belebten der Stadt
                                stark              großen
                    am Mittag
```

Ebenso nicht:
> Ein auf der Kieler Seite gegen 21 Uhr der bereits abgefahrenen Fähre nachgesprungener junger Mann fiel dabei ins Wasser.

Schwerfällig ist die Verwendung mehrerer umklammerter Nominalgruppen, wie z. B. in dem Satz:
> Das so entstandene Feuer setzte dann die darüber befindliche Decke des Zimmers in Brand und fand auf dem über dem Zimmer gelegenen Speicher an den dort aufgehäuften Strohvorräten reiche Nahrung.

Irreführend ist die Schachtelung, wenn neben der Präposition ein Wort steht, das nach seinem Kasus von ihr abhängen könnte, das aber in Wirklichkeit zu einem andern Wort gehört.

> Wir brauchen Männer mit dem Umfang ihrer Pflichten entsprechenden Fähigkeiten. — Ich verkehre mit meinem Bruder bekannten Kaufleuten.

Unschön ist die Schachtelung von Präpositionalausdrücken.

Nicht:	Abhilfe:
An der vor dem Bahnübergang befindlichen Schranke mußte die Feuerwehr warten.	An der Schranke vor dem B. mußte...
Auf dem auf dem Hofe stehenden Wagen sind Baumstämme.	Auf dem Wagen im Hof sind Baumstämme.
Die Wanderer gingen auf für ohne Ausweis angetroffene Fremde verbotenen Wegen.	... auf Wegen, die für Fremde ohne Ausweis verboten sind.

Besonders häßlich ist eine Verschachtelung, wenn der Anschein eines groben grammatischen Fehlers erweckt wird.

Nicht:	Abhilfe:
Mit die ganze Straßenbreite einnehmenden Lastwagen wurden die Maschinen fortgeschafft.	Mit Lastwagen, die die ganze Str. einnahmen, wurden ...
Bei eine Hauptstraße kreuzenden Fahrten ist Vorsicht geboten.	Bei Fahrten über eine H. ist ...

d. Die Verwendung der Nominalgruppe

Die Nominalgruppe läßt sich als ein in sich festgefügter Satzbaustein überall verwenden, wo auch ein Substantiv allein einen Platz einnehmen kann. Z. B. kann die Nominalgruppe *das alte Haus des Försters* erscheinen als:

Subj.: *Das alte Haus des Försters liegt im Wald.*
Akk. obj.: *Ich betrat das alte Haus des Försters.*
Dat. obj.: *Kein Haus gleicht dem alten Haus des Försters.*
präp. Obj.: *Ich erinnere mich an das alte Haus des Försters.*
Umst. best.: *Mein Vetter wohnt in dem alten Haus des Försters.*
Attr.: *Der Garten vor dem alten Haus des Försters ist verwildert.*

Zusätze:

1. Die Verwendung des Reflexivpronomens in der Nominalgruppe

    In der Nominalgruppe, die eine in sich geschlossene Einheit ist, bezieht sich das Reflexivpronomen nicht auf das Subjekt des Satzes, sondern immer auf das regierende Substantiv der Nominalgruppe. Löst man sie in einen Satz auf, so wird ihr regierendes Substantiv zum Subjekt des Satzes.

    (Ich gebe acht auf) das sich nähernde Auto.   Das Auto nähert sich.
    (Ich sah) den sich badenden Jungen (zu).   Die Jungen badeten sich.

    Es heißt daher z. B.

    Er bekam eine sich lohnende Beschäftigung. — Er bekam eine ihm gebührende Antwort. — Er nahm sich den ihm gebührenden Anteil. — Er wünschte sich einen sich steigernden Umsatz. — Er wünschte ihm (= einem andern) einen sich steigernden Umsatz. — Bei jeder sich ihm bietenden Gelegenheit zeigte er sich freigebig. — Bei jeder ihm gebotenen Gelegenheit zeigte er sich freigebig.

2. Eine Substantiv-Wortreihe (vgl. § 49 c) bildet auch einen nominalen Block. In ihr kann jedes der Substantive gleich- oder verschiedenartig erweitert werden.

    Ein hoher Zaun und ein bissiger Hund (sollten ein Eindringen in den Park verhindern).
    Ein Sänger, der Freund meines Vaters, und seine Schwester aus Amerika (besuchten uns).

§ 61 Die Wortstellung in der Nominalgruppe

a. Das adjektivische Attribut

1. Es steht — flektiert — in der Umklammerung des Artikels und Substantivs; unflektiert nachgestellt oder vorangestellt kommt es besonders in der Dichtung vor.

Röslein rot — ein Rundstück warm — Kölnisch Wasser

Aus *bar Geld* wurde *Bargeld*, aus *alt Eisen: Alteisen* u. a.

2. Zwei und mehr Adjektive oder ein Adjektiv mit Erweiterung nimmt man wegen ihres Umfanges des öfteren aus der Umklammerung von Artikel und Substantiv heraus.

> Das Kind, stolz auf seine junge Buchstabenkenntnis, erobert sich die Lektüre eines Verses. (Hesse)
>
> Die Heimat ist Marschland, fruchtbar wie ein Treibbeet und eben wie eine Schiefertafel. (Frenssen)
>
> Sein beginnender Schnurrbart, so farblos wie das kurzgeschnittene Haar, das seinen länglichen Kopf bedeckte, war kaum zu sehen. (Th. Mann)

3. Hat von zwei Adjektiven das eine eine engere Beziehung zu dem Substantiv als das andere, so muß es unmittelbar vor das Substantiv gestellt werden.

> ein tüchtiger junger Mann — ein wertvoller kupferner Kessel — die gute alte Zeit

b. Das substantivische Attribut im Genitiv

1. Das Genitivattribut steht heute hinter seinem Beziehungswort.

> der Antrag des Meisters — der Vorsitzende des Vereins

Besonders in gehobener Sprache und bei Eigennamen findet sich die Voranstellung.

> des Sommers letzte Rose — Goethes Werke

2. Sind einem Substantiv mehrere substantivische Attribute gleichwertig zugeordnet, so schließt sich der Bereichskasus eng an das regierende Substantiv an; jede andere Wortstellung ergibt entweder keinen oder einen nicht gemeinten Sinn. — Vergleichen Sie:

> der Antrag des Meisters um Aufnahme in den Fortbildungskursus / der Antrag (wessen?) um Aufnahme des Meisters in den Fortbildungskursus / der Antrag um Aufnahme in den Fortbildungskursus des Meisters
>
> der Besuch der Fremden von Hamburg / der Besuch Hamburgs durch Fremde

c. Das Attribut darf nicht von seinem Beziehungswort getrennt werden.

Nicht:
> Ein Zimmer an besseren Herrn mit drei Fenstern zu vermieten.

Sondern:
> Ein Zimmer mit drei Fenstern an besseren Herrn zu vermieten (an besseren Herrn ist nicht Attr.).

Auch ein Relativsatz muß sich eng an sein Beziehungswort anschließen. Er darf vor allem nicht durch ein Substantiv, das mit dem Beziehungswort im Genus übereinstimmt, von diesem getrennt werden.

> Ich traf meinen Freund, der sehr fröhlich war, auf dem Sportplatz.

Aber nicht:
> Ich traf meinen Freund auf dem Sportplatz, der sehr fröhlich war.

II. Die Eingliederung beim Verb

§ 62 Die Umstandsbestimmung

a. Das Prädikat, bestehend entweder nur aus einer Verbform oder aus Verb und Ergänzung, kann je nach der Aussageabsicht des Redenden mit einer oder mehreren Umstandsbestimmungen erweitert werden.

Der Präsident überreichte / gestern / / im Rathaus / dem Schriftsteller / mit / feierlichen / Worten / / für seine Verdienste / um die Stadt / die Urkunde / des Senates /.
Prädikatsgruppe = von „überreichte" bis „Senates"

b. Dem Inhalt nach kann man mit der Umstandsbestimmung eine Angabe machen über:

1. den Ort — lokal

    Er hat / im Bahnhof / eine Zeitung gekauft.

2. die Zeit — temporal

    Auf diese Weise wird in der Zeitstufe, die durch das Tempus des Verbs umrissen wird, ein genauer(er) Zeitpunkt festgelegt (vgl. 2 b).

    Ich habe { neulich / vor einer Stunde } meine Schlüssel verloren.

3. die Art und Weise — modal

    Ich bringe dir / gern / das Buch mit.
    Das Eisen wird / bis zur Weißglut / erhitzt.

4. den Grund — kausal

    Ich konnte es / vor Schmerzen / nicht mehr aushalten; ich bin / darum / zum Zahnarzt gegangen.

5. den Urheber (Täter) des Geschehens in einem passivischen Satz (vgl. § 3 b)

    Der Fels wurde / von den Arbeitern / gesprengt.

6. den Zweck — final

    Er ist / zum Tanzen / gegangen.

    (Vgl. die finale Verwendung des reinen Infinitivs: *Er ist tanzen gegangen.*)

7. das Mittel und Werkzeug — instrumental

    Er hat den Nagel / mit der Kneifzange / herausgezogen.
    Die Ernte wurde / durch Hagel / vernichtet.

8. die Folge — konsekutiv

    Der Ball ist / zum Platzen / aufgepumpt.
    Sie sang / zum Davonlaufen /.

9. den nicht zureichenden Gegengrund — konzessiv

    Wir machten / trotz des Regens / einen Spaziergang.
    Er hat sich / bei aller Vorsicht / (doch) verletzt.

10. die Bedingung — konditional

    Er wäre / bei größerer Vorsicht / nicht ertrunken.

Umstandsbestimmung § 62

c. Als Form der Umstandsbestimmung kann man wählen:
  1. ein Adverb — ein unveränderliches Umstandswort (vgl. § 40)
      hier, rechts, bergauf; jetzt, inzwischen, immer; sehr, vielleicht, ziemlich, kopfüber; darum, deshalb, dadurch
  2. einen Präpositionalausdruck (vgl. §§ 41—43)
      Beachten Sie:
      Mit einem Präpositionalausdruck können Sie eine Umstandsbestimmung weit genauer bezeichnen als mit einem Adverb; daher ist diese Form der Umstandsbestimmung sehr häufig.

      Er hat mich { neulich / im vorigen Monat   dort / in meinem Ferienhaus } besucht.

      Demnächst / Ab Freitag } in diesem Theater

  3. ein endungsloses Adjektiv, das wie ein echtes Adverb gebraucht wird und die Art und Weise (Modus) anzeigt
      Er hat fleißig gearbeitet.
  4. den Genitiv eines Substantivs
      Gelegentlich bezeichnet der Genitiv als Bereichskasus eine Umstandsbestimmung
      a) des Raumes: Er kam des Weges. Er wohnt linker Hand.
      b) der Zeit: Er kam des Abends öfter zu uns. Eines Tages brachte er ... mit.
      c) der Art und Weise: Er kam eilenden Schrittes / stehenden Fußes zu uns. — Meines Erachtens ist er verreist. — Er ist guten Mutes.
      d) des Grundes: Hungers sterben
  5. den Akkusativ eines Substantivs
      Der Akkusativ bezeichnet als Zielkasus eine Umstandsbestimmung:
      a) eine Erstreckung in Raum oder Zeit
          Er springt nur einen Meter (weit).
          Er wartete nur einen Augenblick.
      b) einen Wert, einen Preis oder ein Gewicht
          Das Buch ist keinen Pfennig wert.
          Der Sack wiegt einen Zentner — der einen Zentner schwere Sack
  6. einen Vergleich
      Er arbeitet wie ein Pferd (arbeitet) (= schwer).
      Er geht wie die Katze um den heißen Brei (= vorsichtig).
  7. einen Nebensatz (vgl. § 67 d)

d. Eingliederung der Umstandsbestimmung in die Verbalgruppe
  1. Dem Redenden steht es zwar frei, entsprechend seiner Aussageabsicht das Geschehen näher zu erläutern und anzugeben, wann, wo, warum, wie, trotz

wessen usw. es sich ereignet oder ereignet hat, aber daraus ergibt sich leicht eine Häufung von Umstandsbestimmungen.

Erträglich ist noch ein Satz wie:
> Mein Freund ist /gestern/ /auf zwei Wochen/ /zur Erholung/ /zu einem Bekannten/ gefahren.

Aber in dem folgenden Satz ist der Bogen, der die Prädikatsgruppe umspannt, entschieden überlastet:
> Karl hat bisher jeden Mittag trotz des großen Lärms auf der Straße unter den Fenstern seines Wohnzimmers auf dem wackligen Sofa, einem alten Erbstück von seinen Eltern, fast zwei Stunden lang ganz fest geschlafen.

2. Eine weitere Gefahr der Überdehnung ergibt sich daraus, daß in jede Erweiterung und in jede Ergänzung (Objekt) selbst wieder eingegliedert werden kann. Dadurch entstehen in aller Regel Nominalgruppen (vgl. § 60), deren Häufung und Länge unerträglich sind, weil der Hörer oder Leser bei der Fülle der Angaben den gemeinten Sinn nicht mehr sogleich in allen seinen Einzelheiten erfassen kann, so z. B. in dem Satz:
> Die Autobahn mußte infolge der durch den letzten langandauernden Winter an vielen Stellen verursachten Frostaufbrüche unter Einsatz aller verfügbaren Arbeitskräfte mit schleunig aus dem Lager der Autobahnmeistereien herbeigeschafften Baustoffen zur Aufrechterhaltung eines flüssigen Verkehrs mit größtmöglicher Eile ausgebessert werden.

Merken Sie:
> Die Entscheidung über Anzahl und Umfang der Eingliederungen in die Verbalgruppe ist dem Redenden überlassen; Grammatik und Sprachrichtigkeit legen ihm dabei keine Einschränkung auf. Aber stilistische Erwägungen, sein Sprachgefühl für Wohlklang und vor allem die Rücksichtnahme auf die Aufnahmefähigkeit und den Aufnahmewillen des Angeredeten müssen ihn immer da eine Grenze finden lassen, wo das Satzgerüst die Fülle der zusätzlich auszugestaltenden Satzteile nicht mehr zu tragen vermag.

Zusätze:
1. Eine mehrfache Wiederkehr derselben Präposition in einem Satz ist unschön.
    In seinen Ferien weilte er in Zürich in der Schweiz. Am meisten beteiligte sich die Jugend am Nachmittag an den Volkstänzen auf dem Sportplatz an der Au. — Um Mittag kamen um die Wegbiegung die Umsiedler ins Dorf, um in der neuen Umgebung Umschau zu halten.
2. Zu beanstanden ist ein Satzbau, in dem die Zugehörigkeit einer in die Form eines Präpositionalausdrucks gekleideten Umstandsbestimmung unklar oder gar irreführend ist: *Karl hat sich nach der Abfahrt des Zuges in Hamburg erkundigt* — hat er sich in Hamburg erkundigt? — oder hat er sich (wo?, wird nicht gesagt) erkundigt, wann der Zug in Hamburg abfährt?

§ 63 Die Wortstellung in der Verbalgruppe

a. Die Wortstellung in der Verbalgruppe bei gleichmütiger Feststellung

Während die Stellung des Prädikats, die in der Hauptsache die Verwirklichung der Redeabsicht übernimmt (vgl. § 64), unantastbar festlegt, kann die Stellung der

Verbalgruppe: Wortstellung § 63

übrigen Bestandteile in Grenzen verändert werden. Eine Veränderung der Stellung bewirkt aber eine Änderung der Betonung und damit eine Sinnänderung.

1. Hinter der finiten Verbform, die Person und Zeit angibt, steht
    a) wenn vorhanden, als Personalkasus der Dativ
    b) die Umstandsbestimmung der Zeit
    c) danach andere Umstandsbestimmungen, die Ergänzung(en) (Objekte) im Akkusativ, Genitiv oder ein Präpositionalobjekt
       Ich habe dir gestern eine Kinokarte versprochen.
       Das Schreiben geht der Behörde in einigen Tagen zu.
       Ich habe an der Straßenkreuzung einen Polizisten nach dem Goetheweg gefragt.

   Nicht einwandfrei ist also z. B.
       Die Lehre wurde ordnungsgemäß mit der Gesellenprüfung 1959 abgeschlossen — statt: ... wurde 1959 ordnungsgemäß mit ... abgeschlossen.

2. Das Reflexivpronomen *sich* rückt an die finite Verbform heran.
       Er hat sich gestern den Fuß verstaucht. Er hat sich mir anvertraut.

   Falsch ist also:
       Der Arbeiter hatte an der Maschine sich die Hand verletzt.

   Im Spannsatz (vgl. § 64c) steht *sich* unmittelbar hinter der Konjunktion oder dem Relativpronomen:
       Die Erfahrung hat bewiesen, daß sich nirgendwo leichter nationale Entfremdung überwinden läßt ... als im Sport.

3. Die Regel unter 1. wird gelegentlich dadurch durchkreuzt, daß ein kürzeres und (oder) tonschwächeres Glied vor einem längeren und daher schon nachdrücklicheren steht; insbesondere tritt ein Personalpronomen im Dativ hinter einen Akkusativ.
       Ich gebe dem Freund die Autoschlüssel.
       Ich gebe   ihm   die Autoschlüssel.
       Ich gebe   sie   dem Freund.
       Ich gebe   sie   ihm.
       Ich sage dir das nicht zum Spaß.
       Ich sage es dir nicht zum Spaß.

4. Wenn die Wortstellung den gemeinten Sinn nicht klar erkennen läßt oder irreführt, muß sie in den möglichen Grenzen geändert oder der Satz gänzlich anders gestaltet werden.
       Flugkörper stellten die USA als Zielflugzeuge für Raketenabwehrwaffen der Bundeswehr zur Verfügung. (Zeitungsmeldung)

   Gemeint ist nicht:
       Raketenabwehrwaffen der Bundeswehr (Gen.)

   sondern:
       ... stellten der Bundeswehr (Dat.) zur Verfügung.

153

Ebenso unklar ist die Zeitungsmeldung:

> Am Sonntag wurde die 17 Jahre alte Sigrun L. aus Mustin bei Ratzeburg überfahren. (Mustin bei Ratzeburg? oder: ... wurde bei Ratzeburg überfahren?)

Zusatz:

Bei zusammengesetztem Prädikat zeigt sich neuerdings — vielleicht unter dem Einfluß fremder Sprachen — die Neigung, den infiniten Teil des Prädikats vorwegzunehmen, ohne daß damit in bestimmter Sprechsituation eine besondere Wirkung beabsichtigt wird:

> Er ist mit dem Fahrrad gestürzt beim Einbiegen in die Nebenstraße.
> Damit war dann der Weg gewiesen zu weiterer Entwicklung.
> Der Kurs führt hinaus in die unendliche Einsamkeit des Nordatlantik.

Auch im Spannsatz (vgl. § 64 c) trifft man diese Erscheinung.

> Ich bitte das Hohe Gericht, dem Maier zu zeigen, daß es noch Gerechtigkeit gibt in Deutschland.
> Wir glauben, daß der Sport ganz außerordentlich, ja entscheidend beitragen kann zur politischen Gesundung.

Hinweis: Zur Stellung des Adverbs vgl. § 40

b. Die Wortstellung in der Verbalgruppe bei besonderer Aussageabsicht

1. Je mehr sich ein Wort aus der schwachtonigen Mitte dem Ende des Satzes nähert, desto wichtiger wird es für den gemeinten Sinn. Die Spitzenstellung hat in der Regel dieselbe Wirkung.

Es wird hervorgehoben:

a) ein Dativobjekt, das hinter ein Akkusativobjekt tritt

> Ich habe den Schlüssel dem Sportwart gegeben.

b) ein Akkusativobjekt hinter dem Genitivobjekt

> Der Richter beschuldigte des Diebstahls den Kläger (selbst, nicht den Angeklagten).

c) eine Verberweiterung

1) in Spitzenstellung; das aus dieser Stellung verdrängte Subjekt tritt dabei, da das Verb im Kernsatz (vgl. § 64) stets die Zweitstellung innehaben muß, hinter das Verb oder die Personenform.

> Schon wieder geht die Uhr nach. — Sofort gehst du zur Post!
>
> Noch ist alles grau. — Schwarz flattern ihre Lumpen um die Büsche. — Näher kommt der Regensturm. Hastiger wandern die Wellen; tiefer bückt sich das Rohr; unwilliger schütteln die Pappeln ihre Köpfe. (Löns)

Zusatz:

Mit der Spitzenstellung eines Präpositionalausdruckes braucht keine Hervorhebung gemeint zu sein: *Auf dem Flugplatz befand sich eine nach Tausenden zählende Menge ungeduldiger Zuschauer. — Im Sommer wohnt er auf dem Lande.*

2) in Endstellung

> Ich habe einen Schlüssel gefunden, auf der Treppe.
> Man konnte den Turm sehen (,) (ganz) in der Ferne.
> Du gehst zur Post, (und zwar) sofort!
> Er hat geschrieben, endlich, aus Amerika.
> Sein Meister ist sogar außerordentlich zufrieden mit ihm, er sagte es mir gestern abend noch, zufällig.

Verbalgruppe: Wortstellung § 63

d) eine von mehreren Verberweiterungen, wenn sie ihren gewöhnlichen Platz verläßt, insbesondere, wenn sie noch hinter die finite Verbform tritt.

> Die Jungen hatten sich in den Obstgarten unbemerkt geschlichen (gewöhnliche Wortstellung: ... hatten sich unbemerkt in den O. ...). / Die Jungen hatten sich in den Obstgarten geschlichen, unbemerkt.
> Er wohnt auf dem Lande im Sommer.
> Auf dem Lande wohnt er im Sommer.

Hinweis: Zur Stellung des Attributes vgl. § 61

2. Die Gegenstellung wird auch angewandt, um zwei Sätze besser miteinander zu verknüpfen. Ein Wort, das auf den vorhergehenden Satz Bezug nimmt, wird an die Spitze des Satzes gestellt und schlägt sozusagen die Brücke von Satz zu Satz. Dadurch wird der Stil flüssiger.

Außerdem erhält der in einem Zusammenhang stehende Satz durch diese verklammernde Darstellung erst seinen richtigen Bau. Denn jeder Satz bringt im Fortschreiten der Gedanken etwas Neues. Das Neue steht am Satzschluß. Daran knüpft der folgende Satz an und spinnt den Gedanken weiter.

Nicht:	Sondern:
Mein Nachbar besitzt einen Hund. Mein Nachbar hat den Hund in einem Tierheim gekauft.	Mein Nachbar besitzt einen Hund. Er hat ihn in einem Tierheim gekauft.
Das Fenster hat oben im Rahmen eine Schiene. Kleine Rollen laufen in der Schiene. Die Gardine wird mit einigen Klammern an diesen Rollen befestigt.	... eine Schiene. In der Schiene (in ihr) laufen kleine Rollen. An diesen Rollen (an ihnen) wird die Gardine mit einigen Klammern befestigt.
Man gebraucht zum Stempeln ein Stempelkissen. Aus einem Blechkästchen und einem mit Farbe getränkten Kissen besteht das Stempelkissen.	Zum Stempeln gebraucht man ein Stempelkissen. Es besteht aus einem Blechkästchen und einem mit Farbe getränkten Kissen.

c. Die Gegenstellung der festen Satzglieder

1. Während in der gesprochenen Sprache jedes Wort an jeder beliebigen Satzstelle durch starke Betonung hervorgehoben werden kann und dazu eine Änderung der Wortstellung nicht erforderlich ist:

> Der Nachbar hat die Feuerwehr gerufen (— nicht ich).
> Ich möchte einen Apfel haben (— keine Birne).

kann in der geschriebenen Sprache dieselbe Wirkung nur durch stilistische Mittel erreicht werden, deren eines die Anwendung des Gegenplanes ist.

Beim Gegenplan vertauschen Subjekt und Ergänzung die Plätze, die sie in gleichmütiger Rede im Kernsatz (vgl. § 64) nach dem Grundplan innehaben:

Grundplan: Subjekt   — Prädikat   — Ergänzung
Gegenplan: Ergänzung   — Prädikat   — Subjekt

E   *Abriß der Grammatik*

Grundplan	Gegenplan
Vater liest die Zeitung.	Die Zeitung liest Vater.
Der Kerl gehört ins Gefängnis.	Ins Gefängnis gehört der Kerl.
Das ist eine Unverschämtheit.	Eine Unverschämtheit ist das.

In den jeweils nebeneinanderstehenden Sätzen sind die Wörter genau dieselben, auch ihr Satzgliedwert hat sich nicht geändert, und doch handelt es sich dem Sinne nach um ganz verschiedene Sätze.

Hervorhebung durch den Gegenplan zeigen z. B. auch die Sätze:

> Einen Apfel möchte ich haben. — Nach Ruhe sehnt er sich. — Auch Launen hat sie bekommen mit der Zeit; Tage hat sie, an denen ihre Stirn kraus und ihre Augen düster bleiben. (Löns)

2. Auch die Nominalform einer zusammengesetzten Verbform kann durch Gegenstellung hervorgehoben werden.

> Verloren hast du den Schlüssel.
> Gearbeitet wird hier jetzt!
> Entkommen sein kann er nicht.
> Tragen wirst du den Koffer ja wohl können.
> Zurück kann er nicht.

Merken Sie:

Das hinter das Prädikat tretende Subjekt ist **nicht** Teil der Prädikatsgruppe, auch wenn es von den Teilen eines zusammengesetzten Prädikats umklammert wird.

> Um ein Nachtlager hat | der Fremde, der noch spät ankam, |
>   Prädikatsgruppe | S u b j e k t s g r u p p e |
> den Wirt „Zum Ochsen" gebeten.
>   Prädikatsgruppe

Zusatz:

Wenn Subjekt und Prädikat ihren Platz tauschen, kann es fraglich sein, welches Satzglied durch die Stellunghervorgehoben werden soll.

> Die **Feuerwehr** rief der Nachbar — nicht den Unfallwagen.
> Die Feuerwehr rief der **Nachbar** — nicht ich.

C. Die Satzarten

§ 64 Drei Satzarten

Die Satzart wird durch die Stellung des Prädikats, bei zusammengesetzten Verbformen durch die der Personenform, bestimmt.

Danach unterscheidet man drei Satzarten:

a. Kernsatz

1. Das Prädikat steht in Mittelstellung zwischen Subjekt und Ergänzung.

Der Chef beurlaubte seine Sekretärin.
Der Chef hat seine Sekretärin beurlaubt.
Wer hat die Sekretärin beurlaubt?
Der Chef hat heute morgen seiner Sekretärin für eine ärztliche Untersuchung Urlaub gegeben.

Beachten Sie:

Die Personenform und die Nominalform umklammern alle Satzteile, die auf die Personenform folgen (vgl. § 11).

2. Welche Form das Subjekt hat, ist auf die Stellung des Prädikats bzw. der Personenform ohne Einfluß.

1. Glied (=Subj.)	Personenform		Form des Subj.
Das Schiff	erreicht	den Hafen.	Subst.
Die feldmarschmäßig ausgerüsteten Soldaten	verlassen	die Kaserne.	Nominalgruppe
Das Parken eines Autos am Rande der Autobahn	ist	verboten.	subst. Inf. in Nominalgr.
Meister und Geselle	lobten	die Arbeit des Lehrlings.	Wortreihe
Wer zuletzt lacht,	lacht	am besten.	Nebensatz
Am Rande der Autobahn zu parken	ist	verboten.	Inf. mit Erweiterung
Allen Leuten recht getan	ist	eine Kunst, die niemand kann.	Partizipialgruppe

3. Auch wenn ein anderer Satzteil als das Subjekt an die Spitze des Satzes tritt (vgl. § 63), behält das finite Verb den Platz unmittelbar dahinter.

    An die Ereignisse der letzten Tage   denke   ich oft.
    Den Schlüssel   habe   ich nicht gefunden.

Zusatz:

Wenn zur Hervorhebung oder des Wohllautes oder des Rhythmus wegen das Subjekt hinter das Prädikat tritt und der Redende kein anderes Wort an die Spitze des Satzes stellen kann oder will, so erscheint hier ein *es* als ‚vorläufiges Subjekt', da im Kernsatz das Prädikat unbedingt den zweiten Platz innehaben muß. Das *es* verschwindet wieder, sobald sich die Wortstellung ändert.

    Schnee fällt. — Es fällt Schnee.
    Es flattert eine Fledermaus um das Haus. — Um das Haus flattert eine Fledermaus.

b. Stirnsatz

‚Stirnsatz' nennt man einen Satz, an dessen Spitze das Prädikat oder die finite Verbform steht.

    Beurlaubte der Chef seine Sekretärin? — Hat der Chef seine Sekretärin beurlaubt?

c. Spannsatz

Spannsatz ist die Form des Nebensatzes (vgl. § 66): die Personenform steht an seinem Ende, die Nominalform unmittelbar davor (vgl. jedoch § 63 a Zus.). Diese

im Aufsatz keine nominal-Form.

E *Abriß der Grammatik*

Satzart nennt man Spannsatz, weil sich von dem einleitenden Signalwort an bis zum Satzschluß ein Spannbogen erstreckt, unter dem alles Gesagte steht.

(Ich freue mich,) wenn ich die Prüfung zur Aufnahme in die Staatliche Ingenieurschule bestehe. — (Ich hörte,) daß der Chef seine Sekretärin beurlaubt hat.

Zusatz:

Nur wenn das Prädikat aus der zusammengesetzten Form eines Modalverbs und einem Infinitiv besteht, steht die Personenform vor dem Nominalglied.

..., weil ich den Schlüssel nicht habe finden können.
Nachdem ich den Arzt hatte rufen lassen müssen, ...

§ 65 Gebrauch der Satzarten

Durch jede Satzart wird eine bestimmte Redeabsicht verwirklicht.

a. Der Kernsatz drückt eine Feststellung aus.

Auch der mit einem Fragewort eingeleitete Fragesatz enthält eine Feststellung — freilich eine lückenhafte; denn in einem Punkt ist der Sachverhalt noch nicht vollständig geklärt. In diese Lücke tritt vorläufig ein Fragewort. Der Angeredete soll mit seiner Antwort den Sachverhalt ergänzen und somit die Lücke schließen. Fragen mit Fragewort nennt man daher ‚Ergänzungsfragen'.

Wer / Der Nachbar } hat den Einbrecher { gesehen? / gesehen.

Wann / Um acht Uhr } fährt der Zug nach { Stuttgart? / Stuttgart.

b. Indem der Stirnsatz das Verb an die Spitze stellt, rückt er den wesentlichen Teil der Aussage in den Vordergrund. Daher drücken Stirnsätze aus: Satzfragen, auf die der Angeredete mit Ja oder Nein antworten muß (Entscheidungsfragen), Aufforderungen und danach Wünsche, die unerfüllt (irreal) bleiben. Bei ausdrucksvollem Sprechen ist der Stirnsatz ein stilistisches Mittel.

Hast du deine Bewerbung abgesandt? Ja oder nein?!
Wären wir doch gestern zu Hause geblieben!
Komm doch morgen zu mir.
(Er ist ein guter Kerl.) Hat er das doch oft durch die Tat bewiesen.

c. Der Spannsatz fügt unter verbaler Ausprägung an, was bei Eingliederung nominal nur benannt wird; er wirkt dadurch lebendiger und nachhaltiger. Außerdem ermöglicht er infolge der Aussagekraft der Verbform und des vorangestellten Fügewortes eine genauere Darstellung des Sachverhaltes.

Über den Grund der Reise	Warum er/sie/es — heute — verreist, sie ... verreisen, er/sie/es — gestern — verreist ist, er seit langem verreist sein mag, er ... verreist gewesen ist, er ... morgen verreisen will,
weiß ich nichts.	weiß ich nicht / darüber weiß ich nichts.

Gebrauch der Satzarten · Wesen des Nebensatzes § 65/66

Zusatz:
In mündlicher Rede spielt die Tonführung eine große Rolle. Durch sie können Kernsätze wie
    Du gehst jetzt.
    Der Wind weht aus Westen.
    Du hast die Arbeit noch nicht gemacht.
den Aussagewert einer Entscheidungsfrage *(Du gehst jetzt? ...)* erhalten und Kernsätze wie
    Du gehst jetzt.
    Du wirst jetzt das Schiff besteigen.
eine Aufforderung ausdrücken.
Ebenso kann je nach Tonführung mit einem Satz wie *Gehst du jetzt an die Arbeit* eine Frage oder eine Aufforderung gemeint sein.
Da wir die Tonführung schriftlich nicht wiedergeben können und das Satzschlußzeichen nur eine verspätete Andeutung des Aussagewertes macht, sind wir hier an die Befolgung der Stellungsregel für das finite Verb gebunden.

§ 66 Das Wesen des Nebensatzes

a. Der Redende hat oft die Möglichkeit, einen nominal geprägten Satzteil, der auch als Nominalgruppe erscheinen kann oder in die Verbalgruppe nominal eingegliedert ist, in einen Satz, den man Nebensatz nennt, umzuformen und dadurch in verbaler Prägung anzufügen (vgl. § 65 c) — verbale Anfügung.

Merken Sie:

1. Mit Ausnahme allein des Prädikats läßt sich grundsätzlich jeder Satzteil als Nebensatz ausformen.
2. Die verbale Prägung unterscheidet sich inhaltlich nicht von der nominalen; der Unterschied besteht nur in der Form und ihrer Leistung.
    Der Fleißige   erreicht   bei Ausdauer   sein Ziel.
    Wer fleißig ist, erreicht, wenn er Ausdauer hat, was er erstrebt.

b. Merken Sie als Kennzeichen eines Nebensatzes:
1. Er gibt für sich allein keinen Sinn — wie der Satzteil, dessen Umformung er darstellt.
    ... wer oft fehlt ...
    ... daß die Fensterscheiben klirrten ...
    ... nachdem das Flugzeug aus Amerika gestern bei strömendem Regen auf der Rollbahn glatt gelandet war ...
2. Die finite Verbform steht am Satzschluß (vgl. § 64 Spannsatz).
3. Da alle Nebensätze Spannsätze sind, entscheidet schon die Einleitung eines Nebensatzes, wie die verbale Anfügung gemeint ist.
Danach unterscheidet man:
a) Relativsatz, eingeleitet durch eines der Relativpronomina (*der, die, das; welcher, welche, welches; wer, was,* vgl. § 31) oder durch ein relativisches Adverb, z. B. *woran, worauf, womit.*
b) Indirekter Fragesatz, eingeleitet durch eines der Interrogativpronomina oder -adverbien (vgl. § 32).

159

E   *Abriß der Grammatik*

   c) **Konjunktionalsatz**, eingeleitet durch ein Fügewort — Konjunktion (vgl. § 45).

Zusätze:
1. Der indirekte (abhängige) Fragesatz ist daran kenntlich, daß er sich in einen direkten (unabhängigen) Fragesatz umwandeln läßt, wobei der Hauptsatz die Antwort auf die Frage gibt.
   Es ist ungewiß, wann wir zurückkehren. / Wann kehren wir zurück? — Das ist ungewiß.
   Die Frage, ob er kommt, kann ich nicht beantworten. / Kommt er? — Die Frage kann ich nicht beantworten.
2. Beachten Sie den Unterschied zwischen indirektem Fragesatz und Relativsatz!
   Indirekter Fragesatz:
   Ich weiß nicht, wer das Bild gemalt hat. (Wer hat das Bild gemalt? — Ich weiß es nicht.)
   Was uns die Zukunft bringt, kann niemand sagen. (Was bringt uns die Zukunft? — Das kann niemand sagen.)
   Relativsatz:
   Wer (= derjenige, welcher) das Bild gemalt hat, (der) soll es erklären.
   Was (= das, was) die Zukunft bringt, müssen wir ertragen.

c. Da der Nebensatz für sich meist keinen Sinn gibt, muß er an einen selbständigen oder ‚regierenden' Satz — den **Hauptsatz** — ‚angefügt' werden. Von ihm ist der Nebensatz abhängig; er ist ihm untergeordnet — subordiniert.

Unterordnung — **Hypotaxe**

Hauptsatz und Nebensatz bilden zusammen ein **Satzgefüge**.

d. Die Stellung des Nebensatzes (außer der des Attributsatzes, vgl. § 61 c)
   1. Der Nebensatz **vor** dem Hauptsatz — Satzbild: ⎡ H ⎤ .
      a) Er knüpft an das Vorhergehende an.   (N) ,
         Der Alte setzte sich in den Lehnstuhl und schien mit gefalteten Händen von seinem Spaziergang auszuruhen. Wie er so saß, wurde es allmählich dunkel. (Storm)
      b) Er bereitet das Geschehen im Hauptsatz vor, indem er die Lage signalisiert, die für das Geschehen im Hauptsatz von Bedeutung ist. Auf dieses Geschehen wird der Hörer oder Leser durch den vorangehenden Konjunktionalsatz gespannt gemacht. — Eine von Müllenhoff erzählte Geschichte beginnt:
         Weil die Büsumer an der See wohnen, ...
   2. Der in den Hauptsatz **eingeschobene** Nebensatz   ⎡ H ⎤ ,   , ⎡ H ⎤ .
                                                           (N)
      Er erzeugt dadurch, daß er den Hauptsatz zerreißt, beim Hörer oder Leser eine starke Spannung, die sich erst am Satzschluß löst. Außerdem wird der in dem Zwischensatz enthaltene Gedanke durch die Staupause davor und dahinter als für den Zusammenhang wichtig herausgehoben.
         Der Redende muß, wenn er einen Gedanken gestalten will, die treffende Form finden.
   3. Der Nebensatz **hinter** dem Hauptsatz — Satzbild: ⎡ H · ⎤ ,   (N) .
      a) Als Nachsatz hat der Konjunktionalsatz das geringste Gewicht. Häufig läßt er den Gesamtsatz nur ausklingen; denn, wenn er nicht dastände, würde man ihn kaum vermissen.

Vergleichen Sie:
>Weil es sternklar ist, kann es heute nacht Frost geben.
>Es kann, weil es sternklar ist, heute nacht Frost geben.
>Es kann heute nacht Frost geben, weil es sternklar ist.

b) **Wenn aber im Hauptsatz auf den folgenden Nebensatz durch irgendein Sprachmittel hingewiesen wird oder sonst ein Spannungsverhältnis besteht, gewinnt er Ausdruckskraft und ist unentbehrlich.**

>Es kann im Herbst nachts allemal d a n n Frost geben, wenn es sternklar ist.
>Ich wollte ja eigentlich Seemann werden; aber ich wurde s c h o n seekrank, wenn ich auf dem Deich stand und die Elbe sah. (Frenssen)

Zusatz:
Die Beziehung des Nebensatzes zu seinem Hauptsatz kann — aber muß nicht — dadurch noch verdeutlicht werden, daß im Hauptsatz ein Wort auf den Nebensatz hin- oder zurückweist oder seinen Inhalt zusammenfaßt. Ein solches Beziehungswort nennt man Korrelat. Der Hinweis auf den Nebensatz kann erfolgen durch:

1. Pronomina
   >Ich hatte es dir schon angedeutet, daß ich morgen abreise.
   >Wer recht in Freuden wandern will, d e r geh' der Sonn' entgegen.
2. Adverbien
   >Wo rohe Kräfte sinnlos walten, da kann sich kein Gebild gestalten. (Schiller)

Andere Korrelate:
deshalb — weil, darin — daß, so — daß, dadurch — daß, je — desto, so — wie, insofern — als, wenn — so

Hinweis: Zur Zeichensetzung im Satzgefüge vgl. Teil I, S. 154f.

§ 67 Die Verwendung der Nebensatzarten

a. Subjekt und Objekt kann der Redende gelegentlich formen als:

1. Relativsatz

Wer zuletzt lacht, lacht am besten.	Subjektsatz
Ich sage, was ich denke.	Objektsatz

2. indirekten Fragesatz

Wann / ob Vater kommt, ist ungewiß.	Subjektsatz
Wann / ob Vater kommt, weiß ich nicht.	Objektsatz

3. Konjunktionalsatz

Daß das Subjekt die Form eines Nebensatzes haben kann, wird Ihnen nun klar sein.	Subjektsatz
Ich nehme an, daß Sie es verstanden haben.	Objektsatz

Zusatz:
Subjekt und Objekt haben bisweilen auch die Form

1. eines Hauptsatzes, der den Wert eines Nebensatzes hat

Mir scheint ⎫ Man sieht, ⎬ er hat die Aufgabe gelöst.	Subjektsatz Objektsatz
Er weiß, die Leiter ist fest.	Objektsatz

2. eines satzwertigen Infinitivs

In dieser Lage einen Ausweg zu finden ist nicht leicht.	Subj. inf.

Ich glaube die richtige Lösung gefunden zu haben.	Obj. inf.
Ich sah das Auto kommen.	Obj. inf.

b. Das Prädikatsnomen kann der Redende gelegentlich formen als:

1. Relativsatz

   Er blieb immer, der er gewesen war.

2. Konjunktionalsatz

   Mein Glück war, daß der Zug Verspätung hatte.

c. Das Attribut kann der Redende gelegentlich formen als:

1. Relativsatz

   Die Frage, die du stellst, kann ich beantworten.
   Die Gelegenheit, die sich uns jetzt bietet, müssen wir nutzen.

2. indirekten Fragesatz

   Die Frage, ob die Unendlichkeit endlich ist, bewegt die Menschheit.

3. Konjunktionalsatz

   Die Zeit, bis der Zug abfährt, müssen wir überbrücken.
   Die Möglichkeit, daß man das große Los gewinnt, ist gering.

Zusatz:

Das Attribut hat bisweilen auch die Form

1. eines Hauptsatzes, der den Wert eines Nebensatzes hat

   Die Vermutung, die Straße könnte gesperrt sein, bestätigte sich.

2. eines satzwertigen Infinitivs

   Die Hoffnung des Gesellen, in die Ingenieurschule aufgenommen zu werden, erfüllte sich.

d. Die Umstandsbestimmung kann der Redende auch formen als:

1. Relativsatz

   a) Die Ausformung der lokalen Umstandsbestimmung als Nebensatz ist nur mit dem einleitenden Pronominaladverb *wo* möglich.

      Wir trafen uns, wo sich die Wege kreuzen.

   b) Im übrigen haben Relativsätze nur selten auch den Wert einer Umstandsbestimmung.

      Der Lehrling ging zum Meister, der ihm Urlaub geben sollte (final = damit er ihm Urlaub gäbe).

   Zusatz:

   Nicht alle mit *wo* eingeleiteten Sätze sind Lokalsätze.

Ich kenne den Ort,	wo Pilze wachsen.	— Attributsatz
Ich weiß,	wo Pilze wachsen.	— Objektsatz
Mir ist bekannt,	wo Pilze wachsen.	— Subjektsatz

2. Konjunktionalsatz

   a) Diese Form (Adverbialsatz) nehmen Umstandsbestimmungen sehr oft an. Die Art der Umstandsbestimmung (vgl. § 62 b) wird dabei durch ein Fügewort — Konjunktion (vgl. § 45) — gleich am Anfang des Nebensatzes angezeigt. Durch dieses Signal ist für den Hörer die Richtung gekennzeichnet, in der die Gedankenführung verlaufen wird.

b) Der Redende verwendet zur Angabe
   der Zeit — Temporalsatz

   Sobald ein Auto entgegenkam, blendete der Fahrer ab. — Seitdem ein Verstärker eingebaut ist, entspricht das Gerät unseren Erwartungen. — Wenn es Herbst wird, ist es abends kühl.

   der Art und Weise — Modalsatz

   Die Katze fängt die Maus, indem sie sie anschleicht. — Ohne daß die Maus es merkt, nähert sich die Katze.

   Zusatz:
   Der verneinte modale Gedanke kann bei gleichem Subjekt im Haupt- und Nebensatz auch durch einen Infinitiv mit *ohne zu* ausgedrückt werden.
   Ohne gesehen zu werden (= ungesehen), war der Dieb ins Haus gelangt.

   Zur Bezeichnung eines Vergleichs gebraucht man nach einem Komparativ *als*, nach einem Positiv: *wie, als ob, wie wenn, je*.

   Er kam früher, als ich erwartet hatte. — Ein fahrender Zug, aus großer Höhe beobachtet, bewegt sich so langsam, wie eine Schnecke kriecht. — Je mehr du nachdenkst, um so klarer erkennst du deine Aufgabe.

   des Grundes — Kausalsatz

   Ich packe den Koffer, weil ich verreisen will.

   Zusatz: Falsch ist:
   Sie können sich darauf verlassen, daß ich die Anforderungen ... erfüllen werde, um so mehr, als ich ja schon mehrere Jahre in großen Geschäften immer up to date war. — *als* ist durch den Komparativ *mehr* veranlaßt; es handelt sich aber um die Angabe eines Grundes, daher richtig: *weil*.

   des Zwecks — Finalsatz

   Öffne das Fenster, damit frische Luft hereinkommt! — Ehre Vater und Mutter, auf daß es dir wohlgehe!

   Beachten Sie:

   Der finale Gedanke wird sehr häufig durch einen Infinitiv mit *um — zu* ausgedrückt. Der Infinitiv darf aber nur bei Subjektsgleichheit im Haupt- und Nebensatz gebraucht werden:

   Der Junge versteckte sich, um nicht gesehen zu werden (damit er nicht gesehen würde).

   aber nicht:

   Der Junge versteckte die Bücher, um nicht gesehen zu werden (damit sie nicht gesehen würden).

   Richtig, weil Zweckangabe:

   Jeden Tag ging ich rudern, um hart zu werden.

   Aber kein gutes Schriftdeutsch, weil keine Zweckangabe:

   Mein Boot bäumt sich vorne auf und fällt wieder ins Wasser, etwas tiefer als bis zu seiner Wasserlinie, um sich aber sofort wieder in die richtige Lage zu schaukeln.

   der Folge — Konsekutivsatz

   Es ist so kalt, daß die Fenster gefroren sind.

E　*Abriß der Grammatik*

Zusatz:

Der konsekutive Gedanke kann bei gleichem Subjekt in Haupt- und Nebensatz auch durch einen Infinitiv mit *um — zu* ausgedrückt werden.

Du bist zu jung, um alles zu verstehen.

des nichtzureichenden Gegengrundes — Konzessivsatz

Obwohl ich ihn beobachtet hatte, leugnete er den Diebstahl.

der Bedingung — Konditionalsatz

Wenn mancher Mann wüßte, wer mancher Mann wär', tät mancher Mann manchem Mann manchmal mehr Ehr'.

Nichts kann geschehen, ohne daß eine (= wenn keine) Veranlassung vorliegt.

Zusatz:

Falsch ist das Korrelat *so* in einem Hauptsatz, an den ein Kausalsatz angefügt ist. Also nicht: Da Ihre Arbeit nach dem Urteil von Sachverständigen unter jeder Kritik ist, so werden Sie dabei... den kürzeren ziehen.

Das Korrelat *so* kann im Hauptsatz nur stehen, wenn ein Konsekutiv- oder ein Konditionalsatz angefügt ist.

Er ist so krank, daß er zu Hause bleiben muß.

Wenn Sie auf diesen Brief nicht antworten (oder: Antworten Sie auf diesen Brief nicht), so werde ich eine Klage gegen Sie anstrengen.

So ist zur Klärung des Satzbaus unentbehrlich, wenn statt des *wenn*-Satzes ein Hauptsatz mit dem Wert eines Nebensatzes verwendet wird.

Kommt der Bus nicht rechtzeitig, so erreichen wir den Zug nicht.

Gib mir Bleistift und Papier, so werde ich dir die Wanderroute aufzeichnen (oder: und ich zeichne dir ... auf).

§ 68 Die Nebensatzreihe

a. Enthält ein Satz eine Wortreihe (Aufzählung) und wird jedes Glied der Wortreihe zu einem Nebensatz umgeformt, so entsteht eine Nebensatzreihe. In ihr sind alle Nebensätze gleichwertig und in gleicher Weise von dem Hauptsatz abhängig.

Wortreihe (zwei Umstandsbestimmungen der Zeit)

Schon vor dem Pfeifen der Amsel, vor dem Quarren der Krähe sind die Reiher wieder wach.

Nebensatzreihe

Ehe die Amsel pfeift, ehe die Krähe quarrt, sind sie wieder wach. (Löns)

Wie viele Unfälle sich bei dem Schneesturm ereignet haben und wann der Verkehr wieder geordnet abläuft ist noch nicht bekannt.

Satzbild:　(N)　und　(N)　,　| H |　.

b. Die Sätze der Nebensatzreihe können — wie die Sätze der Hauptsatzreihe (vgl. § 70) — durch Bindewörter — Konjunktionen —, wie z. B. *und, oder, aber, weder - noch, nicht nur - sondern auch,* miteinander verbunden werden.

Die Schneestürme der letzten Tage haben zahlreiche Verkehrsstockungen verursacht, obwohl die Schneezäune erst kürzlich erneuert worden waren und (Bindewort) obwohl (Fügewort) der Verkehr alsbald umgeleitet wurde.

c. Haben Sätze einer Satzreihe dasselbe Fügewort als Signal, so braucht es nicht wiederholt zu werden.

> Die Wasserjungfern (Libellen) leben nur, wenn die Sonne scheint und die Luft warm ist.... Wenn aber graue Wolken am Himmel dahinfegen, der Regen strömt und ein hohler Wind heult, verschwunden sind sie dann, die Sonnentiere. (Löns)

Unterscheiden Sie:
Ein Nebensatz mit Prädikat als Wortreihe
> Ich freue mich, daß du gekommen bist und so gesund aussiehst.

Nebensatzreihe
> Ich freue mich, daß du gekommen bist und daß du so gesund aussiehst.

Hinweis: Zur Zeichensetzung vgl. Teil I, S. 156 c.

Zusätze:
1. Hängen von einem Hauptsatz zwei (gleichgeordnete) Nebensätze ab, die nicht gleichwertig sind, so bilden sie keine Nebensatzreihe. *Ich sah, als ich auf den Bahnhof kam* (Temporalsatz), *wie sich die Menschen am Schalter drängten* (Objektsatz).
2. Formgleiche Satzteile, die einem Hauptsatz und einem Nebensatz oder den Sätzen einer Nebensatzreihe gemeinsam sind, können Sie an geeigneter Stelle auslassen. *Ich will mir ein Fahrrad kaufen, sobald ich* (mir ein Fahrrad kaufen) *kann. So ein Lied, das Stein' erweichen* (kann), *Menschen rasend machen kann. Wenn die Tür geschlossen* (bleibt) *und* (wenn) *das Fenster offen bleibt kann es im Zimmer nicht ziehen.*
   Aber: *Er besaß eine Summe Geldes, die er durch Sparen vergrößerte und die ihm eine Reise ermöglichen sollte.*
   die muß trotz gleicher Form wiederholt werden, weil es beidemal nicht den gleichen Satzteilwert hat (erst Obj., dann Subj.).

§ 69 Die Gefügekette

a. Wie die Satzteile eines Hauptsatzes, so können auch die Satzteile eines Nebensatzes als Nebensätze ausgeformt werden. Dann entstehen Nebensätze 2. Grades usw.
> Ich weiß,
> daß deine Ankunft nicht bekannt werden soll.
> daß nicht bekannt werden soll, wann du ankommst.

Satzbild: | H | ,
               | N | ,
                     | N | .

b. Ein Nebensatz 2. Grades steht zu dem ihm übergeordneten Nebensatz 1. Grades in dem gleichen Abhängigkeitsverhältnis wie der Nebensatz 1. Grades zum Hauptsatz. Nebensätze verschiedenen Grades können nie durch ein Bindewort (z. B. und) verbunden sein.

c. Eine Kette von Nebensätzen, in der ein Nebensatz von dem andern abhängt, nennt man Gefügekette.
> Meine frühere Neigung zu Gretchen hatte ich nun auf ein Ännchen übertragen, von der ich nicht mehr zu sagen wüßte, als daß sie jung, hübsch, munter, liebevoll und

so angenehm war, daß sie wohl verdiente, in dem Schrein des Herzens eine Zeitlang als eine kleine Heilige aufgestellt zu werden, um ihr jede Verehrung zu widmen, welche zu erteilen oft mehr Behagen erregt als zu empfangen. (Goethe)

Die Satzreihe

a. Zwei oder mehr Sätze, die gedanklich eng zusammengehören, können, zu einer Satzreihe nebeneinandergeordnet, zu einem Gesamtsatz verbunden werden.

§ 70   Satzreihe: Nebenordnung — Parataxe

In der Satzreihe können die einzelnen Teilsätze durch ein Bindewort (vgl. § 44) miteinander verknüpft werden oder auch nicht.

> Es ist Feierabend, / und / die Werktore werden geschlossen.
> Die Wohnung steht noch leer, / denn / der alte Mieter ist gestorben, / und / seine Familie ist fortgezogen; / aber / ein Bewerber hat sich schon gemeldet.
> Er hat gar nichts Besonderes an sich, dieser Weg; er ist so wie alle Heidewege: kein Landmesser legte ihn fest, kein Arbeiter beschotterte ihn, keine Dampfwalze festigte ihn. (Löns)

b. Während ein Gedanke, der zusätzlich und nebensächlich in einen Satz eingegliedert wird, sozusagen in diesem untertaucht, tritt er in das volle Licht der Beachtung, wenn er, den übrigen Gedanken gleichwertig, zu einem selbständigen Satz ausgestaltet wird.

In dem Satz *Das Pferd sank auf der sumpfigen Wiese ein* wird die Begründung für das Einsinken des Pferdes durch das adjektivische Attribut nicht genügend herausgestellt. Das wäre mit einer Eingliederung eher zu erreichen, wenn man sagen könnte: *Das Pferd sank wegen der Sumpfigkeit der Wiese / wegen des Sumpfes der Wiese / wegen der Sumpfwiese ein.* Zur vollen Beachtung kommt die Begründung aber durch die Parataxe: *Das Pferd sank auf der Wiese ein; denn sie war sumpfig.*

Zusatz: Hüten Sie sich vor folgenden Satzbaufehlern:

1. Umstellung nach *und*: *Wir bieten Ihnen die gewünschte Ware an und sehen wir Ihrer werten Rückantwort (!) gern entgegen* (statt: *... und (wir) sehen ...*). — *Wir senden heute die Ware ab und bitten wir Sie um baldige Begleichung der Rechnung.* — Ebenso ist falsch *... andernfalls ich entsprechende Maßnahmen ergreifen werde* (statt: *..., andernfalls werde ich ... ergreifen*).

2. Falsche Satzverbindung durch Konjunktionen, Adverbien oder Pronomina:
    a) *Die Gläser waren schlecht verpackt; daher* (statt: *trotzdem*) *blieben sie beim Transport heil.*
    Es ist hier dunkel im Flur, aber (statt: *deshalb*) *wir können nichts sehen.*
    Es führen viele Wege nach Rom, und (statt: *aber*) *nur einer ist der kürzeste.*
    b) *Zu einer Prüfung benötigt man einen Lebenslauf. Dieser ist ein schriftlicher Bericht.* (*dieser* ist zu stark hinweisend, vgl. § 30 Zus. 4)
    Ich brach das linke Bein. Letzteres fesselte mich beinahe zwei Monate ans Bett. (*letzteres* ist nicht nur an sich unschön, es bezieht sich auch noch auf *Bein* statt auf den Inhalt des ganzen vorhergehenden Satzes; Abhilfe: *Dadurch wurde ich ... gefesselt.*) — *Vor zwei Jahren hatte ich einen Beinbruch, bin aber wieder ganz gesund und bin dadurch nicht behindert.* (*wodurch?, durch das Gesundsein?*)

3. *Das Zifferblatt ist matt, die Zahlen schwarz.* Nur gleiche Satzteile in einer Satzreihe können in einem der Sätze eingespart werden; hier muß *sind* hinzugesetzt werden.

4. Verbinden Sie beim Erzählen eines Herganges die Sätze nicht fortgesetzt durch *und, und dann, und da!*

F. ABRISS DER RECHTSCHREIBUNG

Unsere Orthographie erscheint vielen als ein undurchschaubares Gestrüpp willkürlicher Regelungen. Jedoch es herrschen gleichwohl gewisse sinnvolle Ordnungen, die sich auch erkennen lassen, wenn man sich einige Grundlagen klarmacht. Bei aller Schreibung ist zu bedenken, daß es gilt, mit 26 (25) Buchstaben eine weit größere Zahl von Lauten und Lautverbindungen wiederzugeben und festzuhalten als die, die wir tatsächlich sprechen. Diese Laute werden zudem in den verschiedenen Sprachlandschaften zum Teil auch noch verschieden ausgesprochen. Damit entfällt die Möglichkeit, rein phonetisch, d. h. nach dem gesprochenen Lautbestand, zu schreiben. Statt dessen gelten andere Prinzipien, so das der sprachlichen Herkunft (etymologisches Prinzip) und des geschichtlichen Sprachwandels (historisches Prinzip).

Da unsere Sprache lebt und sich ständig weiter verändert, sind in der Schreibung auch noch Ablagerungen älterer Sprachzustände anzutreffen. Dies alles nebeneinander ergibt dann den Eindruck einer ungeregelten Willkür. Man kann damit nur fertigwerden, wenn man viel liest und dabei ganz unterbewußt in die Regelungen hineinwächst. Schließlich gilt bekanntlich die Regel, daß im Zweifelsfall die im Duden festgelegte Schreibung als richtig anzunehmen ist. Wir geben hier nur einen Abriß der Hauptregelungen.

Wer auch intensiv üben will, der greife zu Hinze, Durch Üben wird man Meister, Klettbuch 3203. Hier sind alle Dudenregeln verarbeitet.

I. Schreibung der Vokale

1 Die Kürze des Vokals wird im Stammauslaut aller rein deutschen Wörter (mit wenigen Ausnahmen) dadurch bezeichnet, daß der folgende Konsonant verdoppelt wird:

Latte, Welle, Zimmer, kommen

Das gilt nicht für Wörter, deren Stammauslaut schon auf verschiedene Konsonanten ausgeht:

Herz, Kante, Münze, falten, herb, oft

2 Der lange Laut a

wird auf dreierlei Art geschrieben:

a:	Schar	bar	Waren	Mal	malen	Schal	Kran	Span	Fraß	Wal
ah:	Jahr	Bahre	wahren	Mahl	mahlen		Zahn	Wahn		Wahl
aa:	Paar	Haare		Saat		Saal	Staat		Aas	Aal

Welche von diesen verschieden geschriebenen Wörtern werden genau gleich gesprochen?

Abriß der Rechtschreibung

3 Der lange Laut e
klingt in allen deutschen Landschaften wie in dem Wort „Meer". Er wird auf dreierlei Arten geschrieben:
Lesen Sie die Reihen von oben nach unten!

e:	selig	Rede	Gebet	Feder	her	quer	Schere	Herd
eh:	Hehler	Reh	geht	Fehde	hehr	Gewehr	lehren	mehr
ee:	seelisch	Reede	Beet	Fee	Heer	Speer	leeren	Meer

Sprechen Sie alle diese Wörter mit reinem, geschlossenem e!

4 Die wie ä gesprochenen Laute
werden auf dreierlei Arten geschrieben:

e:	Fett	Lerche	Weste	Becher	brennen	Menschen
ä:	Glätte	Lärche	Kästchen	Bäder	Schädel	Träne
äh:	gähnen	während	Strähne	Mähne	mähen	Zähne

Merken Sie: Wenn der Buchstabe e einen kurzen Laut bezeichnet, wird er stets wie ä gesprochen.

Geschriebenes ä kann sowohl kurz als auch lang klingen. Langes ä wird niemals mit ää geschrieben! (Saal, aber Säle)

Die Zwielaute äu — eu, ei — ai

5 a. Der Zwielaut äu klingt beim mundartfreien Sprechen genau wie eu.

1. Unterscheiden Sie beim Sprechen deutlich die Zwielaute ai und eu:

leise — Läuse, Eile — Eule, nein — neun, Meise — Mäuse, reimen — räumen, Eiter — Euter, heiser — Häuser, leichter — Leuchter, heilen — heulen, leiten — läuten, Seile — Säule, Reihe — Reue, Hai — Heu

weißes Gemäuer; scheußliche Eitelkeit; auf deutliche Weise; fleißige Leute; neue Kleider; feierliches Geläute; heimliche Reue; heisere Meute; eitrige Beule

2. Halten Sie die gleichlautenden Wörter auseinander:

gräulich — greulich, heute — Häute, bleuen — bläuen
greulich ist abgeleitet von Greuel; woher sind abgeleitet gräulich, Häute, bläuen?

Regel: Wörter mit äu stammen meistens von Wörtern mit au ab!

3. Schreiben Sie zu den folgenden Wörtern die Stammwörter heraus!

Räuber, Gesträuch, Bräutigam, Säure, Schnäuzchen — aber schneuzen; räuchern, läuten, betäuben, säumen, schäumen, träumen, häuten, stäuben, einzäunen, träufeln, kräuseln, säuseln, täuschen, aufbäumen; häuslich, gläubig, gebräuchlich, gräulich, geräumig, äußerlich, bäuerlich, häufig, käuflich, säuerlich

6 b. Der Zwielaut ei klingt beim mundartfreien Sprechen genau wie ai.
Dieser Laut wird auf zweierlei Weise geschrieben:

ai:	Waise	Laib	Laich	Saite	Hain	Mais	Maid	Rain
ei:	Weise	Leib	Leiche	Seite	Heim	Meise	meiden	Rhein

Außer den oben genannten gibt es nur noch wenige Wörter mit ai:

Mai, Hai, Kai, Kaiser, Lakai, Laie, Main, Mainz

Fast alle anderen Wörter, in denen man ai hört, werden mit ei geschrieben.

Schreibung der Vokale **I**

7 Der lange Laut i

a. Langes i wird auf viererlei Art geschrieben:

i:	Lid	Mine	Maschine	wider	Stil	Turbine	dir
ie:	Lied	Miene	Schiene	wieder	Stiel	Biene	radieren
ih:						ihn	ihr
ieh:	flieht	zieht	geschieht		stiehlt	befiehl	

Merken Sie: Das sonderbare ieh wurde früher in einigen Fällen mit ch gesprochen: Vieh wie Viech (befilch, geschicht).

b. In Wörtern fremder Herkunft schreibt man den langen Laut i fast immer mit einfachem i:

Musik, Bibel, Fibel, Stil, Lilie, Familie, Kilo, Tiger, Maschine, Satire (aber Lotterie, Energie, Fieber)

Sprechen Sie diese Wörter lautrichtig mit langem i!

8 Der lange Laut o (ö)

a. Der lange Laut o wird auf dreierlei Art geschrieben:

o:	Sole	Thron	Tor	Pol	Bote	Los	holen	
oh:	Sohle	Drohne	Ohr	Kohl			hohl	Mohr
oo:					Boote	Moos		Moor

b. Langes ö wird geschrieben ö oder öh, niemals öö!

Vergleichen Sie die beiden Wortreihen:

Köhler, Höhle, Gewöhnung, Röhre, Söhne, Löhne, verhöhnen
Gehör, Röte, Rockschöße, Röslein, Ströme, Getöse, Töne, löblich, höchlich

Merken Sie: öh wird nur bei solchen Wörtern geschrieben, die zu einem Wort mit oh gehören.

Ausnahmen von dieser Regel:

dröhnen, stöhnen, Föhn, Föhre, Möhre

9 Der lange Laut u (ü)

a. Bei diesen Lauten kann man nicht sagen, warum sie das eine Mal mit einfachem Laut, das andere Mal mit h geschrieben werden! Man muß sich die Schreibung mit dem Auge einprägen.

u/ü:	Ur(wald)	Spule	Rune	Rute	Blüte	Hüne	spüren	spülen
uh/üh:	Uhr	Pfuhl	Ruhm	ruhte	blühte	Hühner	rühren	fühlen

b. *Woher stammen die folgenden Wörter?*

ruht — tut — blutet — muht — hütet — brütet — blüht — brüht

h zwischen zwei Vokalen

10 a. Wenn h zwischen zwei Vokalen steht, so ist es kein stummes Dehnungszeichen, sondern es wird hörbar:

drehen, blühen, flehen, Kühe (aber: Kuh), Frühe (aber: früh)

F *Abriß der Rechtschreibung*

11 b. Hat der Infinitiv eines Verbs ein h, so bleibt es in allen Formen, die lang gesprochen werden:

drehen, er drehte, gedreht; Draht
nehmen, ich nahm; aber: er nimmt, genommen

II. Schreibung der Konsonanten

Die Verschlußlaute p — b, t — d, k — g

12 a. Im Silbenanlaut muß man sorgfältig zwischen stimmhaften (b, d, g) und stimmlosen (p, t, k) Verschlußlauten unterscheiden.

Im Auslaut werden dagegen auch die stimmhaften Verschlußlaute hart gesprochen:

der Lump, der Alp — Stab, Leib, Lob, Dieb
Tatkraft, todernst, stahlhart, Flut, Gut — Rad, Mund, Geduld, Eid
Dicksack, Siegellack — Berg, Tag, Zug, Burg, Sieg

13 b. *Prägen Sie sich durch Nachdenken ein:* der einleuchtendste Beweis

Bilden Sie den Superlativ der folgenden Partizipien und prägen Sie sich deren Schreibung durch sorgfältiges Sprechen ein:

aufreibend, eingehend, durchdringend, wohlschmeckend, herzzerreißend, zeitraubend, ordnungsliebend, bedeutend, spannend

14 c. *Prägen Sie sich durch Nachdenken ein:*

Todfeind (Feind bis zum Tode), Todsünde (Sünde, die zum Tode führt), Totschlag (Schlag, der einen tötet = tot macht), todsicher (so sicher wie der Tod), totschießen (so schießen, daß er tot ist), totlachen (so lachen, daß man tot liegenbleibt)

15 d. Die Nachsilbe -ig wird am Wortende meistens -ich gesprochen wie die Nachsilbe -lich.

Ergänzen Sie und sprechen Sie die folgenden Wörter! Bilden Sie zu jedem eine gebeugte Form, von den Substantiven den Plural, von den Adjektiven den Komparativ:

windi—, liebli—, einzi—, höfli—, winkli—, adli—, schmutzi—, richti—, ordentli—, arti—, scheußli—, lusti—, winzi—, Teppi—, Köni—, Pfenni—, Retti—, Honi—

16 e. *Prägen Sie sich durch sorgfältiges Sprechen die Schreibung der folgenden Wortpaare mit dem Ohr ein:*

Gram — Kram, Greis — Kreis, glimmen — klimmen, gleiten — kleiden

17 Schärfung mit Verdoppelung

a. Wenn eine Silbe kurz gesprochen werden muß, wird sie beim Sprechen und Schreiben geschärft: „Ried" klingt weich, „Ritt" klingt scharf. Wir sprechen also bei kurzen Silben von S c h ä r f u n g. Die Schärfung ist auch bei der Schreibung wichtig.

Schreibung der Konsonanten II

1. Prüfen Sie die folgenden Reihen:
Ebbe, Robbe, Kladde
Affe, Neffe, Schiffe, Kartoffel
Wille, Wolle, Bulle, Müller
Sommer, Hummer, dümmer, Wanne, rinnen
Stoppel, tippen, verworren, murren
Wasser, erschüttern, Ritter, Razzia
Welche Silben sind geschärft? Welche Laute sind verdoppelt?

b. Unterscheiden Sie beim Sprechen deutlich:
Kappe — Krabbe, satteln — paddeln, Schleppe — Ebbe, Rock — Roggen, Brücke — Brigg, Dock — Dogge
Die Wörter mit bb, dd, gg weisen auf nieder-(platt-)deutsche Herkunft.
Krabbe, kribbeln, krabbeln, Ebbe, verebben, abebben, Schrubber, schrubben, Robbe, knabbern; buddeln, paddeln, Paddelboot, Pudding, Troddel, Widder; Bagger, baggern, Egge, eggen, Flagge, flaggen, flügge, Roggen, Schmuggel

18 Schärfung ohne Verdoppelung

a. Bei einigen wenigen Ausnahmen tritt trotz der Schärfung keine Verdoppelung ein.
Vergleichen Sie:

Damm	— Bräutigam	Ballast	— Palast
Kammer	— Kamerad	Holla!	— Holunder
Mann	— man	Nummer	— numerieren

b. Keine Verdoppelung zeigen die Kleinwörter in, an, mit, ab, weg, von und die Vorsilben er-, zer-, ver-, un-
Sprechen Sie sorgfältig:
errichten — erachten, einnehmen — einebnen, verachten — verraten, verreisen — vereisen
Sollen hier die Doppellaute Schärfung bewirken, oder warum stehen sie da?

c. Keine Verdoppelung zeigen auch die kurzen Nachsilben -en, -in und -nis. Nur im Plural wird bei den Nachsilben -in und -nis verdoppelt.
Bilden Sie den Plural von:
Königin, Christin, Schülerin, Heidin, Hindernis, Bildnis, Gefängnis

d. Die Laute sch, ch und ng können nicht verdoppelt werden:
Fisch, Bach, Loch, Rang, Ring

Schärfung mit anderen Mitteln

19 a. dt
1. Man schreibt nach der Regel: die Stätte, die Bettstatt, anstatt —
aber ausnahmsweise: die Stadt, ebenso alle Wörter, die davon abgeleitet sind.
Wie schreibt man also:
die Lagersta—, eine sta—liche Hauptsta—, die Begräbnisstä—e, die stä—ischen Behörden

2. Die Verbindung dt kann auch zustande kommen, wenn an einen Stamm mit d durch Beugung ein t tritt: gesandt von gesendet, lädt von ladet
Erklären Sie hiernach die Schreibung:
beredt, gewandt, verwandt

20 b. ck
Der Laut k wird in deutschen Wörtern nicht verdoppelt (wie bei Akkord, Rebekka, Marokko), sondern durch das Zeichen ck ausgedrückt:
Acker, Leck, Blick, Bock, Zucker, Lücke, Backe, Stock, Stück, Brücke, Rücken
Nur bei der Silbentrennung kommt kk wieder zum Vorschein. *Bilden Sie, wo möglich, die Pluralformen und setzen Sie nach Silben ab:* Blik—ke, Lük—ken
Beachten und erklären Sie: Rückkehr, Rückkauf

21 c. tz
Der Laut z wird in rein deutschen Wörtern nicht durch Verdoppelung geschärft (wie bei Razzia, Skizze), sondern durch das Zeichen tz:
Katze, putzen, Mütze, Spitz, Witz, Spatz
Merken Sie: tz steht nur nach kurzem Vokal, nie nach einem Konsonanten. *Setzen Sie die richtige Schreibung des Lautes z ein:*
wi—ig, stür—en, stü—en, seuf—en, pla—en, pflan—en, ki—eln, Pil—e, Scher—e, Ba—en, Ar—t, Du—end

22 d. Mitlauthäufung
Drei gleiche Konsonanten schreibt man nur dann hintereinander in einem Wort, wenn noch ein vierter folgt:
Sauerstoffflasche, Rohstofffrage, Pappplakat
aber:
Schiffahrt, Brennessel, Füllöffel, Rolladen, Stoffutter, Schalloch, vollaufen
Beachten Sie: Bei der Silbentrennung dieser Wörter tritt der dritte Konsonant wieder zutage: Schiff-fahrt.

f — v — ph
Diese drei Buchstaben bezeichnen den Laut f.

23 a. Am häufigsten ist die Schreibung mit f:
Falke, Forelle, froh, Hefe, Käfer, Hoffnung, Riff

24 b. v wird geschrieben in einigen Wörtern deutschen Ursprungs und in Wörtern, die mit ver-, vor oder von zusammengesetzt sind:
Vater, Vogel, Volk, Vetter, Vieh, viel, voll; verblühen, verzeihen, bevor, vorn, davon
Meist erscheint v jedoch in Fremd- und Lehnwörtern:
Veilchen, Vesper, Pulver, Nerv, Vers, Malve, brav

25 c. ph schreibt man nur in Fremdwörtern:
Physik, Mikrophon, Philosophie, Diphtherie, Phonetik, Phase

Schreibung der Konsonanten II

In häufig gebrauchten Fremdwörtern, wie Fotograf, Telefon, Stenografie, setzt sich die Schreibweise mit f immer mehr durch.

Der Laut s

26 a. Stimmhaftes s steht am Wort- und Silbenanlaut vor Vokalen:
See, Hase, Börse, emsig, also, felsig, Sense
Es wird mit einfachem s geschrieben.

b. Stimmloses s hat drei Schreibungen: s, ß, ss.

27 1. Einfaches s steht
nach den kurzen Vokalen der Kleinwörter:
bis, das, was, des
in der Nachsilbe -nis: Finsternis
nach den langen Vokalen von: las, lies (weil von lesen)
und in den Lautverbindungen st und sp:
List, Trost, bist, Wespe, knuspern
Ausnahmen dazu sind Fälle wie: faßt, frißt (weil von fassen und fressen) (vgl. 29).

28 2. ss steht nur nach kurzem Stammvokal, wenn ein weiterer Vokal folgt:
Gasse, Presse, Schlosser, Gewissen, besser, flüssig
Nach langem Vokal am Wortende und vor einem Konsonanten der Endung kann also nie ss stehen.

29 3. ß steht in allen anderen Fällen, im Wortinnern und im Auslaut, gleichgültig, ob langer oder kurzer Vokal vorangeht:
Biß, Schuß, Fäßchen, Guß — Fuß, Paß — Maß
Bilden Sie den Plural von:
Biß, Fuß, Spaß, Gruß, Kuß, Strauß, Maß, Paß, Faß, Riß, Roß, Floß, Stoß, Schluß, Schloß
In welchen Fällen steht im Plural ss, in welchen ß?
Unterscheiden Sie durch sorgfältiges Sprechen die folgenden Wörter, die so leicht verwechselt werden:
heißen — heiser, Geißel — Geisel, weiße — weise, Meise — Meißel, reißen — reisen
Unterscheiden Sie weiter:
Rose — Rosse, Hase — hassen, die Hast — du hast — du haßt, lies! — ließ, Maße — Masse, rußig — russisch, das Mus — er muß — die Muße — die Muse

c. Besonderheiten

30 1. Die Wörtchen „das" und „daß" klingen gleich. Sie werden nur zur Unterscheidung von Artikel (oder Pronomen) und Konjunktion verschieden geschrieben.
Setzen Sie den richtigen Laut s ein:
Ein Tier, da— auf die Jagd geht, weiß, da— überall Gefahren drohen. Ich glaube, da— du gesund bist. Für den Fall, da— ich zu spät komme, gebe ich dir da— Geld, da— du zur Heimfahrt brauchst. Weißt du, da— da— Haus, da— hier stand, da— Rathaus war?

173

31 2. Endsilben von Fremdwörtern und Fremdnamen werden im Auslaut mit einfachem s geschrieben. Die Endung -nis wird in Pluralformen geschärft.

Setzen Sie in den Singular und geben Sie an, wie der Laut s geschrieben werden muß:
Gefängnisse, Gebisse, Hindernisse, Kürbisse, Omnibusse, Gelöbnisse, Küsse, Zeugnisse, Aufrisse, Abgüsse, Schlüsse, Flüsse, Geschehnisse, Gleichnisse, Grundrisse, Geständnisse, Erlebnisse

32 d. Die Verbindungen st, ßt, sp

Am Beginn einer Stammsilbe sprechen wir zwar scht— und schp—, wir schreiben aber stets st und sp. Am Wortende und im Wortinnern werden dieselben Laute scharf und spitz gesprochen.

Betrachten Sie die Wortreihe:
er heißt, reißt, reist, preist, mißt, frißt, ist, fließt, gießt, rast, liest, döst, schießt, lost, weist, du weißt (2 Bedeutungen!)
Wie lauten die Infinitive dieser Verben? — Sprechen Sie diese mit klarer Unterscheidung von stimmhaft und stimmlos!

33 x — chs — cks — ks — gs

a. Die Lautverbindung ks wird

1. in den meisten Wörtern durch x oder chs bezeichnet:
   Axt, Faxen, Hexe, fix, Taxe, Export, Lexikon, Luxus, boxen, Praxis, extra; Wachs, Fuchs, Ochse, Drechsler, Achse, sechs, Deichsel, Gewächs

2. mit cks, ks oder gs bezeichnet in Wörtern, deren Stamm auf ck, k oder g endet:
   Häcksel — hacken, klecksen — kleckern, Knicks — Knick, Bockshorn — Bock, stracks — Strecke, Koks — verkoken, flugs — Flug, halbwegs — Weg

b. Unterscheiden Sie das Wort „links" von der Nachsilbe -lings:
blindlings, jählings, rücklings

III. Silbentrennung

34 a. Allgemeine Regel: Es wird so getrennt, wie sich das Wort von selber gliedert, wenn man es langsam und taktmäßig spricht (Sprechsilben).

35 b. Silben, die nur aus einem Buchstaben bestehen, werden nicht abgetrennt:
Ahorn, Asche, Erich, Igel, ölen, eben, aber, oder, über; Reue, Treue

36 c. Ein einzelner Mitlaut kommt auf die nächste Zeile:
ma-len, lie-gen, le-sen, ge-hen, ste-hen
ch, sch, ß, ph, th, x gelten als einfache Laute:
Bu-che, Bü-sche, mü-ßig, So-phie, Lo-thar, He-xe (aber: Rat-haus)

37 d. Von mehreren Mitlauten kommt der letzte auf die folgende Zeile:
Schrub-ber, Wid-der, hof-fen, Bag-ger, Wel-le, Kum-mer, Pfan-ne, Kap-pe, dör-ren, Kassel, Mit-tel, Hun-ger, Damp-fer, Hen-kel, Ach-se, Wechs-ler, Städ-ter, Verwand-ter, schimpf-te, emp-feh-len
ck wird zu kk:
Schnek-ke, Hok-ker, pak-ken (aber pack-te)

38 e. tz wird getrennt in t und z, ebenso sp in s und p:
Tat-ze, set-zen (aber setz-te), Wes-pe, Knos-pe
st wird nie getrennt:
Mu-ster, ro-sten, hu-sten, mä-sten, aber Diens-tag (so auch bei Zusammensetzungen wie Glas-tür)

39 f. Zusammengesetzte Wörter werden getrennt, wie sie zusammengesetzt wurden, auch wenn diese Trennung der gewöhnlichen Aussprache oder den vorhergehenden Regeln nicht entspricht:
Tisch-tuch, Wand-schrank, Arm-band-uhr; be-ob-ach-ten, her-ein, hin-ein, dar-über, dar-unter, vor-an, vor-über, wor-in

40 g. Ausnahmen sind gewisse Fremd- und Lehnwörter, die nach den Trennregeln ihrer Ursprungssprache abgeteilt werden, z. B.
Fa-brik, Ma-gno-lie, Geo-gra-phie, Si-gnal, Inter-es-se, Pu-bli-kum
Ein guter Rat, wenn man sich mit der Silbentrennung im Einzelfall nicht ganz sicher ist: überhaupt nicht trennen, sondern am Zeilenende eine kleine Lücke lassen und auf der folgenden Zeile das Wort ungetrennt hinschreiben!

IV. Groß- und Kleinschreibung

Der große Anfangsbuchstabe

41 a. Mit großem Anfangsbuchstaben schreibt man das erste Wort eines Satzes und das erste Wort in Überschriften.

42 b. Mit großem Anfangsbuchstaben schreibt man Substantive und Namen:
mein Bruder Karl, zwei Dinge, die Luft, großer Fleiß
Vorsicht bei dem Substantiv „Paar", es klingt genauso wie das unbestimmte Zahlwort „ein paar":
ein Paar: zwei zusammengehörige Wesen oder Dinge
ein paar: einige Wesen oder Dinge
also: ein Paar Schuhe, ein Paar Ohrringe, ein paar Taschentücher, ein paar Kugeln

43 c. Mit großem Anfangsbuchstaben wird jedes Wort und auch jeder Buchstabe geschrieben, wenn sie als Substantiv verwendet werden:
das Gute, das Lernen, das Mein und Dein, das Für und Wider, ohne Wenn und Aber, ein ständiges Hin und Her, die Eins, von A bis Z, großes Ach und Weh

44 Adjektive werden insbesondere in Verbindung mit unbestimmten Zahlwörtern (alles, nichts, wenig, viel, etwas, manches, allerlei, allerhand, vielerlei) groß geschrieben:
alles Gute, etwas Schönes, viel Neues, wenig Erfreuliches, manches Wertvolle

45 d. Pronomen werden nur bei der Anrede im Brief groß geschrieben. Die höfliche Anrede „Sie, Ihr, Ihnen" wird immer groß geschrieben.

46 e. Adjektive, die Teil eines Namens oder eines Titels sind, schreibt man groß:
Technische Hochschule, Schwarzes Meer, Rotes Kreuz, die Vereinigten Staaten

47 f. Unveränderliche Wörter auf -er, die von Orts- oder Ländernamen abgeleitet sind, schreibt man groß:
der Kölner Karneval, Lübecker Marzipan, Thüringer Glas — aber: thüringisches Glas

Unterscheiden Sie Adjektive auf -isch, die Teil eines Titels sind (vgl. 46), von solchen, die in gewöhnlichen Verbindungen stehen:
die Arabische Liga — die arabische Bevölkerung, die Schwäbische Alb — die schwäbische Mundart

48 g. Adjektive, die von Personennamen abgeleitet sind, schreibt man groß (man fragt nach ihnen mit: Wessen?):
Lessingsche Fabeln, ein Goethesches Gedicht, ein Grimmsches Märchen

Aber: Wenn die von Personennamen abgeleiteten Adjektive eine Gattung bezeichnen, schreibt man sie klein (man fragt nach ihnen mit: Was für ein?):
eine Szene von schillerschem Pathos, eine sokratische Lehrweise, ein salomonisches Urteil

Der kleine Anfangsbuchstabe

49 a. Mit kleinem Anfangsbuchstaben schreibt man alle Wortarten außer Substantiven und Namen.

b. Substantive schreibt man dann mit kleinem Anfangsbuchstaben, wenn sie wie Wörter einer anderen Wortart verwendet werden.

50 1. Klein geschrieben werden Substantive, die zu Präpositionen geworden sind:
dank, kraft, zeit, trotz, statt, mangels, mittels, längs, seitens, anstatt, infolge, auf seiten, um — willen, von — wegen

51 2. Ferner werden Substantive, die Adverbien geworden sind, klein geschrieben. Kennzeichen: Es fehlt der Artikel, viele haben ein Beugungs-s:
abends, anfangs, allerseits, abseits, andernfalls, allerdings, allerhand, beiderseits, bestenfalls, eingangs, gewissermaßen, größtenteils, glücklicherweise, halbwegs, heutzutage, im stillen, im wesentlichen, jahrelang, krankheitshalber, kurzerhand, meilenweit, heute nacht, paarweise, sommers, werktags, von alters her, zeitlebens, vorzeiten

Unterscheiden Sie also:
Er schwieg anfangs — die Schwierigkeiten des Anfangs, zeit meines Lebens — für die Zeit meines Lebens, allerorten — an allen Orten, zuzeiten — zu gewissen Zeiten, andernfalls — im anderen Fall

52 3. Manche Substantive gehen mit einem Verb oder Hilfsverb eine enge Verbindung ein. Das Substantiv wird hier in verblaßter Bedeutung gebraucht und klein geschrieben:

achtgeben (davon abgeleitet: ich gebe acht), haltmachen, handhaben, haushalten, hohnsprechen, preisgeben, stattfinden, teilnehmen, überhandnehmen; außer acht lassen, imstande sein, feind sein, not tun, recht haben, recht geben, recht bekommen, recht tun, schade sein, schuld haben, schuld geben, schuld sein, willens sein, zuteil werden

Unterscheiden Sie:
ich bin schuld — es ist meine Schuld, sie hat recht — sie hat ein Recht dazu, ihm ist angst — er hat große Angst, sie sind dir feind — sie sind deine Feinde

c. Adjektive und Adverbien werden klein geschrieben, obwohl sie scheinbar substantiviert sind (vgl. 43),

53 1. wenn sie als Umstandsbestimmung verwendet werden. (Sie können dann nicht durch ein Attribut erweitert werden):

des näheren bestimmen, um ein beträchtliches größer, aufs äußerste gespannt, aufs herzlichste grüßen, im allgemeinen, im besonderen, aufs beste, aufs deutlichste, im folgenden, vor kurzem, von klein auf, aufs neue, von neuem, im stillen, im voraus, bis auf weiteres, im wesentlichen

54 2. wenn sie in engen, unveränderlichen Verbindungen stehen:

alt und jung, arm und reich, groß und klein, durch dick und dünn, über kurz oder lang, im großen und ganzen; zum besten haben, den kürzeren ziehen, im trüben fischen, im reinen sein, im ungewissen sein, auf dem laufenden bleiben, aus dem vollen schöpfen; der erste beste, jeder beliebige

Unterscheiden Sie:
im dunklen tappen — sich im Dunkeln (in der Dunkelheit) zurechtfinden, auf dem trocknen sitzen — im Trockenen (auf trockenem Boden) sein

55 d. Pronomina und Numeralia werden meist klein geschrieben, auch wenn sie in Verbindung mit „etwas, viel, wenig" usw. erscheinen (vgl. dagegen 44):

derselbe, der gleiche, ein jeder; der eine, der andere, etwas anderes, die einzelnen, die beiden, die drei, alle drei, die übrigen, das meiste, das mindeste, ein bißchen, ein paar

Ausgenommen von dieser Regel sind Substantivierungen (vgl. 43):
mit einer Zwei, eine Acht schreiben, ein Viertel, das vertraute Du

56 *Merken Sie:*
Im Zweifelsfall schreibe man klein!

V. Getrennt- und Zusammenschreibung

57 a. Wenn zwei oder mehr Wörter zusammen einen Begriff bilden, schreibt man sie in der Regel zusammen. Der Hauptton liegt dabei auf dem ersten Glied der Zusammensetzung:

Hauptbahnhof, Großstadt, Sommerfahrplan, jedermann, vorübergehen, dunkelblau, zusammenhalten

Haben zwei zusammengehörige Wörter noch ihren eigenen Sinn bewahrt und werden sie beide gleichmäßig betont, so schreibt man sie in der Regel auseinander:

aufeinander achten (aber: aufeinanderprallen), zusammen kommen (aber: zusammenkommen), aneinander denken (aber: aneinanderfügen), gutschreiben (aber: gut schreiben)

58 b. Bei Verben, die mit einem Substantiv oder einem Adjektiv zusammengesetzt sind, ist die Getrennt- und Zusammenschreibung (und damit auch die Groß- und Kleinschreibung) fließend, je nachdem, ob das erste Glied der Zusammensetzung noch seine ursprüngliche Bedeutung hat oder nicht:

freihalten, feststellen, gleichstellen, schwerfallen, teilnehmen, standhalten; aber: Gefahr laufen, Sorge tragen, Klavier spielen

59 c. Bei Straßennamen gibt es im Grunde drei Arten der Schreibung:

1. Straßennamen, die zusammengesetzte Substantive sind, schreibt man zusammen:

    Bergstraße, Goethestraße, Neumarkt, Schillerhain, Hirschgraben, Königsstraße, Bahnhofsplatz

2. Mehrgliedrige Namen werden der Übersicht halber durch Bindestriche gegliedert:

    Theodor-Heuss-Allee, Geschwister-Scholl-Platz, Fritz-Reuter-Straße, Carl-Maria-von-Weber-Platz

3. Getrennt schreibt man Straßennamen, deren erster Teil ein gebeugtes Adjektiv ist:

    Grüne Gasse, Frankfurter Allee, Berliner Platz, Alter Markt (aber: Altmarkt), Kleine Königsstraße

    Außerdem werden Straßennamen getrennt geschrieben, die mit einer Präposition beginnen:

    An der Märchenwiese, Unter den Linden, Hinter dem Dom, Am Hirschsprung

60 Allgemeine Regel für die Getrennt- und Zusammenschreibung: Im Zweifelsfall schreibe man getrennt, weil das für den Leser unbedingt deutlicher ist.

Quellenverzeichnis

(Die Seitenzahlen beziehen sich auf: Sprachschule für Erwachsene, Teil II)

Beheim-Schwarzbach, Martin:
Würden Sie auch sagen?, aus: Die Welt S. 60

Britting, Georg:
Gesamtausgabe in Einzelbänden, Gedichte 1919 bis 1939, Nymphenburger Verlagshandlung, München 1957 S. 69

Carossa, Hans:
Gesammelte Gedichte, Insel Verlag, Frankfurt/M. 1950 S. 70, S. 75

Ebner-Eschenbach, Marie von:
Aphorismen, Insel-Bücherei 543 S. 81

Eichendorff, Joseph von:
Werke in einem Band, hrsg. von W. Rasch, Hanser Verlag, München 1955 S. 71

Frenssen, Gustav
Die Sandgräfin, Grote'sche Verlagsbuchhandlung, Berlin o. J. (Vorwort). Jörn Uhl, Grote'sche Verlagsbuchhandlung, Berlin o. J. S. 149, S. 161

Goethe, Johann Wolfgang von:
Die Laune des Verliebten, dtv-Gesamtausgabe, Bd. 7, München 1962. Faust. Erster und zweiter Teil, dtv-Gesamtausgabe, Bd. 9, München 1964. Wirkung in die Ferne, Epigramm 46, dtv-Gesamtausgabe, Bd. 1, München 1961. Aus meinem Leben, Dichtung und Wahrheit, dtv-Gesamtausgabe, Bd. 23, München 1962
S. 75, S. 76, S. 122, S. 145f., S. 166

Hausmann, Manfred:
Hinter dem Perlenvorhang. Gedichte nach dem Chinesischen, S. Fischer Verlag, Frankfurt/M. 1962 S. 70

Heine, Heinrich:
Sämtliche Werke, Bd. 1, Kindler-Taschenbücher 1001/1002, München 1964. Sämtliche Werke, Bd. 2, Kindler-Taschenbücher 1003/1004, München 1964. Sämtliche Werke, Bd. 5, Kindler-Taschenbücher 1009/1010, München 1964 S. 48, S. 76, S. 79

Heiseler, Bernt von:
Der Schmerz, der anklopft, aus: Spiegel im dunkelen Wort, Ehrenwirth Verlag, München 1951 S. 76

Hesse, Hermann:
Unterm Rad, Suhrkamp Verlag, Berlin 1956. Peter Camenzind, Suhrkamp Verlag, Frankfurt/M. 1950 S. 79, S. 149

Hölderlin, Friedrich:
Menons Klagen um Diotima. Sämtliche Werke, hrsg. von F. Beißner, Insel Verlag, Frankfurt 1965 S. 75

Kaschnitz, Marie-Luise:
Überallnie. Ausgewählte Gedichte, Claassen Verlag, Hamburg 1965 S. 73, S. 74, S. 75

Kleist, Heinrich von:
Prinz Friedrich von Homburg, dtv-Gesamtausgabe, Bd. 3, München 1964. Michael Kohlhaas, dtv-Gesamtausgabe, Bd. 4, München 1964 S. 72, S. 145

Löns, Hermann:
Am Steinhuder Meer, Sämtliche Werke, Hesse und Becker, Leipzig 1924. Mein braunes Buch, Adolf Sponholtz Verlag, Hannover 1917. Wasserjungfern, Verlag Deutsche Volksbücher, Stuttgart 1953
S. 54, S. 154, S. 156, S. 164, S. 165, S. 166

Mann, Thomas:
Buddenbrooks, Taschenbuchausgabe in 12 Bänden, S. Fischer Verlag, Frankfurt/M. 1967. Sämtliche Erzählungen, S. Fischer Verlag, Frankfurt/M. 1963
S. 145, S. 146, S. 149

Mörike, Eduard
Werke, hrsg. von H. Maync, Bd. 1, Bibliographisches Institut, Leipzig und Wien o. J. S. 77

Rilke, Rainer Maria:
Die Aufzeichnungen des Malte Laurids Brigge, Werke in drei Bänden, Bd. 3, Insel Verlag, Frankfurt/M. 1966 S. 73

Quellenverzeichnis

Schiller, Friedrich von:
Die Piccolomini, dtv-Gesamtausgabe, Bd. 6, München 1966. dtv-Gesamtausgabe, Bd. 2, München 1965. Maria Stuart, dtv-Gesamtausgabe, Bd. 7, München 1966
S. 72, S. 76, S. 77, S. 103, S. 138, S. 161

Seghers, Anna:
Das siebte Kreuz, Aufbau-Verlag, Berlin 1954   S. 7

Storm, Theodor:
Werke, hrsg. von F. Lorenz, Deutsches Verlagshaus Bong und Co., Berlin o. J., 2. Teil   S. 160

Strauß, Emil
Lebenstanz, Langen-Müller Verlag, München 1940
S. 144

Tucholsky, Kurt:
Ratschläge für einen schlechten Redner, Gesammelte Werke, Bd. 3, Rowohlt Verlag, Reinbek 1961 (gekürzt)
S. 82f.

Tenner, Christian:
Wie tut mein Herze bluten, Lieder aus der Küche, hrsg. von H. Goertz, dtv 312, München 1965
S. 71

Weinheber, Joseph:
Adel und Untergang, Hoffmann und Campe, Hamburg o. J.   S. 75

Festansprache:
nach: Müddeutsche Zeitung 1965   S. 83

Sach- und Wörterverzeichnis
für Teil I und Teil II

~ = Stichwort in sämtlichen Formen
I: 91 = Teil I, Seite 91
II: 83 = Teil II, Seite 83
(§ 5) = Paragraph im Abriß der Grammatik, Teil II, S. 86 ff.
(25) = Marginalziffer im Abriß der Rechtschreibung, Teil II, S. 176 ff.
Z. = Zusatz
s. = siehe

A

ab II: 133 (§ 42, Z. 6)
aber II: 166 (§ 70, Z. 2)
Ablaut II: 93 (§ 8)
abschlagen II: 140 (§ 52, Z. 4)
Abschluß eines Geschehens II: 107 (§ 20)
Abschnitt II: 74
Abstraktum II: 108 (§ 21 b), 110 (§ 23 g)
Abtönung II: 50 ff., 102 (§ 18 c)
achten II: 140 (§ 52 b)
Adjektiv II: 35 ff., 121 ff. (§ 35/39)
  abgeleitetes ~ II: 123 (§ 36 b)
  als Attribut II: 142 (§ 55 u. Z. 4)
  als Prädikatsnomen II: 137 (§ 48 c)
  als Umstandsbestimmung II: 151 (§ 62 c)
  Bezug des ~ auf ein Kompositum II: 142 (§ 55, Z. 1)
  Deklination des ~ II: 36, 126 f. (§ 39)
  einfaches ~ II: 123 (§ 36 b)
  erweitertes ~ II: 147 (§ 60 c)
  Großschreibung des ~ II: 176 (44, 46, 48)
  Kleinschreibung des ~ II: 177 (53/54)
  Komparation des ~ II: 36 f., 124 ff. (§ 38)
  Substantivierung des ~ II: 38 f., 122 (§ 35, Z. 4)
  unregelmäßige Vergleichsformen des ~ II: 126 (§ 38 c)
  Wesen des ~ II: 121 f. (§ 35)
  Wortbildung beim ~ II: 38 f., 123 (§ 36 b), 125 (§ 38 a, Z. 3; § 38 b)
  Wortstellung des ~ im Satz II: 149 (§ 61 a)
  zusammengesetztes ~ II: 123 (§ 36 b), 125 (§ 38 a, Z. 3; § 38 b)
adjektivisches Attribut s. Attribut
Admiral II: 111 (§ 23, Z. 4)
Adverb II: 33 f., 50 f., 101 (§ 17 a), 102 (§ 18 c), 125 (§ 38 b), 127 ff. (§ 40), 131 (§ 41 c), 142 (§ 55, Z. 4)
  als Attribut II: 144 (§ 59 a)
  als Beziehungswort II: 161 (§ 66, Z.)
  als Umstandsbestimmung II: 151 (§ 62 c)
  Kleinschreibung des ~ II: 177 (53/54)
ahnen II: 140 (§ 52, Z. 1)
Akkusativ II: 113 (§ 25 c), 139 (§ 51)
  als Umstandsbestimmung II: 151 (§ 62 c)
Akkusativobjekt s. Objekt
Aktionsart II: 19 f., 106 f. (§ 20)
Aktiv II: 89 (§ 3)
  zusammengesetzte Tempusformen des ~ II: 97 (§ 12)
Album II: 111 (§ 23, Z. 4)
Alexandriner II: 77
alle II: 120 (§ 34 b), 124 (§ 38 a, Z. 1)
Allegorie II: 74
Alliteration II: 76
als II: 144 (§ 58, Z. 3), 163 (§ 67 d)
als ob II: 163 (§ 67 d)
Altar II: 111 (§ 23, Z. 4)
amtliche Eingaben I: 32 f.
an II: 132 (§ 42 d), 133 (§ 43 a), 134 (§ 43 b)

Anapäst II: 75
andere II: 127 (§ 39 b, Z. 1)
anerkennen II: 95 (§ 10 e)
anfassen II: 96 (§ 11 c)
Anfügung
  verbale ~ II: 44 f.
Anführungszeichen I: 163 f.
angehen II: 139 (§ 51, Z. 1)
ankommen II: 95 (§ 10 e), 96 (§ 11 c)
anläßlich II: 131 (§ 41, Z. 7)
Anredeformen
  beim sachlichen Schreiben I: 27, 38, 39
  beim persönlichen Brief I: 123 ff.
ansonsten II: 128 (§ 40, Z. 1)
Apostroph (Auslassungszeichen) I: 165 f.
Apposition II: 53, 144 (§ 58)
Arbeitsbericht I: 47
Arbeitsvertrag s. rechtliche Abmachungen
ärgern II: 139 (§ 51, Z. 1)
Artikel II: 6 f., 114 (§ 26)
  bestimmter ~ II: 114 (§ 26 b)
  kein ~ II: 114 (§ 26 d)
  unbestimmter ~ II: 114 (§ 26 c)
Art und Weise
  Kennzeichnung der ~ II: 128 (§ 40 a), 130 (§ 41 b), 134 (§ 44 d), 135 (§ 45 b), 150 (§ 62 b), 151 (§ 62 c), 163 (§ 67 d)
Artnamen II: 108 (§ 21 b, Z. 1)
Artwort s. Adjektiv
Assonanz II: 76
Atlas II: 111 (§ 23, Z. 4), 112 (§ 24, Z. 3)
Attribut II: 52 ff., 142 ff. (§ 54/61)
  adjektivisches ~ II: 142 (§ 55), 145 (§ 60 b), 148 f. (§ 61 b)
  Arten des ~ II: 142 (§ 54)
  Formen des ~ II: 162 (§ 67 c)
  Genitiv-~ II: 53, 142 f. (§ 56), 149 (§ 61 b)
  gleichgeordnete ~ II: 146 (§ 60 c)

181

in Form von Nebensätzen u.
    Infinitiven II: 54, 144 (§ 59b)
  mehrere ~ II: 146 (§ 60c)
  präpositionales ~ II: 53, 143f.
    (§ 57)
  substantivisches ~ II: 142ff.
    (§ 55/58)
  untergeordnete ~ II: 146
    (§ 60c)
auf II: 129 (§ 40, Z. 2), 132
  (§ 42d), 133 (§ 43)
Aufforderung II: 50, 101 (§ 17)
Auftaktsilbe II: 74
aus II: 132 (§ 42b), 133 (§ 42, Z. 7)
Ausbildungsgang I: 19
Ausdrucksschwächung II: 65f.
Ausdruckssteigerung II: 65
Auslassungszeichen s. Apostroph
Ausrufezeichen I: 144
Aussageabsicht II: 154 (§ 63b)
Aussageweise s. Modus
außer II: 132 (§ 42b), 133f.
  (§ 43a, Z.)
Auto II: 111 (§ 23, Z. 4)

B

baden II: 95 (§ 10a)
bald II: 128 (§ 40c), 129 (§ 40, Z. 1)
Balkon II: 111 (§ 23, Z. 4)
Band II: 111 (§ 23, Z. 2), 112
  (§ 24, Z. 2)
bang II: 125 (§ 38a, Z. 2)
bangen II: 140 (§ 52, Z. 1)
Bank II: 111 (§ 23, Z. 2), 112
  (§ 24, Z. 3)
Bargeld II: 149 (§ 61a)
Bauer II: 113 (§ 25d)
Baugesetz der Sprache II: 40f.
Bedeutungserweiterung II: 63
Bedeutungsveredlung II: 64
Bedeutungsverengung II: 63
Bedeutungsverschlechterung II: 64
Bedeutungswandel II: 63f.
Bedienungsanleitung I: 68
Bedingung
  Kennzeichnung der ~ II: 134
    (§ 44d), 135 (§ 45b), 150
    (§ 62b), 158 (§ 65b), 163
    (§ 67d)
bedrohen II: 140 (§ 52, Z. 3)
Befehl II: 50, 101 (§ 17)

befehlen II: 94 (§ 8)
Befehlsform s. Imperativ
befolgen II: 140 (§ 52, Z. 3)
befremden II: 139 (§ 51, Z. 1)
Beginn eines Geschehens II: 106
  (§ 20)
beginnen II: 93 (§ 8, Z.)
behufs II: 131 (§ 41, Z. 7)
bei II: 132 (§ 42b), 133f. (§ 43)
Beifügung II: 52ff.
  s. a. Attribut, Apposition
Beistrich s. Komma
bekommen II: 95 (§ 10e)
bemerken II: 96 (§ 11c)
beraten II: 140 (§ 52, Z. 3), 141
  (§ 53c)
Bericht I: 44—52
Berufs- und Standessprache II: 66
Beschreibung s. Gegenstands~;
  Personen~; Vorgangs~
Beschwerdeschreiben I: 31f.
besinnen II: 93 (§ 8, Z.)
Besinnungsaufsatz s. Erörterung
besitzanzeigendes Fürwort s. Possessivpronomen
Bestimmungswort II: 108 (§ 21b,
  Z. 1), 125 (§ 38a, Z. 3)
Betonung II: 78, 81
betreffs II: 131 (§ 41, Z. 7)
Betriebsanweisung I: 70
Beugung s. Deklination
Beurteilung s. Zeugnis
Beweisführung I: 108f.
bewerben II: 139 (§ 51, Z. 1)
Bewerbung I: 8—16
Beziehungswort II: 161 (§ 66, Z.)
Bezug
  falscher ~ II: 61
bezüglich II: 131 (§ 41, Z. 7)
bezügliches Fürwort s. Relativpronomen
Bibliothekar II: 111 (§ 23, Z. 4)
bieten II: 93 (§ 8)
Bild
  in der Gemeinsprache II: 62f.
  in der Dichtersprache II: 70f.
billig II: 122 (§ 35, Z. 3)
Bindewort s. Konjunktion, nebengeordnete
Binnenreim II: 76
bis II: 133 (§ 42, Z. 5)
bitten II: 93 (§ 8), 95 (§ 10a)
Blankvers II: 77

blaß II: 125 (§ 38a, Z. 2)
Bogen II: 111 (§ 23, Z. 3)
Boot II: 111 (§ 23, Z. 3)
brauchen II: 91 (§ 5, Z.)
brennen II: 100 (§ 15a)
Briefform I: 118—128; II: 45f.
bringen II: 100 (§ 15a)
Buchbericht I: 62f.
Büro II: 111 (§ 23, Z. 4)

C

Charakteristik I: 83—88
Chemikalien II: 111 (§ 23, Z. 4)
ck II: 172 (20)

D

daher II: 166 (§ 70, Z. 2)
Daktylus II: 75
das II: 119 (§ 31, Z. 1 u. 2), 137
  (§ 49b, Z. 2)
  Schreibung II: 173 (30)
daß
  Schreibung II: 173 (30)
Dativ II: 113 (§ 25c), 139 (§ 52a)
Dativobjekt s. Objekt
Dauer eines Geschehens II: 107
  (§ 20)
dauern II: 139 (§ 51, Z. 1)
Debatte II: 85
Deklination
  des Adjektivs II: 126 (§ 39)
  des Personalpronomens II: 115
    (§ 27d)
  des Substantivs II: 112f. (§ 25)
  des Zahlworts II: 121 (§ 34,
    Z.)
  schwache ~ II: 110 (§ 23d)
  starke ~ II: 110 (§ 23d)
Demonstrativpronomen II: 10,
  117f. (§ 30)
  ~ als Substantivbegleiter II: 117
    (§ 30b)
denken II: 100 (§ 15a), 141
  (§ 53, Z. 1)
Denkmal II: 111 (§ 23, Z. 3)
der II: 117 (§ 30a u. Z. 1), 118f.
  (§ 31)
deren II: 117 (§ 30, Z. 1), 118
  (§ 31d)
derer II: 117 (§ 30, Z. 1)
der gleiche II: 118 (§ 30, Z. 3)

derjenige II: 117 (§ 30a)
derselbe II: 117 (§ 30a), 118 (§ 30, Z. 2 u. 3)
dessen II: 118 (§ 31d)
Dichtersprache II: 69ff.
die II: 165 (§ 68, Z. 2)
Dienstvertrag s. rechtliche Abmachungen
dieser II: 117 (§ 30a), 118 (§ 30, Z. 4), 166 (§ 70, Z. 2)
Diminutiva II: 110 (§ 23d), 112 (§ 24, Z. 1)
Diner II: 111 (§ 23, Z. 4)
Ding II: 111 (§ 23, Z. 2)
Dingwort s. Substantiv
Diskussion II: 84f.
Distichon II: 77
Dock II: 111 (§ 23, Z. 4)
Dogma II: 111 (§ 23, Z. 4)
Doktor II: 111 (§ 23, Z. 4), 113 (§ 25d)
Doppelpunkt I: 162
Drama II: 111 (§ 23, Z. 4)
drei II: 121 (§ 34, Z. 2)
drohen II: 140 (§ 52, Z. 3)
dt II: 171f. (19)
dumm II: 125 (§ 38a, Z. 2)
dünken II: 139 (§ 51, Z. 1)
durch II: 131 (§ 41, Z. 6), 132 (§ 42c), 133 (§ 43)
dürfen II: 100 (§ 15b)
dürsten II: 141 (§ 53, Z. 1)
Dutzend II: 137 (§ 49b, Z. 1)

E

ehe II: 128 (§ 40c)
Eigennamen II: 108 (§ 21b, Z. 1), 149 (§ 61b)
Eigenschaftswort s. Adjektiv
Eindruck II: 111 (§ 23, Z. 3)
einfache Verben II: 92 (§ 7)
   mit Anfangsbetonung II: 96 (§ 11)
einfache Verbformen II: 94f. (§ 9)
Eingliederung II: 41f., 44f., 60
   beim Nomen II: 142 ff. (§ 54/61)
   beim Verb II: 150ff. (§ 62/63)
   in die Verbalgruppe II: 151f. (§ 62d)
einige II: 127 (§ 39b, Z. 1)
ein jeder II: 121 (§ 34, Z. 1)

eins II: 121 (§ 34, Z. 1)
Einwortaussage II: 136 (§ 47, Z. 2)
einzelne II: 121 (§ 34, Z. 1), 127 (§ 39b, Z. 1)
einzig II: 124 (§ 38a, Z. 1)
e/i-Wechsel II: 93f. (§ 8)
ekeln II: 140 (§ 52, Z. 1)
Elativ II: 125f. (§ 38b)
empfehlen II: 93 (§ 8, Z.), 95 (§ 9)
Endreim II: 75
Endstellung II: 154 (§ 63b)
Endung der Verben II: 92 (§ 8)
Enjambement II: 75
entbehren II: 140 (§ 52b)
entkommen II: 96 (§ 11c)
entlang II: 133 (§ 42, Z. 2)
entscheiden II: 141 (§ 53, Z. 1)
Entscheidungsfrage II: 80, 158 (§ 65b)
Entschuldigungsschreiben I: 28f.
entweder - oder II: 138 (§ 49c, Z. 1)
Erbe II: 112 (§ 24, Z. 2)
Erbwort II: 67
erfahren II: 124 (§ 38a)
Ergänzung II: 138f. (§ 50)
Ergebnisprotokoll I: 55ff.
erinnern II: 140 (§ 52b)
erkämpfen II: 141 (§ 53c)
Erkundigungsschreiben I: 29f.
erlöschen II: 101 (§ 15c)
erschrecken II: 100 (§ 15c)
ersteigen II: 141 (§ 53c)
Erstreckung
   Kennzeichnung der ~ II: 151 (§ 62c)
es II: 116 (§ 27, Z. 4), 133 (§ 42, Z. 9), 137 (§ 49b, Z. 2), 157 (§ 64a, Z.), 161 (§ 66, Z.)
essen II: 94 (§ 8), 95 (§ 9), 96 (§ 11, Z.), 141 (§ 53c)
etliche II: 127 (§ 39b, Z. 1)
etwa II: 129 (§ 40, Z. 1)
Erzählung I: 137—141

F

f II: 172 (23)
Facharbeit I: 92—104
fahren II: 97 (§ 12), 98 (§ 12b)

Fall s. Kasus
fallen II: 94 (§ 8)
fällen II: 94 (§ 8), 107 (§ 20c)
Fallergänzung II: 138 (§ 50a)
Fallsetzung
   nach Präpositionen II: 132f. (§ 42)
Fallwert II: 113 (§ 25e), 115 (§ 27d)
falsch II: 125 (§ 34a, Z. 2)
Fels(en) II: 113 (§ 25d)
Femininum II: 111 (§ 24b)
fest II: 124 (§ 38a)
Fett II: 110 (§ 23g)
Finalsatz II: 163 (§ 67d)
finden II: 93 (§ 8)
finite Verbform II: 90 (§ 4)
fischen II: 95 (§ 10b)
flechten II: 95 (§ 10a)
fliegen II: 93 (§ 8, Z.)
fliehen II: 93 (§ 8, Z.)
Flur II: 112 (§ 24, Z. 2)
Folge
   Kennzeichnung der ~ II: 134 (§ 44d), 135 (§ 45b), 150 (§ 62b), 163 (§ 67d)
folgen II: 140 (§ 52, Z. 3)
folgend(er) II: 127 (§ 39b, Z. 1)
Fragefürwort s. Interrogativpronomen
fragen II: 92, 94 (§ 8), 94f. (§ 9), 96 (§ 11c), 97 (§ 12)
Fragesatz II: 158 (§ 65a)
   indirekter ~ II: 159 (§ 66b), 160 (§ 66b, Z. 1 u. 2), 161 (§ 67a), 162 (§ 67c)
Fragezeichen I: 144
freier Akkusativ II: 145 (§ 60b, Z.)
freier Nominativ II: 145f. (§ 60b, Z.)
Fremdwörter
   Bildung von ~ II: 68f.
   Gebrauch von ~ II: 57f.
   Pluralbildung bei ~ II: 111 (§ 23g, Z. 4)
Freundin II: 111 (§ 23, Z. 3)
frieren II: 93 (§ 8, Z.), 139 (§ 51, Z. 1)
frisch II: 124 (§ 38a)
fromm II: 125 (§ 38a, Z. 2)
Fügewort s. Konjunktion, untergeordnete

für II: 132 (§ 42c), 133 (§ 43)
Fürwort (Pronomen) s. Demonstrativpronomen, Indefinitpronomen, Interrogativpronomen, Personalpronomen, Possessivpronomen, Reflexivpronomen, Relativpronomen, reziprokes Pronomen
Futur I II: 88 (§ 2)
 bei Aufforderung u. Befehl II: 102 (§ 17b)
Futur II II: 88 (§ 2), 98 (§ 12a, Z.)

G

ganz II: 122 (§ 35, Z. 3), 124 (§ 38a, Z. 1)
Gattungsname II: 108 (§ 21b, Z. 1)
geachtet II: 124 (§ 38a)
geben II: 93 (§ 8)
Gebrauchsanweisung I: 68f.
Gedankenstrich I: 161f.
Gefügekette II: 165f. (§ 69)
gegen II: 132 (§ 42c)
Gegenplan s. Gegenstellung
Gegenstandsbeschreibung I: 71—79
Gegenstellung II: 155 (§ 63 b u. c)
Gehalt II: 111 (§ 23, Z. 2), 112 (§ 24, Z. 2)
Geländebeschreibung I: 73f.
gelten II: 93 (§ 8, Z.)
gelüsten II: 139 (§ 51, Z. 1)
gemäß II: 132 (§ 42b)
General II: 111 (§ 23, Z. 4)
genesen II: 93 (§ 8, Z.)
Genie II: 111 (§ 23, Z. 4)
genießen II: 93 (§ 8, Z.)
Genitiv II: 113 (§ 25d), 140 (§ 52b)
 als Umstandsbestimmung II: 151 (§ 62c) s. a. Attribut, Objekt
Genitiv-Attribut s. Attribut
Genitivobjekt s. Objekt
Genus
 des Substantivs II: 6, 111f. (§ 24)
 grammatisches ~ II: 112 (§ 24c)
Genus Verbi II: 89f. (§ 3), 99 (§ 13c)

gern II: 128 (§ 40c)
Geschlecht s. Genus
Geschlechtswort s. Artikel
Geschmack II: 111 (§ 23, Z. 3)
Getrennt- und Zusammenschreibung II: 177f. (57/60)
gewandt II: 124 (§ 38a)
glatt II: 124 (§ 38a), 125 (§ 38a, Z. 2)
glauben II: 91 (§ 5, Z.)
gleichmütige Feststellung II: 152ff. (§ 63a)
gleichlautende Wörter II: 112 (§ 24, Z. 2 u. 3)
Gleichnis II: 74
Gliederung
 der Erörterung I: 109ff.
 der Facharbeit I: 99ff.
Grammatik
 Abriß der ~ II: 86—166
grauen II: 140 (§ 52, Z. 1)
groß II: 124 (§ 38a)
Groß- und Kleinschreibung II: 175ff. (41/56)
Grund
 Kennzeichnung des ~ II: 128 (§ 40a), 130 (§ 41b), 134 (§ 44d), 135 (§ 45b), 150 (§ 62b), 151 (§ 62c), 163 (§ 67a)
Grundplan II: 155f. (§ 63c)
Grundwort II: 108 (§ 21b, Z. 1), 125 (§ 38a, Z. 3)
Grundzahlwort s. Kardinalzahl
gut II: 126 (§ 38c)
Gymnasium II: 111 (§ 23, Z. 4)

H

h zwischen zwei Vokalen
 Schreibung von ~ II: 169f. (10/11)
haben II: 96 (§ 11, Z.), 98 (§ 12b)
halten II: 95 (§ 10a)
Handlungsrichtung s. Genus Verbi
Handlungsverben II: 91 (§ 5)
Harz II: 112 (§ 24, Z. 2)
hauen II: 100 (§ 15a)
Hauptsatz
 mit dem Wert eines Nebensatzes II: 161 (§ 67a, Z.)
 als Attribut II: 162 (§ 67c, Z.)

Hauptwort s. Substantiv
heben II: 93 (§ 8, Z.)
Hebung II: 74
heftig II: 126 (§ 39a)
Heide II: 112 (§ 24, Z. 2)
heiß II: 124 (§ 38a)
helfen II: 93 (§ 8, Z.)
her II: 129 (§ 40, Z. 2)
Herr II: 113 (§ 25d)
Herz II: 113 (§ 25d)
Hexameter II: 77
hexen II: 95 (§ 10b)
Hilfsverben II: 14, 91 (§ 5), 136f. (§ 48)
 modale ~ II: 15f., 49, 91 (§ 5), 99f. (§ 14), 102 (§ 17), 104 (§ 19d)
hin II: 129 (§ 40, Z. 2)
Hindernis II: 111 (§ 23, Z. 3)
hinken II: 98 (§ 12b)
hinsichtlich II: 131 (§ 41, Z. 7)
hinter II: 132 (§ 42d), 133f. (§ 43a, Z.)
hinweisendes Fürwort s. Demonstrativpronomen
hoch II: 126 (§ 38c)
hoffen II: 91 (§ 5, Z.)
Holz II: 110 (§ 23g)
Homonyme s. gleichlautende Wörter
Hotel II: 111 (§ 23, Z. 4)
Hypotaxe s. Unterordnung

I, J

Imperativ II: 50f., 90 (§ 4), 94 (§ 8), 95 (§ 9), 95 (§ 10c), 101 (§ 17), 136 (§ 47, Z. 1)
in II: 132 (§ 42d), 133 (§ 42, Z. 6), 133f. (§ 43)
Indefinitpronomen II: 120 (§ 33)
Indikativ II: 90 (§ 4), 102 (§ 18)
indirekte Rede II: 26ff., 103 (§ 19c)
 Komma bei der ~ I: 155f.
indirekter Fragesatz s. Fragesatz
infinite Verbform II: 90 (§ 4)
Infinitiv II: 24f., 90 (§ 4)
 bei Befehl II: 101 (§ 17)
 bei finalem Gedanken II: 163 (§ 67d)
 bei Hilfsverben II: 91 (§ 5)

bei Modalverben II: 99f. (§ 14b)
satzwertiger ~ II: 161f. (§ 67a, Z.)
statt Akkusativobjekt II: 139 (§ 51, Z. 2)
Substantivierung des ~ II: 109 (§ 22b)
infolge II: 131 (§ 41, Z. 6)
Ingenieur II: 111 (§ 23, Z. 4)
Inhaltsangabe I: 58—66
innerhalb II: 133 (§ 42, Z. 3)
Inspektor II: 111 (§ 23, Z. 4)
interessieren II: 139 (§ 51, Z. 1)
Interrogativpronomen II: 119f. (§ 32), 158 (§ 65a)
intransitive Verben II: 91 (§ 5), 98 (§ 12b)
irreale Bedingung II: 48, 104 (§ 19d)
irgendein II: 120 (§ 33)
irgendwelche II: 127 (§ 39b, Z. 1)
Jambus II: 74
je II: 163 (§ 67d)
jeder II: 120 (§ 33)
jedermann II: 120 (§ 33)
jemand II: 120 (§ 33)
jener II: 117 (§ 30a)
jubeln II: 141 (§ 53, Z. 1)

K

Kanzleideutsch II: 23f., 131f. (§ 41, Z. 7)
Kardinalzahl II: 120 (§ 34a)
Kartoffel II: 111 (§ 23, Z. 3)
Kasten II: 111 (§ 23, Z. 3)
Kasus
 des Substantivs II: 8, 112f. (§ 25)
„Kaufmannsstil" II: 136 (§ 47, Z. 3)
Kausalsatz II: 163 (§ 67d)
kein(er) II: 120 (§ 33), 124 (§ 38a, Z. 1), 129 (§ 40, Z. 3)
kennen II: 100 (§ 15a)
Kernsatz II: 156f. (§ 64a), 158 (§ 65a)
Kiefer II: 111 (§ 23, Z. 2), 112 (§ 24, Z. 2)
Kiel II: 112 (§ 24, Z. 3)
Klammer I: 162
Klanggestalt eines Gedichts II: 71f.

klar II: 125 (§ 38a, Z. 2)
Kleinschreibung II: 176f. (49/56)
kleiden II: 139 (§ 51, Z. 1)
klug II: 124 (§ 38a)
Knittelvers II: 76
Komma I: 111 (§ 23, Z. 4), 145—160
Kommasetzung
 bei Appositionen I: 147f.
 bei Attributen I: 146f.
 bei Aufzählung I: 145f.
 bei Ausrufen I: 149
 bei der Anrede I: 149
 bei Eigennamen I: 148f.
 bei Erläuterungen I: 150
 bei gleichartigen Satzteilen I: 145f.
 bei Hauptsätzen I: 151f.
 bei indirekter Rede I: 155f.
 beim Infinitiv I: 157f.
 bei Konjunktionen I: 146, 151
 bei Nebensätzen I: 154ff.
 beim Partizip I: 159f.
 bei wörtlicher Rede I: 152ff.
kommen II: 93 (§ 8)
Komparation II: 36f., 124ff. (§ 38), 128 (§ 40c)
Komparativ II: 124 (§ 38a), 125 (§ 38a, Z. 2 u. 3)
Komposita s. zusammengesetzte Verben, zusammengesetzte Substantive
Konditionalsatz II: 164 (§ 67d)
Kongruenz
 zwischen Subjekt und Prädikat II: 12f., 137f. (§ 49)
Konjugation II: 92ff. (§ 8/15)
 besondere Erscheinungen bei der ~ II: 95 (§ 10), 100f. (§ 15)
 schwache ~ II: 92 (§ 8)
 starke ~ II: 92, 93 (§ 8)
Konjunktion II: 134f. (§ 44/45)
 nebengeordnete ~ (Bindewort) II: 134 (§ 44), 164 (§ 68b), 166 (§ 70a)
 unterordnende ~ (Fügewort) II: 135 (§ 45), 162 (§ 67d), 165 (§ 68c)
Konjunktionalsatz II: 160 (§ 66b), 161 (§ 67a), 162 (§ 67b, c, d)
Konjunktiv II: 26ff., 47ff., 93ff. (§ 8ff.)

Konjunktiv I (Präsens) II: 94 (§ 9), 103f. (§ 19c)
 bei Aufforderung u. Befehl II: 102 (§ 17b)
Konjunktiv II (Präteritum) II: 26ff., 47ff., 93 (§ 8), 104f. (§ 19d)
 Ersatzformen für den ~ II: 51f.
 würde-Form statt ~ II: 105f. (§ 19e)
Konkretum II: 108 (§ 21a)
können II: 100 (§ 15b)
Konsekutivsatz II: 163f. (§ 67d)
Konsonanten
 Schreibung der ~ II: 170ff. (12/33)
Konzessivsatz II: 164 (§ 67d)
Koppel II: 112 (§ 24, Z. 2)
Korrelat s. Beziehungswort
Kosten II: 139 (§ 51, Z. 1)
Kraft II: 132 (§ 42a)
Kran II: 111 (§ 23, Z. 3)
krumm II: 125 (§ 38a, Z. 2)
kümmern II: 141 (§ 53, Z. 1)
Kunde II: 112 (§ 24, Z. 2)
kündigen II: 139 (§ 52, Z. 1)
kurz II: 124 (§ 38a)
Kürze II: 60f.

L

laden II: 95 (§ 10a)
Lager II: 111 (§ 23, Z. 3)
laufen II: 97 (§ 12), 98 (§ 12b)
laut II: 133 (§ 42, Z. 3 u. 4)
Lebenslauf I: 17—23
 Bewerbung mit ~ I: 10
 dichterischer ~ I: 20
Lehnwort II: 67ff.
Leideform s. Passiv
leiden II: 95 (§ 10a)
leise II: 124 (§ 38a)
Leiter II: 111 (§ 23, Z. 2), 112 (§ 24, Z. 2)
lesen II: 94 (§ 8)
Lesen II: 78ff.
letzteres II: 166 (§ 70, Z. 2)
-leute II: 111 (§ 23, Z. 3)
liegen II: 98 (§ 12b, Z.)
Löffel II: 111 (§ 23, Z. 3)
Lokal II: 111 (§ 23, Z. 4)
lügen II: 93 (§ 8, Z.)
Lyzeum II: 111 (§ 23, Z. 4)

M

mahlen II: 100 (§ 15c)
Mahnung
　schriftliche ~ I: 31f.
malen II: 100 (§ 15c)
man II: 120 (§ 33)
manche(r) II: 120 (§ 33; § 34b), 127 (§ 39b, Z. 1)
Mangel II: 112 (§ 24, Z. 2)
mangels II: 131 (§ 41, Z. 7)
Mann II: 111 (§ 23, Z. 3)
-männer II: 111 (§ 23, Z. 3)
Mantel II: 111 (§ 23, Z. 3)
Mark II: 111 (§ 23, Z. 2), 112 (§ 24, Z. 2)
Marsch II: 112 (§ 24, Z. 2)
marschieren II: 96 (§ 11c)
Maskulinum II: 111 (§ 24b)
Mast II: 112 (§ 24, Z. 2)
Material II: 111 (§ 23, Z. 4)
matt II: 125 (§ 38a, Z. 2)
mehrere II: 120 (§ 34b), 127 (§ 39b, Z. 1)
Meinung II: 131 (§ 41, Z. 2)
Menge II: 137 (§ 49b, Z. 1)
Merkmal
　Kennzeichnung eines ~ s. Adjektiv, Partizipien
Messebericht I: 45f.
messen II: 93 (§ 8, Z.)
Messer II: 112 (§ 24, Z. 2)
Metapher II: 74, 108 (§ 21b, Z. 2)
Meter II: 137 (§ 49b, Z. 1)
Metrik II: 74f.
Mietvertrag s. rechtliche Abmachungen
Million II: 137 (§ 49b, Z. 1)
Ministerium II: 111 (§ 23, Z. 4)
mit II: 132 (§ 42b), 133 (§ 42, Z. 8)
Mitlaute s. Konsonanten
Mitlauthäufung II: 172 (22)
mitsamt II: 132 (§ 42b)
Mittel
　Kennzeichnung des ~ II: 150 (§ 62b)
mittels II: 131 (§ 41, Z. 7), 132 (§ 42a)
Mittelwort s. Partizipien, Partizip I, Partizip II
Möbel II: 111 (§ 23, Z. 3)
Modalität II: 47ff., 50ff., 101ff. (§ 16/20)

Modalpartikeln II: 101 (§ 17a), 102 (§ 18c), 104f. (§ 19d), 128 (§ 40)
Modalsatz II: 163 (§ 67d)
Modalverben s. Hilfsverben, modale
Modewörter II: 57
Modus II: 90 (§ 4)
mögen II: 100 (§ 15b), 104 (§ 19c, Z. 1)
Möglichkeitsform s. Konjunktiv
Motor II: 111 (§ 23, Z. 4)
Museum II: 111 (§ 23, Z. 4)
Muskel II: 111 (§ 23, Z. 3)
müssen II: 100 (§ 15b)

N

nach II: 132 (§ 42b)
Nachbar II: 113 (§ 25d)
nachdem II: 135 (§ 45, Z.)
nachdenken II: 141 (§ 53, Z. 1)
Nachsilben
　bei Adjektiven II: 39, 123 (§ 36b)
nächst II: 132 (§ 42b)
nah II: 126 (§ 38c)
Namenwort s. Substantiv
naschen II: 95 (§ 10b)
naß II: 125 (§ 38a, Z. 2)
Naturalien II: 111 (§ 23, Z. 4)
neben II: 132 (§ 42d)
nebengeordnete Konjunktion s. Konjunktion
Nebenordnung II: 166 (§ 70)
Nebensatz II: 42f., 157f. (§ 64c), 159ff. (§ 66)
　in der Form eines Hauptsatzes II: 162 (§ 67c, Z.)
　Stellung des ~ II: 160f. (§ 66d)
　Wesen des ~ II: 159ff. (§ 66)
　~ zweiten Grades II: 165 (§ 69)
　s. a. Spannsatz
Nebensatzarten II: 161 (§ 67)
Nebensatzreihe II: 43, 164f. (§ 68)
nebst II: 132 (§ 42b)
Negationen II: 128 (§ 40), 129 (§ 40, Z. 3), 163 (§ 67d, Z.)
nehmen II: 95 (§ 9), 96 (§ 11c)
Nennergänzung s. Prädikatsnomen

Nennform s. Infinitiv
Neuschöpfungen, sprachliche II: 64f.
Neutrum II: 112 (§ 24c)
nicht II: 129 (§ 40, Z. 3)
nicht ein II: 129 (§ 40, Z. 3)
nicht nur — sondern auch II: 138 (§ 49c, Z. 1)
nichtzureichender Gegengrund
　Kennzeichnung des ~ II: 134 (§ 44d), 135 (§ 45b), 150 (§ 62b)
niemand II: 120 (§ 33)
Nominalformen
　des Verbs II: 90 (§ 4), 96 (§ 11)
Nominalgruppe II: 145ff. (§ 60/61), 151f. (§ 62d)
　Bau der ~ II: 146ff. (§ 60c)
　Verwendung der ~ II: 148 (§ 60d)
　Wortstellung in der ~ II: 148f. (§ 61)
Nominalstil II: 22f., 44f., 60, 146f. (§ 60c), 151 (§ 62d)
Nominativ II: 113 (§ 25c)
Notar II: 111 (§ 23, Z. 4)
Numerale s. Zahlwort
Numerus
　des Substantivs II: 7f., 109f. (§ 23)
nützen II: 140 (§ 52, Z. 1)

O

Objekt II: 138 ff. (§ 50/53)
　im Akkusativ II: 139 (§ 51)
　im Dativ II: 139 (§ 52a)
　im Genitiv II: 140 (§ 52b)
　Präpositional ~ II: 140f. (§ 53)
Objektsatz II: 161 (§ 67a)
offen II: 129 (§ 40, Z. 2)
Offizier II: 111 (§ 23, Z. 4)
oft II: 128 (§ 40c)
ohne II: 132 (§ 42c)
Öl II: 110 (§ 23g)
Ordinalzahl II: 120 (§ 34a)
Ordnungszahlwort s. Ordinalzahl
Ort
　Kennzeichnung des ~ II: 127 (§ 40a), 130 (§ 41b), 150 (§ 62b)
Orthographie
　s. Rechtschreibung

P

Paar — paar II: 175 *(42)*
Paarreim II: 76
Pack II: 112 (§ *24, Z. 2*)
Pantoffel II: 111 (§ *23, Z. 3*)
Parataxe s. Nebenordnung
Park II: 111 (§ *23, Z. 4*)
Partikeln II: 50f.
   s. a. Modalpartikeln
Partizip I (Präsens) II: 123 (§ *37a*)
Partizip II (Perfekt) II: 93 (§ *8*), 96 (§ *11*), 98 (§ *13*)
   als Attribut II: 142 (§ *55, Z. 2*), 145 (§ *60b*)
   bei Aufforderung u. Befehl II: 101 (§ *17b*)
Partizipialkonstruktion II: 145 (§ *60b*)
Partizipien II: 20f., 90 (§ *4*), 123 (§ *37*)
Passiv II: 31f., 89f. (§ *3*), 98f. (§ *13*)
Pause II: 78
Pentameter II: 77
Perfekt II: 87, 88 (§ *2*)
Personalpronomen II: 45f., 115f. (§ *27*)
   Deklination des ~ II: 115 (§ *27d*), 116 (§ *27, Z. 2*)
   Großschreibung des ~ II: 176 *(45)*
Personenbeschreibung I: 80—82
Personenform II: 96 (§ *11*), 157 (§ *64a*)
   s. a. Verbformen, finite
Personennamen II: 113 (§ *25d*)
persönlicher Brief s. Briefform
persönliches Fürwort s. Personalpronomen
persönliche Verben II: 91 (§ *6*)
pflegen II: 91 (§ *5, Z.*)
ph II: 172f. *(25)*
Plural
   des Substantivs II: 7, 109f. (§ *23*)
Pluralersatzformen II: 110f. (§ *23, Z.*)
Pluraletantum II: 110 (§ *23f.*)
Plusquamperfekt II: 88 (§ *2*)
pochen II: 141 (§ *53, Z. 1*)
Podiumsgespräch II: 84
Porträt II: 111 (§ *23, Z. 4*)
Positiv II: 124 (§ *38a*)

Possessivpronomen II: 9, 116 (§ *27, Z. 2*), 116f. (§ *29*), 143 (§ *56, Z. 5*)
~ als Substantivbegleiter II: 117 (§ *29b*)
Prädikat II: 12f., 136ff. (§ *48/49*)
Prädikatsgruppe II: 156 (§ *63c*)
   s. a. Verbalgruppe
Prädikatsnomen II: 25f., 137 (§ *48c*), 162 (§ *67b*)
Präpositionalausdruck II: 131 (§ *41c*), 140 (§ *52, Z. 2*), 151 (§ *62c*)
   Schachtelung mehrerer ~ II: 147f. (§ *60c*)
präpositionales Attribut
   s. Attribut
Präpositionalobjekt s. Objekt
Präpositionen II: 32f., 129ff. (§ *41/43*), 141 (§ *53c*)
   bei intransitiven Verben II: 141 (§ *53c*)
   Fallsetzung nach ~ II: 132f. (§ *42*)
   in der Umstandsbestimmung II: 150ff. (§ *62*)
   richtige Verwendung der ~ II: 131 (§ *40, Z.*)
   nachgestellte ~ II: 130 (§ *41a, Z.*)
   Verschmelzung der ~ mit dem Artikel II: 133f. (§ *43*)
   Wesen der ~ II: 129ff. (§ *41*)
   Wiederholung von ~ II: 152 (§ *62, Z. 1*)
   Zusammensetzungen mit ~ II: 131 (§ *40c*)
Präsens I: 87 (§ *2*)
   bei Aufforderung u. Befehl II: 102 (§ *17b*)
Präsensstamm II: 93 (§ *8*)
Präteritum II: 88 (§ *2*)
Präteritumstamm II: 93 (§ *8*)
Pronomen II: 115ff. (§ *27/32*)
   Schreibung des ~ II: 177 *(55)*
   s. Demonstrativpronomen, Indefinitpronomen, Interrogativpronomen, Personalpronomen, Possessivpronomen, Reflexivpronomen, Relativpronomen, reziprokes Pronomen
Protokoll I: 53—58

Prozent II: 137 (§ *49b, Z. 1*)
Punkt I: 144

R

rächen II: 141 (§ *53, Z. 1*)
rasten II: 95 (§ *10a*)
raten II: 140 (§ *52, Z. 3*)
Raumbeschreibung I: 73
recht eigentlich II: 129 (§ *40, Z. 1*)
rechtliche Abmachungen I: 33f.
Rechtschreibung
   Abriß der ~ II: 167—178
Rede II: 82ff.
Redeabsicht II: 40f.
Redegegenwart II: 87f. (§ *2*)
reden II: 95 (§ *10a*)
Redensarten II: 62
Rederollen II: 45f., 115 (§ *27b*)
reflexive Verben II: 91 (§ *5*), 98 (§ *12b*)
Reflexivpronomen II: 47, 116 (§ *28*)
   Verwendung des ~ in der Nominalgruppe II: 148 (§ *60d, Z. 1*)
   in der Verbalgruppe II: 153 (§ *63a*)
Reif II: 112 (§ *24, Z. 3*)
Reim
   gekreuzter ~ II: 76
   männlicher (stumpfer) ~ II: 75
   umschließender ~ II: 76
   unreiner ~ II: 76
   weiblicher (klingender) ~ II: 76
Reimformen II: 75f.
Reimschemata II: 75f.
Reis II: 112 (§ *24, Z. 2*)
reisen II: 95 (§ *10b*)
Reisepaß I: 80
reißen II: 95 (§ *10b*)
reizen II: 95 (§ *10b*)
Relativpronomen II: 118f. (§ *31*)
Relativsatz II: 29f., 149 (§ *61c*), 159 (§ *66b*), 160 (§ *66b, Z. 2*), 161 (§ *67a*), 162 (§ *67b, c, d*)
rennen II: 100 (§ *15a*)
Restaurant II: 111 (§ *23, Z. 4*)
reziprokes Pronomen II: 116 (§ *28*)
Rhythmisierung II: 81
Rhythmus
   beim Sprechen II: 80f.

eines Gedichts II: 71 ff.
fallender ~ II: 75
steigernder ~ II: 75
ringen II: 93 (§ 8, Z.)
ritzen II: 95 (§ 10b)
rückbezügliches Fürwort s. Reflexivpronomen
rufen II: 141 (§ 53c)
rund II: 125 (§ 38a, Z. 2)
Rundgespräch II: 84

S

s II: 173f. (26/31)
sachliches Schreiben I: 24—43
Sammelname II: 108 (§ 21b, Z. 1)
samt II: 132 (§ 42b)
sämtliche II: 121 (§ 34, Z. 1), 127 (§ 39b, Z. 1)
Salon II: 111 (§ 23, Z. 4)
Salz II: 110 (§ 23g)
Satz II: 135f. (§ 46)
Satzapposition II: 144 (§ 58, Z. 2)
Satzarten II: 156ff. (§ 64/70)
Satzaussage s. Prädikat
Satzbaufehler II: 166 (§ 70, Z. 1/4)
Satzbauformen II: 135ff.
Satzbild II: 160 (§ 66d), 164 (§ 68), 165 (§ 69)
Satzergänzung s. Objekt
Satzerweiterungen II: 141 ff. (§ 54/63)
Satzfragen II: 158 (§ 65b)
Satzgefüge II: 160 (§ 66c)
Satzgegenstand s. Subjekt
Satzgerüst II: 135ff. (§ 46/53)
Satznegation II: 129 (§ 40, Z. 3)
Satzreihe II: 166 (§ 70)
Satzteile II: 135ff.
schaffen II: 101 (§ 15c)
Schärfung
  mit Verdopplung II: 170f. (17)
  ohne Verdopplung II: 171 (18)
  mit anderen Mitteln II: 171f. (19/22)
schaudern II: 140 (§ 52, Z. 1)
schelten II: 93 (§ 8, Z.)
Schild II: 111 (§ 23, Z. 2), 112 (§ 24, Z. 2)
Schilderung I: 129—137
schleifen II: 101 (§ 15c)
schlingen II: 93 (§ 8, Z.)
Schlüssel II: 111 (§ 23, Z. 3)

Schlußwendungen
  beim sachlichen Schreiben I: 27, 38
  beim persönlichen Brief I: 124
Schlußzeichen I: 144
schmal II: 125 (§ 38a, Z. 2)
Schmerz II: 113 (§ 25d)
Schock II: 112 (§ 24, Z. 2)
schonend II: 124 (§ 38a)
Schreck(en) II: 113 (§ 25d)
Schreiben, sachliches
  s. sachliches Schreiben
schreien II: 93 (§ 8, Z.)
schroff II: 125 (§ 38a, Z. 2)
Schüssel II: 111 (§ 23, Z. 3)
Schüttelreim II: 76
schwache Verben II: 92 (§ 8)
schwimmen II: 93 (§ 8, Z.)
schwindeln II: 140 (§ 52, Z. 1)
schwingen II: 93 (§ 8, Z.), 98 (§ 12b)
See II: 112 (§ 24, Z. 2)
sehen II: 95 (§ 9), 141 (§ 53c)
sehr II: 128 (§ 40c)
sein II: 96 (§ 11, Z.), 98 (§ 12b)
seit II: 132 (§ 42b)
seitens II: 131 (§ 41, Z. 7)
selbst II: 117 (§ 30a)
Selbstlaute s. Vokale
Semikolon I: 160f.
senden II: 100 (§ 15a)
Senkung II: 74
sich II: 116 (§ 28), 153 (§ 63a)
sich einigen II: 141 (§ 53, Z. 1)
sich freuen II: 140 (§ 52b), 141 (§ 53, Z. 1)
sich getrauen II: 139 (§ 51, Z. 1)
sich schämen II: 141 (§ 53, Z. 1)
(sich) sorgen II: 141 (§ 53, Z. 1)
sich unterstehen II: 139 (§ 51, Z. 1)
Silbentrennung II: 174f. (34/40)
Simplicia
  s. einfache Verben
Singular
  des Substantivs II: 7
Singularetantum II: 110 (§ 23g)
sinnen II: 141 (§ 53, Z. 1)
Sinnschrift II: 78f.
sitzen II: 98 (§ 12b, Z.)
so II: 164 (§ 67d, Z.)
solch(er) II: 117 (§ 30a), 118 (§ 30, Z. 6), 127 (§ 39b, Z. 1)

sollen II: 100 (§ 15b), 104 (§ 19c, Z. 1)
sondern II: 134 (§ 44, Z. 1)
Sonett II: 77
sowohl - als auch II: 138 (§ 49c, Z. 1)
Spannsatz II: 42f., 153 (§ 63a), 154 (§ 63a, Z.), 157 (§ 64c), 158 (§ 65c)
Spannung
  zwischen Vers und Satz II: 71
Spiegel II: 111 (§ 23, Z. 3)
spitz II: 124 (§ 38a)
Spitzenstellung eines Wortes II: 154 (§ 63b)
Sportbericht I: 48
Sprachkunde II: 62ff.
Sprachrichtigkeit II: 55ff.
Sprachschönheit II: 55ff.
Sprecheinheit II: 78
Sprechen II: 81ff.
Sprichwörter II: 62f.
springen II: 93 (§ 8, Z.)
Stahl II: 110 (§ 23g)
Stamm der Verben II: 92 (§ 8)
Stammveränderung
  der starken Verben II: 93 (§ 8)
standhalten II: 95 (§ 10e)
starke Verben II: 92, 93 (§ 8)
starr II: 125 (§ 38a, Z. 2)
statt II: 132 (§ 42a)
Steckbrief I: 81
stecken II: 101 (§ 15c)
stehen II: 93 (§ 8, Z.), 98 (§ 12b, Z.)
stehlen II: 93 (§ 8, Z.)
Steigerung
  s. Komparation
Stellenanzeige I: 2
Stellengesuch I: 1
sterben II: 93 (§ 8, Z.), 141 (§ 53, Z. 1)
Steuer II: 111 (§ 23, Z. 2), 112 (§ 24, Z. 2)
Stiefel II: 111 (§ 23, Z. 3)
Stift II: 112 (§ 24, Z. 2)
Stimmungsgehalt
  in der Dichtung II: 73
Stirnsatz II: 157 (§ 64b), 158 (§ 65b)
Stoffname II: 108 (§ 21b, Z. 1), 110 (§ 23g)

Stoffsammlung
   für die Erörterung I: 108 f.
   für die Facharbeit I: 98 f.
stolz II: 125 (§ 38a, Z. 2)
straff II: 125 (§ 38a, Z. 2)
Straßennamen
   Schreibung der ~ II: 178 (59)
Strauß II: 112 (§ 24, Z. 3)
Streckverben II: 141 (§ 53, Z. 2)
Streitgespräch II: 84
Strichpunkt s. Semikolon
Strophe II: 74
Strophenform II: 77
stumpf II: 125 (§ 38a, Z. 2)
Subjekt II: 12 f., 136 (§ 47), 137 f.
   (§ 49)
Subjektsatz II: 161 (§ 67a)
Subjektsgruppe II: 156 (§ 63c)
Substantiv II: 6 ff., 10 f., 22 f., 38 f.,
   108 ff. (§ 21/26)
   als Prädikatsnomen II: 137
      (§ 48c)
   Arten des ~ II: 108 f. (§ 21/22)
   Artikel beim ~ II: 114 (§ 26)
   Deklination des ~ II: 112 f.
      (§ 28)
   Genus des ~ II: 111 (§ 24)
   Großschreibung des ~ II: 175
      (41/43)
   Kasus des ~ II: 112 f. (§ 25)
   Kleinschreibung des ~ II: 176 f.
      (49/52)
   Numerus des ~ II: 109 ff. (§ 23)
   s. a. Nominalgruppe, Nominal-
      stil, Substantivierung
Substantivierung II: 10 f., 108 f.
   (§ 22)
   des Adjektivs II: 122 (§ 35, Z. 4)
   Schreibung II: 175 (43)
substantivisches Attribut
   s. Attribut
suchen II: 91 (§ 5, Z.), 141 (§ 53c)
Superlativ II: 124 (§ 38a), 125
   (§ 38, Z. 2 u. 3)
   Schreibung des ~ von Parti-
      zipien II: 170 (13)
   s. a. Komparation
Symbol II: 74

T

Tatform s. Aktiv
Tau II: 112 (§ 24, Z. 2)

teilnehmen II: 96 (§ 11c)
Telegramm I: 28
Tempo II: 111 (§ 23, Z. 4)
Tempora II: 87 f. (§ 2)
Temporalsatz II: 163 (§ 67d)
Thema II: 111 (§ 23, Z. 4)
Titel II: 131 (§ 41, Z. 5)
toll II: 125 (§ 38a, Z. 2)
Ton II: 111 (§ 23, Z. 2), 112
   (§ 24, Z. 3)
Tonführung II: 79 f., 159 (§ 65,
   Z.)
Tonhöhe II: 79 f.
Tonversetzung II: 75
Tor II: 112 (§ 24, Z. 2)
tot II: 124 (§ 38a, Z. 1)
transitive Verben II: 91 (§ 5),
   98 (§ 12b)
tragen II: 92, 93 (§ 8), 94 (§ 9),
   96 (§ 11c), 97 (§ 12), 98 f. (§13)
träumen II: 140 (§ 52, Z. 1)
treffen II: 94 (§ 8), 141 (§ 53c)
treten II: 95 (§ 9, § 10a)
trinken II: 96 (§ 11c)
Trochäus II: 75
trotz II: 132 (§ 42a), 133 (§ 42,
   Z. 3 u. 4)
trotzdem II: 134 (§ 44, Z. 2)
Tuch II: 111 (§ 23, Z. 2)
tun II: 95 (§ 10d)
Typ(e) II: 111 (§ 23, Z. 4)
tz II: 172 (21)

U

über II: 132 (§ 42d), 133 f. (§ 43a,
   Z.)
um II: 132 (§ 42c), 133 (§ 43)
Umgangssprache II: 104 (§ 19c,
   Z. 2), 120 (§ 33, Z.), 125 (§ 38b,
   3), 128 f. (§ 40, Z. 1), 131 (§ 41c)
   133 f. (§ 43a, Z.)
umklammernde Bauweise II: 147
   (§ 60c)
Umlaut II: 93 (§ 8)
Umstandsbestimmung II: 34 f.,
   143 (§ 57b), 150 ff. (§ 62/63),
   153 (§ 63a)
Umstandswort
   s. Adverb
um - willen II: 132 (§ 42a)
um - zu II: 164 (§ 67d)
unbeschadet II: 131 (§ 41, Z. 7)

unbestimmtes Fürwort
   s. Indefinitpronomen
Unbill II: 111 (§ 23, Z. 3)
und II: 166 (§ 70, Z. 1, 2, 4)
und da, und dann II: 166 (§ 70,
   Z. 4)
Unfallbericht I: 44 f.
ungleich II: 129 (§ 40, Z. 1)
unpersönliche Verben II: 92 (§ 6)
unter II: 132 (§ 42d), 133 (§ 43a,
   Z.)
untergeordnete Konjunktion
   s. Konjunktion
Unterordnung II: 160 (§ 66c)
unverbindliche Aussage II: 49
unweit II: 132 (§ 42a)
Unwörter II: 58
Urheber
   Kennzeichnung des ~ II: 150
      (§ 62b)

V

v II: 172 (24)
Verb II: 11 ff., 87 ff. (§ 2/20)
   Aktionsarten des ~ II: 19 f.,
      106 f. (§ 20)
   Arten des ~ II: 90 f. (§ 5)
   einfache ~ II: 92 (§ 7)
   Genus Verbi II: 89 f. (§ 3)
   intransitive ~ II: 91 (§ 5),
      98 (§ 12c)
   Kennzeichnung der Modalität
      beim ~ II: 101 ff. (§ 16/19)
   Klammerform des ~ II: 16 ff.
   Konjugation des ~ II: 92 ff.
      (§ 8/15)
   Konjunktiv II: 26 ff., 47 ff.,
      93 ff. (§ 8 ff.)
   Modus beim ~ II: 90 (§ 4)
   Nominalformen des ~ II: 90
      (§ 4)
   Partizip II: 20 f., 90 (§ 4)
   Passiv II: 31 f., 98 f. (§ 13)
   persönliche ~ II: 91 (§ 6)
   reflexive ~ II: 91 (§ 5), 98
      (§ 12c)
   schwache ~ II: 92 (§ 8)
   Stammveränderung beim ~ II:
      93 (§ 8)
   starke ~ II: 92, 93 (§ 8)
   Tempora des ~ II: 13, 87 ff.
      (§ 2)

189

transitive ~ II: 91 (§ 5), 98 (§ 12c)
unpersönliche ~ II: 92 (§ 6)
Verbformen II: 14f., 90 (§ 4)
Wortbildung beim ~ II: 92 (§ 7)
zusammengesetzte ~ II: 92 (§ 7), 154 (§ 63 a, Z.)
verbale Anfügung II: 44f., 159 (§ 66a)
Verbalgruppe II: 151ff. (§ 62/63)
  Eingliederung in die ~ II: 151f. (§ 62d)
  Wortstellung in der ~ II: 152ff. (§ 63)
Verbalsubstantiv II: 143 (§ 56, Z. 2; § 57a), 144 (§ 59b)
Verberweiterung II: 154 (§ 63b)
Verbformen II: 14f.
  einfache ~ II: 94f. (§ 9)
  finite ~ II: 90 (§ 4), 155 (§ 63b)
  infinite ~ II: 90 (§ 4)
  unregelmäßige ~ II: 100f. (§ 15)
  zusammengesetzte ~ II: 96ff. (§ 11/14), 156 (§ 63c)
verderben II: 93 (§ 8, Z.)
Verdienst II: 112 (§ 24, Z. 2)
Verdopplung
  s. Schärfung
verdrießen II: 139 (§ 51, Z. 1)
verfassen II: 96 (§ 11c)
vergessen II: 94 (§ 8)
Vergleich
  in der Dichtung II: 74
  Kennzeichnung des ~ II: 151 (§ 62c), 163 (§ 67d)
Vergleichsformen s. Komparation
Verhältniswort s. Präpositionen
Verhandlungsprotokoll I: 53ff.
verlangen II: 139 (§ 51, Z. 1), 141 (§ 53c)
Vermutung II: 88 (§ 2)
Vers II: 74
verschiedene II: 127 (§ 39b, Z. 1)
Verschlußlaute
  Schreibung der ~ II: 170 (12/15)
Versformen II: 76f.
versichern II: 140 (§ 52, Z. 1)
Verträge I: 33ff.
verzichten II: 141 (§ 53, Z. 1)
viel II: 121 (§ 34, Z. 1), 126 (§ 38c)
viele II: 120 (§ 34b), 127 (§ 39b, Z. 1)

Vielheit
  Kennzeichnung der ~ s. Plural, s. Zahlwort
vielleicht II: 129 (§ 40, Z. 1)
Villa II: 111 (§ 23, Z. 4)
Vokale
  Schreibung der ~ II: 167ff. (1/9)
voll II: 125 (§ 38a, Z. 2)
vollbringen II: 95 (§ 10e)
vollenden II: 96 (§ 11c)
Vollverben II: 90f. (§ 5)
von II: 132 (§ 42b), 133f. (§ 43), 143 (§ 56, Z. 4)
vor II: 132 (§ 42d), 133 (§ 43)
vorauslesen II: 81
vorbehaltlich II: 131 (§ 41, Z. 7)
Vordruck II: 111 (§ 23, Z. 3)
Vorgangsarten s. Aktionsarten
Vorgangsbeschreibung I: 67—71
Vorgangsverben II: 90 (§ 5)
vorlesen II: 81
Vorsilben II: 92 (§ 7), 99 (§ 13b)
  bei Adjektiven II: 123 (§ 36b)
vorstellen II: 139 (§ 52, Z. 1)

W

während II: 132 (§ 42a), 133 (§ 42, Z. 3)
warten II: 95 (§ 10a)
was II: 119 (§ 31, Z. 1; § 32)
waschen II: 95 (§ 10b)
was für ein II: 119 (§ 32b)
weder - noch II: 138 (§ 49c, Z. 1 u. 2)
wegen II: 131 (§ 41, Z. 6), 132 (§ 42a), 133 (§ 42, Z. 3)
Wehr II: 111 (§ 23, Z. 2), 112 (§ 24, Z. 2)
weichen II: 101 (§ 15c)
weit II: 124 (§ 38a)
welche(r) II: 118 (§ 31), 119 (§ 32), 127 (§ 39b, Z. 1)
wenden II: 100 (§ 15a)
wenig II: 121 (§ 34, Z. 1), 126 (§ 38c)
wenige II: 127 (§ 39b, Z. 1)
wer II: 118 (§ 31), 119f. (§ 32 u. Z. 2)
werben II: 93 (§ 8, Z.)
werden II: 96 (§ 11, Z.), 98f. (§ 13)

werfen II: 93 (§ 8 u. § 8, Z.), 95 (§ 9)
Wert
  Kennzeichnung des ~ II: 151 (§ 62c)
Wetterbericht I: 47
wider II: 132 (§ 42c)
wie II: 135 (§ 45, Z.), 144 (§ 58, Z. 3), 163 (§ 67d)
wie wenn II: 163 (§ 67d)
Wirklichkeitsform s. Indikativ
wissen II: 91 (§ 5, Z.), 100 (§ 15b)
wo II: 162 (§ 67d)
wollen II: 100 (§ 15b)
womit II: 120 (§ 32, Z. 1)
woran II: 120 (§ 32, Z. 1)
Wort II: 111 (§ 23, Z. 2)
Wortarten II: 87—135
Wortkunde II: 62ff.
wörtliche Rede
  Komma bei ~ I: 152ff.
Wortnegation II: 129 (§ 40, Z. 3)
Wortreihe II: 138 (§ 49c), 148 (§ 60d, Z. 2), 164 (§ 68a), 165 (§ 68c)
Wortschatz
  geschichtliche Herkunft des ~ II: 67ff.
Wortstellung II: 58ff.
  in der Nominalgruppe II: 148ff. (§ 61)
  in der Verbalgruppe II: 152ff. (§ 63)
Wortwahl II: 56ff.
wovon II: 120 (§ 32, Z. 1)
wundernehmen II: 139 (§ 51, Z. 1)
Wünsche II: 104 (§ 19d), 158 (§ 65b)
würde II: 60f., 105f. (§ 19e)

X

x II: 174 (33)

Z

Zahl s. Numerus
Zahlwort II: 109 (§ 23b)
  bestimmtes ~ II: 120 (§ 34a)
  Deklination des ~ II: 121 (§ 34, Z.)
  Schreibung des ~ II: 177 (55)

190

unbestimmtes ~ II: 114 (§ 26d), 120 (§ 34b)
zart II: 125 (§ 38a, Z. 2)
Zäsur II: 75
Zeichensetzung I: 143—166
Zeit
   Kennzeichnung der ~ II: 127 (§ 40a), 130 (§ 41b), 134 (§ 44d), 135 (§ 45b), 150 (§ 62b), 151 (§ 62c), 163 (§ 67d)
Zeitformen s. Tempora
Zeitstufe II: 87f. (§ 2)
Zeitungsanzeige I: 1—7

Zeugnis I: 88—91
Ziegel II: 111 (§ 23, Z. 3)
zu II: 132 (§ 41, Z. 8; § 42b), 133f. (§ 43)
zufolge II: 131 (§ 41, Z. 4), 133 (§ 42, Z. 1)
Zug II: 112 (§ 24, Z. 3)
zusammengesetzte Substantive II: 108 (§ 21b, Z. 1), 112 (§ 24d), 142 (§ 55, Z. 1), 143 (§ 56, Z. 1 u. 3; § 57, Z. 1)
zusammengesetzte Verben II: 92 (§ 7), 95 (§ 10e)
Zustandsverben II: 91 (§ 5)

zuwider II: 132 (§ 42b)
Zweck
   Kennzeichnung des ~ II: 134 (§ 44d), 135 (§ 45b), 150 (§ 62b), 163 (§ 67d)
zwecklos II: 122 (§ 35, Z. 3)
zwecks II: 130 (§ 41b, Z.), 131 (§ 41, Z. 7)
zwei II: 121 (§ 34, Z. 2)
Zwiebel II: 111 (§ 23, Z. 3)
Zwielaute
   Schreibung der ~ II: 168 (5/6)
zwischen II: 131 (§ 41, Z. 1), 132 (§ 42d)

Korrekturzeichen

Wenn man einen gesetzten Text korrigieren will, muß man Korrekturzeichen anwenden, die der Setzer sofort versteht. Im Laufe der Zeit haben sich deshalb bestimmte Zeichen eingebürgert, die man grundsätzlich am Rand der Seite neben der Korrekturzeile wiederholt. Wir führen hier die wichtigsten dieser Korrekturzeichen anhand von Beispielen vor:

1. Andere Schrift für Wörter, Zitate oder Formeln im Text.
2. Auch beschädigte Buchstaben unterstreichen.
3. Buchstaben oder **Wörter** aus anderen Schriftarten.
4. Verkehrte oder querstehende Buchstaben durch V.
5. Mehrere Fehler in einer Zeile mit verschiedenen Zeichen.
6. Falsch angewendete Ligaturen: Auflage, Schaffell.
7. Vergessene, aber erwünschte Ligaturen: Offizier, Staffel.
8. Falsch gestellte Wörter im Text laufender.
9. Fehlende Buchstaben mit Angabe des vorhergehenden oder folgenden.
10. Im ausgelassene Wörter.
11. Fehlende Satzteile, mit Hinweis auf das Manuskript.
12. Überflüssige Buchstaben oder oder Wörter.
13. Verstellte Buchstaben Wörter oder Satzteile ganze.
14. Das Wort soll gesperrt werden.
15. Die S p e r r u n g soll entfernt werden.
16. Fehlende Wortzwischenräume.
17. Wortzwischenräume ↑ verengern.
18. Zwischenraum ganz herausnehmen.
19. Zu weiter Durchschuß zwischen den Zeilen.
20. Zu enger Durchschuß zwischen den Zeilen.
21. Absatz soll nicht erscheinen.
    Also neue Zeile anhängen.
22. Neuer Abschnitt wird verlangt. Also neue Zeile anfangen.
23. Zeile oder Aufzählung einrücken.
24. ⎯ Zeile soll herausgerückt werden.
25. Irrtümlich angezeichnete Korrektur löschen.
26. Nicht Linie haltende Buchstaben.